HZ BOOKS

华 章 图 书

一本打开的书，一扇开启的门，
通向科学殿堂的阶梯，托起一流人才的基石。

www.hzbook.com

产品管理与运营系列丛书

Financial Product Manager's Guide

金融产品
方法论

朱学敏 ◎著

机械工业出版社
China Machine Press

图书在版编目（CIP）数据

金融产品方法论 / 朱学敏著 . -- 北京：机械工业出版社，2022.1
（产品管理与运营系列丛书）
ISBN 978-7-111-70106-4

Ⅰ. ①金… Ⅱ. ①朱… Ⅲ. ①金融产品 - 方法论 Ⅳ. ① F830.95

中国版本图书馆 CIP 数据核字（2022）第 005760 号

金融产品方法论

出版发行：机械工业出版社（北京市西城区百万庄大街 22 号　邮政编码：100037）
责任编辑：董惠芝
责任校对：殷　虹
印　　刷：北京诚信伟业印刷有限公司
版　　次：2022 年 1 月第 1 版第 1 次印刷
开　　本：147mm×210mm　1/32
印　　张：11.5
书　　号：ISBN 978-7-111-70106-4
定　　价：99.00 元

客服电话：（010）88361066　88379833　68326294　　　投稿热线：（010）88379604
华章网站：www.hzbook.com　　　　　　　　　　　　　　读者信箱：hzjsj@hzbook.com

本书从互联网金融中极其重要的三个方面去讲述产品底层设计的逻辑与方法，能够让读者建立清晰的基本认知。全书由浅入深、结合实际的案例，非常适合刚刚接触金融行业的产品经理阅读。

阿翘

《产品经理进阶：100 个案例搞懂人工智能》作者

本书以简单易懂的方式对金融产品设计的底层逻辑进行阐述，并涵盖了作者在过去数年设计金融产品时获得的实务经验。这些深刻的见解将为金融科技行业的产品经理提供有价值的参考，帮助众多初学者跨越经验鸿沟，获得更多金融产品设计的前沿信息。

朱洁

金融科技出海公司联合创始人、

国内早期互联网金融实践者

"君子务本，本立而道生"，学敏始终坚守着优秀产品经理的素养，既能实干于产品具体细节，又能提升高度、抽象总结产品工作的方法论。本书内容翔实，有案例有总结，沉淀着一位资深产品经理对金融产品各方面的深度思考。相信不管你从事什么职业，阅读此书都能激发出不一样的思考！

钟艳明

甜橙金融风控总监

市面上关于互联网产品经理的图书很多，但产品经理和互联网金融知识相融合的书却不多。产品设计能力＋垂直类业务知识是未来产品经理的核心竞争力。

金融行业的子方向很宽泛。本书从信贷、理财、支付方向入手，由浅入深，娓娓道来。作者将多年的工作经验和盘托出，通过系统化梳理和结构化表达，让读者可以快速对金融业务知识、产品设计、运营策略有一个全面的认知。推荐给从事金融行业和准备入行金融行业的产品经理们。

降峰（小山）

度小满金融资深产品经理

学敏，一个优秀的年轻人，胸有大志，骞翮思远翥，奉行"孜孜不倦，锐意进取"的理念，既用强烈的求知心激励自身进步，又用饱满高涨的热情投入具体工作；既是一个勇于突破、敢于拓新的寻梦者，又是一个严谨勤奋、务实敬业的逐梦者。

他在学习中积累，在实践中反思，在坚持中完成了新著《金融产品方法论》。这本书凝结了他多年心得体会和从业经验，围绕金融产品介绍了各种体系、模式、逻辑、系统化设计和支付体系，对如何进行数字化运营、精准化营销和平台化经营给出具体指导，分门别类又全面翔实，是一本很实用的方法指南。

刘慧玲

湖南省重点高中汝城一中教师

学敏确实做到了敏而好学，酷爱钻研问题。相信大家会从做事认真的人写的书中受益！

崔健

内蒙古民族大学工学院电子技术实验室主任

金融是一个复杂且庞大的领域，金融行业的产品经理除了要画原型、写需求、构建架构外，还要了解金融业务和行业知识。《金融产品方法论》是朱哥对实践的体系化总结。推荐大家阅读。

李宽

《B 端产品经理必修课 2.0》作者、

公众号"李宽 wideplum"主理人

当前，金融企业智能化、数字化的发展趋势对金融产品经理的能力要求越来越高。学敏在金融平台和金融业务两条核心产品线上都有非常深厚的经验以及深刻的行业洞察。相信这本融合了作者近 10 年工作经验总结出来的新书，对处于初阶、中阶、高阶等不同阶段的金融产品经理都有很大帮助。强烈推荐大家阅读。

薛老板

《产品经理求职面试笔记》作者、鸣飞学院创始人对于金融产品体系来说，市面上鲜有系统化的图书供大家学习和参考。本书可以作为金融产品人的常备工具书籍。

王伟

《电商产品经理》作者

对于互联网行业、互联网产品和互联网产品经理来说，唯一不变的就是变化。行业格局屡变，产品持续细分，产品经理需持续迎接挑战。

关于产品经理的职业发展，我曾提出"产品职业组合"理念，即细分行业＋产品类型＋产品经理类型。产品经理要想获得良好的职业发展，必须尽快确定自己的产品职业组合，其中包含确定自己的细分行业。

学敏的这本新书，聚焦在金融这个细分行业，系统讲解了金融产品的设计、营销和运营。本书不仅有助于金融产品经理系统学习金融产品设计体系和方法，对想了解其他细分行业的读者也有帮助。期待市场上能有更多细分行业的产品书。

车马

《首席产品官》系列图书作者、产品职业发展顾问随着经济的发展、金融政策的日益完善和数字化进程的加速，金融行业已经不再只关注金融服务，开始重视产品设计与运营。而金融行业产品一直是产品管理的"雷区"，任何基于错误理念的设计都可能给组织与产品带来毁灭性的灾难。

产品的运营管理必须以产品战略为切入点，而产品战略设计过程中商业模式与业务模式的设计是重中之重。对金融产品来说，我们更应该从商业模式入手。在产品管理过程中，了解产品运营的底层逻辑也很重要。产品全生命周期管理是产品管理的底层逻辑。而金融产品设计的底层逻辑无外乎金融产品智能推荐与反欺诈模型设计。从需求层面来看，我们急需解决支付、账户两大体系难题，而几乎所有的金融产品在这两大体系中或多或少存在缺陷。但是，数字化的金融产品有没有更优的解决方案，我相信学敏会给大家更好的答案。

产品管理除了要进行产品战略和需求研究外，还应该进行市场管理和产品规划。如何基于数据构建精准的用户画像，使产品迭代和版本规划有数字化支撑，这是数字化时代每一个产品人都应该做的功课。

俗话说：酒好还要会吆喝。在监管政策越来越严的今天，金融产品营销也是产品人不得不面对的挑战。本书介绍的种子用户培养、痛点营销方案、钩子话题设计等内容，相信会让读者对这一挑战有更好的理解。

华为的 IPD 流程特别提到运作的三大难题：客户满意度的最大化、收入的最大化和非 BMC（基本制造费用，亦称产品的基础费用）最小化。学敏兄在阐述金融产品生命周期的平台运作时也提出了不少独到的见解，让我深受启发。

从产品全生命周期管理角度来看，这本书堪称金融行业产品经理第一书。

江新安

产品全生命周期管理之父、益思研发管理咨询创始人、

科济管线咨询创始人

金融市场前景广阔，从银行、理财、支付、信贷，到证券、保险等，金融业务范畴日益扩大，但都是在满足用户最基本的金融需求：贷款、理财、支付。因此，我想从金融贷款、金融理财、金融支付切入，和大家一起探索金融产品背后的产品观。

金融是一个很大的话题。经过几十年的发展，金融行业已经细分成传统金融、互联网金融、消费金融、汽车金融、供应链金融、产业金融、普惠金融、科技金融和数字金融等领域。随着金融产品与数据、技术、场景的不断融合，金融行业已经进入数字金融的下半场。

转型到数字金融下半场，金融企业依托大数据、云计算、区块链和人工智能等技术，加速金融的"普惠化"向"数字化"转型，并打造以"数字金融"为内核的数字化产品，比如传统金融机构与互联网金融公司利用数字技术实现贷款、投资、支付等新型金融业务模式。从大数据到小数据，从互联网金融到数字金融，很多金融企业开始逐步推进数字化转型。

金融企业数字化建设能力整体处于初级阶段，我们需要在各个金融环节推进数字化。我们可以通过数字技术、数字工具与数据管理对金融产品进行商业模式重构和业务架构重塑，通过数字化来提升线上经营能力，并达到企业降本增效的目的。

面对金融企业的数字化转型，金融产品经理可以从数字化思维、数字化设计、数字化创新、数字化运营、数字化管理、数字化服务和数字化经营等方面着手，逐步构建自己的数字化能力知识体系和产品方法论。数字化、线上化、智能化、精准化将是金融企业的发展趋势，金融市场需要复合型的金融产品经理。

金融产品是一个业务庞大且功能复杂的产品体系。从金融理财、金融贷款到金融支付，金融涉及的行业很广、业务很细、逻辑很强。金融产品经理既要负责设计金融平台的产品功能，又要负责制定金融业务的产品规则，本质都是在解决用户需求或验证商业模式。

面对竞争激烈的金融市场，画原型、写需求、设计架构的金融产品经理，已经无法满足金融企业数字化转型的工作需要。他们还需要具备国际金融、金融工程、金融数学、证券投资、信贷管理、货币银行等专业知识，提升自己对金融产品的认知，并结合自己的金融产品经验，形成一套行之有效的、解决工作中问题的方法论。

在近 10 年的金融产品工作生涯中，我从 0 到 1 负责过多款涉及理财、贷款、支付的金融产品，涵盖 App、H5、小程序、Web 前端和 PC 后台，擅长贷前、贷中、贷后的产品规划和全流程设计，形成了一套做金融产品的方法论。在创业期间，我就一直在以 PM 培训、IPD 咨询、公开课、线下沙龙和专栏的形式输出金融产品相关内容。现在，我又重新构思与打磨了这些内容，将自己的金融产品经验编写成了本书，期待与更多金融产品人分享。

本书以金融贷款、金融理财和金融支付为切入点，全面且系统地讲述金融产品的基础知识、商业模式、底层逻辑、系统设计、支付体系、数字运营、精准营销和平台经营等，给出在互联网金融产品生命周期中工作的基本流程和问题的解决方法。

第 1 章主要从支付、理财、贷款三个维度描述金融背后的产品观，从拥抱变化、跨界融合到认知升级层次介绍当前环境对金融产品经理提出的更高的职场要求。

第 2 章主要讲述互联网金融、供应链金融、区块链金融、票据业务等商业模式和业务逻辑。

第 3 章主要讲述金融产品的底层逻辑，以第一性原理倒推智能推荐、金融反欺诈、信贷工厂的业务逻辑，培养金融产品经理的底层思维。

第 4 章主要阐述企业融资的链路设计和小额贷款的流程设计，以及智能催收、智能客服、新核心业务系统的设计思路和业务流程，并思考设计流程的种种差异。

第 5 章主要阐述金融产品支付体系，涉及账户体系、聚合支付路由系统、收银台、清分体系、结算体系、对账体系等。

第 6 章介绍金融产品的数字化运营，包括不同维度的运营分析及分析方法。

第 7 章主要讲述寻找爆点、打造爆品、引爆市场的精准化营销策略。

第 8 章主要讲述金融产品平台化经营策略，包括金融企业的数字化经营、金融小数据聚合、金融 SaaS 等，帮助产品人了解金融企业如何降本增效和协同管理。

本书是金融产品进阶操作指南，是金融企业数字化转型实践指导书，可以帮助金融产品经理了解金融业务和数字技术，梳理金融行业的产品知识体系，可以帮助金融企业解决数字化转型过程中遇到的问题，提升企业的数字化经营能力。本书既能帮助金融产品入门者掌握工作需要的基本知识，又能帮助金融产品进阶者建立产品知识体系，同时也有助于金融产品高阶者打造差异化能力，提升职场竞争力。

其实，在写本书之前，我已经将自己的 C 端、B 端产品经验汇集成《产品闭环：重新定义产品经理》一书。对于这本书，我想做的是结合自己多年的金融产品工作经验，解读我对金融产品的看法。虽然自己本着谨慎的态度写书，但内容难免有失偏颇，期待读者的批评指正。

我就是那个读者送江湖口号"做产品，找朱哥"的朱学敏，期待和你在金融产品的路上一起进步和成长。

加油，金融产品人！

|目录|

1

金融产品碎片知识

　　金融行业的发展是循序渐进的，本质是围绕"人货场"去拆解金融行业的颗粒度。金融业务错综复杂，本质是围绕"点线面"去梳理金融业务的全场景。金融支付、金融理财、金融贷款是金融产品的三大业务形态。只有对金融产品形成体系化认识，碎片化知识才有"归宿"。未来金融产品经理将被重新定义，拥有体系化的金融产品知识的人才可能在谋求金融创新的过程中赢得胜利。

1.1 金融产品 3 个业务体系

金融是一个概念很火热、业务很复杂的话题。我国的金融业态正在以互联网为抓手做结构性调整，从传统金融衍生出各项新兴金融业务，涵盖银行、支付、贷款、货币、期货、外汇、股票、证券、债券、保险、信托、租赁、典当等。

金融产品指在资金融通过程中可进行公开交易或等值兑现的各种载体，包括支付、理财、贷款等。基于交易端（金融支付）、资金端（金融理财）和资产端（金融贷款）可形成一个综合的金融产品。借助互联网，金融产品更加多元化，已形成一个庞大的金融体系，如图 1-1 所示。

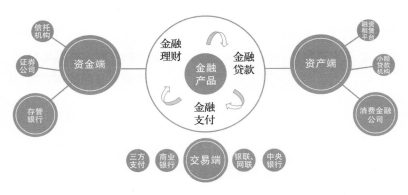

图 1-1　金融产品业务体系

- ❑ **金融支付**：以支付为主的交易端，链接三方支付、商业银行、银联、网联和中央银行，解决代收 / 代付、清算 / 结算的资金交易问题。
- ❑ **金融理财**：以理财为主的资金端，链接存管银行、证券公司、信托机构，解决产品认购、到期兑付的资金分配问题。

❑ **金融贷款**：以贷款为主的资产端，链接消费金融公司、小额贷款机构、融资租赁平台，解决个人贷款、企业融资的资金需求问题。

由金融贷款、金融理财、金融支付构成的标准化的金融体系，其实都是在金融产品的信息交易、资金流动中为解决用户问题而提供的金融服务。产品经理应学会基于金融体系搭建知识体系，主要包括金融产品的商业模式、产品形态、业务逻辑、功能流程、使用场景等。

1.1.1　金融支付

金融支付是指金融交易活动中各种货币或非货币资产的支付。很多金融业务都是基于金融机构提供的第三方支付来做的。

典型的金融支付方式有认证支付、快捷支付、协议支付、网银支付、银行卡支付、预授权支付、B2B 对公支付等。

典型的金融支付产品有银行卡、电子现金、电子支票、电子钱包、数字货币等。

典型的金融支付机构有支付宝、微信支付、银联支付、云闪付、平安付、通联支付、银盛支付、财付通、京东支付、拉卡拉等。

金融支付主要是在 C 端用户、B 端商户、三方支付机构、银联、网联和中央银行之间进行交易、收单、清算和结算，如图 1-2 所示。金融支付的核心业务主要包括银行账户、支付账户、基础交易、场景交易、信息流和资金流。

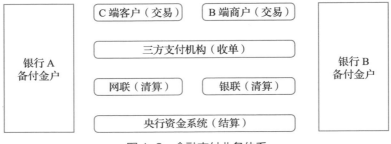

图1-2 金融支付业务体系

1. 银行账户

银行账户是指存款人（个人或单位）因投资、消费、结算等在经办银行开立的办理资金收付结算的人民币活期存款账户。按照存款人的不同身份属性，银行账户分为个人银行结算账户和企业银行结算账户。

1）按功能不同，个人银行结算账户可分为Ⅰ类银行账户、Ⅱ类银行账户、Ⅲ类银行账户。

- ❑ Ⅰ类银行账户：是"钱箱"，主要用于资金量大的存款、转账、消费、购买理财产品、支取现金等的认证支付，消费额度不限制，但必须现场临柜核验开户。

- ❑ Ⅱ类银行账户：是"钱夹"，主要用于资金量相对小的存款、购买理财产品、网络购物等的协议支付，不允许发实体卡，单日累计限额1万元，年累计限额20万元。

- ❑ Ⅲ类银行账户：是"零钱包"，主要用于资金量小的在线消费、网络缴费等的快捷支付，不限制开户方式，账户余额在2000元以内，单笔限额1000元，年累计限额5万元。

2）按用途不同，企业银行结算账户可分为基本存款账户、一般存款账户、专用存款账户、临时存款账户。

❑ 基本存款账户：主要用于存款人日常经营活动的资金收付，以及存款人的工资、奖金和现金的支取。

❑ 一般存款账户：主要用于办理存款人借款转存、借款归还和其他结算的资金收付，可以办理现金缴存，但不得办理现金支取。

❑ 专用存款账户：主要用于对其特定用途资金进行专项管理和使用，但不得办理现金收付业务。

❑ 临时存款账户：主要用于办理临时机构以及存款人临时经营活动发生的资金收付。

2. 支付账户

支付账户是指获得互联网支付业务许可的支付机构根据客户的真实意愿开立的账户，用于记录支付交易明细及余额，并可接收客户发起的支付指令的电子账本。

支付账户是在第三方支付机构开立的虚拟账户，可分为Ⅰ类支付账户、Ⅱ类支付账户、Ⅲ类支付账户，如表1-1所示。

表 1-1　三类支付账户

账户类型	余额付款功能	余额付款限额	身份核实方式
Ⅰ类支付账户	消费、转账	自账户开立起，累计1 000元	以非面对面方式，至少通过一个外部渠道验证身份
Ⅱ类支付账户	消费、转账	年累计10万元	面对面验证身份或以非面对面方式，至少通过三个外部渠道验证身份
Ⅲ类支付账户	消费、转账、投资理财	年累计20万元	面对面验证身份或以非面对面方式，至少通过五个外部渠道验证身份

3. 基础交易

金融支付的基础交易主要包括鉴权、路由、代收、代付、清算、结算。

- **鉴权**：对客户提供的个人和银行卡信息的真实性进行要素验证，可分为 3 要素（姓名、身份证、银行卡号）验证、4 要素（姓名、身份证、银行卡号、银行预留手机号）验证、5 要素（姓名、身份证、银行卡号、银行预留手机号、账户级别）验证。典型的鉴权方式有第三方支付鉴权、人行小额鉴权、银联消费鉴权、银联网关鉴权、来账验证鉴权等。

- **路由**：一个平台会对接多个支付机构，而一个支付机构会对接多个商业银行，所以整个聚合支付的通道选择都是由路由来决定的。我们主要考虑支付通道的系统稳定性、通道费用、接入难易程度、服务质量、到账时效等规则设计路由系统，然后根据路由规则选择最优的支付机构和商业银行。

- **代收**：交易发起方请求扣款指令，收单机构从客户银行卡账户中扣减资金至特约商户的备付金账户。简而言之，代收就是收单，比如银行卡收单、互联网收单和预付款收单等。

- **代付**：交易发起方发起付款指令，收单机构从特约商户的备付金账户中转出资金至商户虚拟子账户。

- **清算**：对支付指令进行发送、对账、确认的处理，属于电子货币和真实货币的核对，简而言之，就是把账清楚地算出来。比如银行把给支付机构的账算清楚，支付机构把给商户的账算清楚。

- ❑ **结算**：对支付交易相关债务的清偿，属于真实货币的结算。比如支付机构把给商户的账算清楚后，把真实货币结算到商户对公账户。

4. 场景交易

金融支付的场景交易主要包括消费、充值、转账、提现、撤销、退款。

- ❑ **消费**：代收交易，即从客户账户扣减资金到商户账户，并向其提供商品或服务。
- ❑ **充值**：代收交易，即从客户的银行卡往支付机构的支付账户入金的行为，一般是同名交易。
- ❑ **转账**：代付交易，即支付账户之间的转账（C2C、C2B、B2B）。转账分为站内转账和转账到卡。从支付账户往他人支付账户转出资金的行为称为站内转账，从支付账户往他人银行卡转出资金的行为称为转账到卡。
- ❑ **提现**：代付交易，即从支付账户提现到银行账户。
- ❑ **撤销**：将成功的交易撤销，一般仅限当天尚未进行清算的交易，且资金会原路退回。
- ❑ **退款**：将交易的资金退回，一般会限定时间，支持退部分或全部金额。

5. 信息流

信息流即交易过程中的支付动作。以购买基金为例，客户选择基金、提交订单，接着商户请求支付、唤起收银台，然后客户在支付机构提供的聚合支付中选择支付方式，完成支付，最后三方支付机构完成收单的代收和代付，银联或网联进行清算，银行进行资金结算。在整个购买基金过程中，信息流转涉及客户、商户、三方支付机构、银联或网联、银行，如图 1-3 所示。

6. 资金流

资金流即交易过程中的清算和结算。以购买基金为例，发卡银行从客户的个人银行结算账户实时扣款并通知网联完成扣款，银联或网联清算交易数据并将收单金额结算给三方支付机构的备付金账户，三方支付机构扣除通道手续费后将资金结算给收单银行，收单银行按 T1 结算周期（若商户要求 D0 结算会涉及垫资服务费），通过自动或者手动的形式将资金提现到商户的对公账户。在整个购买基金的交易过程中，资金流转涉及发卡银行、银联或网联、三方支付机构、收单银行和商户，如图 1-4 所示。

1.1.2 金融理财

金融理财是指投资者根据自身收支预算约束和风险收益偏好，通过合理安排资金，对财务（财产和债务）进行管理和分配，在金融市场选择风险收益特征不同的金融工具与产品，以达到财务保值、增值的目的。

典型的金融理财方式有银行存款、银行理财产品、债券、基金、股票、期货、外汇、信托、保险、黄金等。

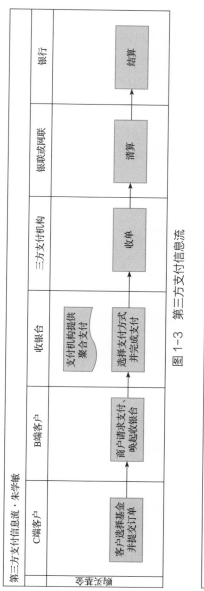

第三方支付信息流·朱学敏

图1-3 第三方支付信息流

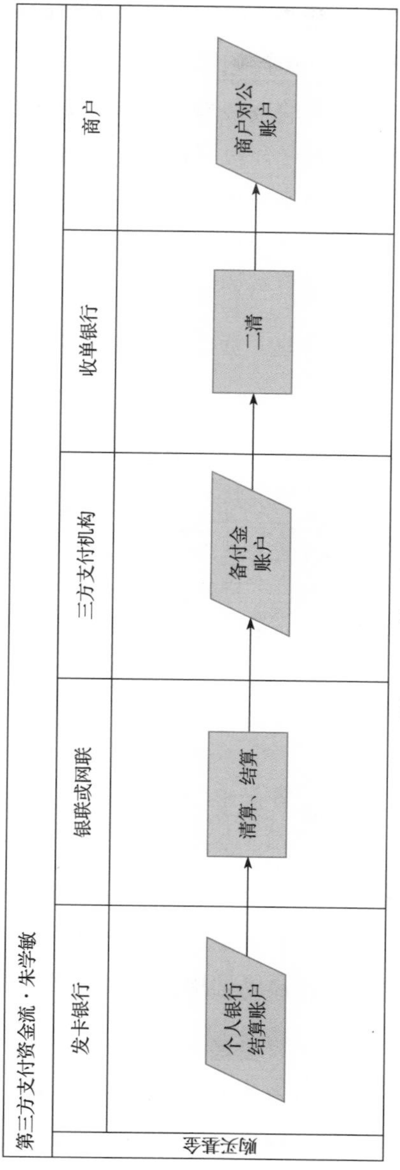

	C端客户	B端客户	收银台	三方支付机构	银联或网联	银行
参与方步骤	客户选择基金并提交订单	商户请求支付，唤起收银台	支付机构提供聚合支付 / 选择支付方式并完成支付	收单	清算	结算

第三方支付资金流·朱学敏

图1-4 第三方支付资金流

	发卡银行	银联或网联	三方支付机构	收单银行	商户
参与方步骤	个人银行结算账户	清算、结算	备付金账户	二清	商户对公账户

典型的金融理财工具有智能投顾、承兑行识别、理财收益计算器、自动投标等。

典型的金融理财平台有商业银行、支付宝、天天基金、招商证券、百度钱包、腾讯理财通、京东金融、蚂蚁金服等。

金融理财主要是在发行方、投资人、支付通道、信托机构、托管银行之间进行托管登记、产品发行、理财交易、资金认购、到期偿付、兑付本息，如图1-5所示。金融理财的核心业务主要包括产品池、资金池、投融资。

图1-5 金融理财业务体系

（1）产品池

金融企业会将储蓄、银行理财产品、债券、基金、保险、股票、外汇、证券、期货等在线金融产品打包成理财产品池，以便给客户推荐合适的理财产品。发行方作为理财产品的提供方，负责理财产品的结构设计和资产运作。

（2）资金池

银行设立集合资金托管计划，将募集到的不同期限、不同来源的理财产品资金汇集起来，形成资金池。银行集中安排资金的日间透支、主动拨付与定期收款，再将不同投向获得的收益汇集，按照理财产品预期收益率分配给投资者。

（3）投融资

投融资是指在资源配置过程中，金融企业通过投资、融资的形式协助客户有效管理资金头寸，从中获得收益。当客户资金短缺时，融资服务帮助客户解决资金需求问题。当客户资金富余时，投资服务帮助客户在确保资金流动性的前提下获取更高的资金收益。

（4）信托机构

信托机构以受托人身份从事受托经营资金信托投资业务，对集合资金计划进行管理。投资人委托信托公司就该项目发起单一资金信托计划，银行与投资人、信托公司签署三方协议，约定如借款人到期不能及时还本付息，由银行到期购买投资人所持有的信托收益权。

（5）托管银行

托管银行是指商业银行对发行的理财产品提供托管服务，为投资者提供资产保管、核算估值、资金清算、跨境清算、现金管理、资金融通等托管服务，以及协助购买、出售资产、绩效评估、投资监督等增值服务。

1.1.3　金融贷款

金融贷款指企业和个人从金融机构得到的、最终产品需要的贷款，以偿还为条件，并需按借用的金额和时间支付一定的利息。广义上的贷款是借贷、贴现、透支、融资等出贷资金的总称。

典型的金融贷款方式有信用贷款、抵押贷款、质押贷款、担保贷款、委托贷款、贸易融资、票据贴现等。

典型的金融贷款产品有网商贷、微粒贷、微业贷、广发E秒贷、平安数字贷、京小贷动产融资等。

典型的金融贷款平台有蚂蚁金服、招联金融、建行惠懂你、度小满金融、京东金融、微众银行、分期乐、京东数科等。

金融贷款主要是在借款人、投资人、商业银行、金融机构、小贷公司之间进行贷款的申请进件、审批复核、额度授信、借款下单、调额调费、放款审核、贷后跟踪和智能催收等，如图1-6所示。金融贷款的核心业务包括贷前管理、贷中管理、贷后管理。

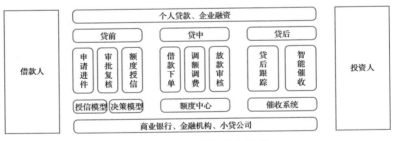

图 1-6　金融贷款业务体系

1. 贷前管理

贷前管理是指受理借款人的申请进件，对借款人提交的基本情况、经营状况、财务状况、信誉状况、担保情况等进行贷款调查，基于额度授信模型、决策变量模型进行信用评价分析，从而判断贷款人是否符合贷款准入条件。贷前管理可有效识别贷款欺诈,对申请贷款进行管理,主要包括申请进件、初审调查、审批复核、额度授信等。

2. 贷中管理

贷中管理是指借款下单后,分析贷款的金额、期限、利率是否合法,核查借款用途是否合规。贷中管理是审核通过并放款的关键过程,主要包括贷中核查、额度重估、调额调费、放款审核、终止债权、提前触发催收。

3. 贷后管理

贷后管理是指从贷款发放或其他信贷业务发生直到全部还款或信用结束的全过程的信贷管理。贷后管理是有效回款的过程,对发放贷款进行管理的工作主要包括贷后跟踪、还款管理、逾期催收、清户撤押。

当前,无论金融企业还是商业银行,都在觊觎万亿级的金融市场。未来互联网金融将围绕支付、理财和贷款三个领域展开金融行业的"跑马圈地",逐步打造产业金融、生态金融。

1.2 金融产品 3 个思维体系

金融行业的发展是循序渐进的,是所有垂直模式中最为广泛的一个,其本质还是围绕"人货场"去拆解金融行业。

金融业务错综复杂,主要包括三方支付、互联网金融、汽车金融、消费金融、小额贷款、众筹融资、票据贴现、跨境金融、贸易金融、融资租赁、证券基金、商业保险、交易银行等,其本质还是围绕"点线面"去梳理金融业务的全场景。

不管是垂直行业还是细分领域,金融产品体系都有一定的同质化。金融产品经理主要分为平台型产品经理和业务型产品经理。其中,平台型产品经理主要跟研发打交道,负责产品功能设计,推动需求分析与系统设计,设计各种软件前端与后台;业务型产品经理主要跟市场打交道,负责商业模式分析,提出业务方向与产品规划,制定各种金融产品规则。

用同理心去挖掘真实用户需求是金融产品经理的重中之重。从用户需求和业务属性的角度看,金融产品经理可分为以下几类。

- ❑ **银行产品经理**:主要负责银行产品设计,能够设计存款、贷款、外汇、对公业务等基础产品功能,加速银行业务的推广和落地,并建立和完善银行产品营销管理体系,熟悉银行相关产品的业务流程和政策法规。

- ❑ **理财产品经理**:主要负责理财平台搭建,能够制定理财模块的智能投顾和业务拓展计划,清楚公募基金、私募基金、OTC 等的业务知识、交易规则等。

- ❑ **保险产品经理**:主要负责保险产品规划,能够分析医疗险、人寿险、团金险、健康险的产品形态和价格体系,搭建保险产品库,参与产品定价,并向保险经纪公司、线上保险团队提供整体的系统解决方案。

- ❑ **信托产品经理**:主要负责资本市场相关信托产品的设计,能够完成消费金融类、政府信用类产品尽调,开拓及维护信托类、固收类机构,主导或推动信托业务与产品模式创新等。

- ❑ **证券产品经理**：主要负责证券相关产品设计，能够基于 FPGA 的证券交易、风控、行情等交易结构设计与定量分析，并制定资产证券化产品募集和发行方案。
- ❑ **支付产品经理**：主要负责设计支付产品矩阵，能够设计后台的资金账户、支付路由、收单系统、清结算系统、对账系统、POS 收单系统，跟踪支付行业动态，研究行业创新产品等，熟悉第三方支付、线下收单、SaaS 收银、生活缴费、银联支付产品和银行账户产品接入和运营。
- ❑ **交易产品经理**：主要负责交易平台的模块化设计，能够梳理财务或结算相关的业务流程，制定融资租赁、贸易融资、保理与供应链金融等产品方案，熟知 B2B 交易场景的概念和模式，对交易各环节有较深的认知。
- ❑ **信贷产品经理**：主要负责设计信贷产品或信用卡，能够分析信贷市场，设计信贷流程，研究同业竞争，并了解国家政策、监管法规、经济形势、金融环境等。

互联网金融正在颠覆传统金融的业务模式，这要求从事金融行业的产品经理不仅要具备产品能力，还要精通金融业务。金融市场不断垂直细分，需要金融产品经理建立 3 个思维体系，即拥抱变化、跨界融合、认知升级。

1.2.1　拥抱变化

金融市场在不断地变化，与之相关的战略规划、商业模式、经营理念、产品服务、业务形态等金融体系也在更新、迭代。金融企业发展的关键在于面对市场规模、竞品布局、产品玩法、运营打法、经营战略等方面，如何去拥抱变化。

"拥抱变化"成为金融行业的主旋律。金融产品经理要从以下几方面重新定义业务边界并突破产品形态。

1）**实现产业金融的资金融通、资源整合和增值服务**。产业金融是指商业银行通过提供流动的金融资本来满足生产者经营过程中融资需求的金融体系。数字融资渗透到产业端，能够推动产业金融走向成熟，有效促进特定产业向科技化、资本化、垂直化以及生态化发展。

产业与金融深度融合，将物联网、区块链等技术嵌入产业的各个环节，充分发挥金融赋能产业链资金流、商流、物流的优势，进而推动产业链转型与升级。产业金融有很好的发展契机，未来有望推动金融企业的资金融通、资源整合、价值增值。

产业金融未来必将走向金融大市场、金融交易平台，所以产业金融一体化是必然趋势。面对特定产业中企业数字化转型和客户需求变化，金融产品经理需要重新思考产品定位和商业模式，从而迎接产业金融带来的新挑战。

2）**提供广覆盖、多层次、可持续的普惠金融服务**。普惠金融是指基于商业可持续原则，为有资金需求的中小微企业、个体工商户等客户群体提供支付、信贷、保险、理财等有效的金融服务。

商业银行是普惠金融的主力军，它们鼓励数字融资和抵押融资，有利于 B 端企业的日常经营。小贷机构是普惠金融的操盘手，它们利用数据和技术优势向金融业渗透，有利于 C 端用户的短期消费。基于教育、医疗、基建、制造、物流、贸易、出行等场景推出的银行助贷、联合贷款，可促进金融业的持续发展。

科技企业赋能普惠金融，关键在于如何以科技手段为抓手，打造数字化经营引擎，推动产品聚合、数据聚合、金融聚合。

面对普惠金融的产品创新与经营服务能力不足，金融产品经理要思考如何积极拥抱数字科技与模式创新，从而更好地践行普惠金融之道。

3）践行数字金融的线上化、智能化、数字化。数字金融是指依托大数据、区块链、人工智能等数字技术，与传统金融服务业态相结合的线上化支付、银行、保险、基金、贷款、贸易等金融服务。

在数字化时代，金融企业和商业银行都在尝试数字化转型，并积极拥抱数字化转型浪潮，基于数字技术和数字引擎开辟转型新赛道：数字化融资、数字化供应链、数字化电子票据等。

以数字化融资为例，商业银行利用 SaaS 服务黏住企业客户实现线上化智能展业，利用融资服务实现平台增收，从线上化服务过渡到数字化融资，打破了传统金融体系的边界。

数字金融最核心的就是开放，打造超级 API 或集成 SDK 的开发平台，融入数字生态，推动数字基建信息化、数字化、智能化，从而重塑金融商业模式。

数字化转型面临一些业务复杂度加深的问题，金融产品经理要加深业务梳理和数字技术能力，从而更好地利用数字金融的长尾效应，实现金融企业的降本增效。

1.2.2　跨界融合

随着数字技术的发展，很多金融企业在数字化转型中尝试跨界融合。

跨界融合已经成为未来发展的一个必然趋势，它将重新定义金融产品经理，并改变我们的固有认知和价值观念。

金融行业的产品经理不乏跨界者，关键在于如何提升自己的跨界能力，下面进行具体介绍。

1）是否具备跨界思维，以便解决复杂的金融问题。跨界思维就是从多角度看待特定行业的问题，并提出专业的解决方案，其实本质就是解决问题。从传统金融到互联网金融，从普惠金融到数字金融，需要我们突破既有方法的限制，找到问题的本质，并借助一些行之有效的手段，解决更复杂的金融问题。

其实，真正具有跨界思维的产品经理很少。很多所谓的"跨界"，其实只是做平台的资源整合。还有个别做银行业务的产品经理禁锢在自己的认知里，缺乏批判性思维。

此外，太多条条框框的角色代入，使得金融产品经理脱离不了本职工作的局限，也跳不出"教条主义"的怪圈，设计出的产品并没有发生实质性的改变。因此，一个没有跨界思维的产品经理，是很难做好金融产品的。

2）能否从行业垂直和业务细分中实现同业融合。金融本身就不是单一的业务。金融业务不断被细分，从贷款、理财、基金、证券、保险、票据到支付等，都是有着特定业务属性的金融体系。同业融合的核心是根据金融产品的共性去剥离业务，所以懂业务的金融产品经理更具备职场竞争力。

以数字技术为抓手，推进金融数字化，从统一金融门户到打造金融生态，未来必将走向金融同业融合。随着金融业务的纵深拓展，产品经理的职责也得到了进一步明确。

3）能否通过商业创新来提升用户价值和企业竞争力。商业创新的本质是要素之间的重新组合，需要我们冲到金融产品线去做"超级"产品经理，借力创新平台，让跨界思维和同业融合起到 1+1>2 的效果，即依托数字技术重塑商业模式，通过对业务或产品进行创新，来提升用户价值和企业竞争力。

比如把一个只有 30% 市场机会的商业想法通过开源与合作的模式，实现跨行业、跨地区到跨业务的融合，寻求超出 120% 行业专业度去落地解决方案，以获得 60% 的用户认可和反馈，从而实现商业价值或提升平台核心竞争力。

4）是否具备数字能力来重塑产品方案和商业模式。在数字经济时代，数字能力是金融企业完成数字化转型的关键。从数字化金融到金融数字化，金融商业创新和数据智能的进程得以加速，用户消费端和平台供给端的边界被打破，生产与消费之间的协同得以实现。

金融产品经理的数字能力可以理解为通过模式创新、产品敏捷迭代来实现平台精益管理，从而逐步实现金融产品的数字化、线上化和移动化的能力。

1.2.3　认知升级

认知升级就是在认识、加工和存储信息的过程中，提升自己的思维方式和内在逻辑，并找到行之有效的方法进行决策和行动。

金融产品经理从入门到进阶，其实就是自我认知升级的过程。我们要在认知过程中提升思维方式，从"我要做什么"升级为"用户需要什么"的思维，并保持同理心、好奇心，去思考金融背后的产品观。

1）突破金融认知思维。认知思维的本质是用批判的眼光看待"人货场"，即链接人性、洞察需求、场景赋能，并形成思维闭环。

在认知过程中，产品经理要跳出思维的局限性，能够批判性地思考，并客观认识自我能力。

比如做企业融资服务，产品经理要设计各种金融产品，不仅要考虑贷款产品的共性（最高可贷金额、年化利率、借款期限、还款方式等），还要考虑一些特殊条件，如业务开办地区、申请准入条件等。

2）形成金融认知模型。认知模型就是在认知过程中把复杂的事物抽象化、可视化，回归到事物的本质，去发现其背后的逻辑。从阅读、理解、记录、归类、分析、创造到应用，其实就是在打破自我认知的天花板，建立认知模型。

最典型的金融认知模型包括利用信息不对称的认知模型，发挥信息优势，实现资源最大化；利用杠杆不守恒的认知模型，降低边际成本，实现价值最大化。

3）实现金融认知迭代。认知升级是一个持续迭代的过程。产品经理要以空杯的心态，根据设定的目标，去定性和定量分析事情或行为是否有价值。

随着金融行业的不断发展，金融业务不断细分，金融认知也在不断提升。金融是一个不断量化业务的过程，比如做支付得有牌照，做贷款得有风控，做理财得有证监等，所以做金融业务应实现认知迭代。

数字技术在改变金融的方方面面，如商业战略、市场决策及产品创新等，其实都是在颠覆或重新制定新的业务规则。

重新定义是要让金融产品经理了解自己的产品知识、改变自己的知识结构、重建自己的知识体系等，去思考金融商业模式背后的产品观，从而更好地提升自己的职场竞争力。

1.3　本章小结

本章主要从支付、理财、贷款三个维度描述了金融背后的产品观。其中，金融支付包括入网开户、收单记账、清算、结算、日终对账等，金融理财包括登记托管、发行产品、理财交易、资金认购、到期偿付、兑付本息等，金融贷款包括申请进件、审批复核、额度授信、借款下单、调额调费、放款审核、贷后跟踪和智能催收等。金融产品3个思维体系包括拥抱变化、跨界融合和认知升级。

第2章 | CHAPTER2

金融产品商业模式

　　随着互联网的发展，金融产品更加多元化，这有利于企业以最优的实现形式满足金融用户需求。从互联网金融、供应链金融、区块链金融到票据金融等，将商业模式梳理成具体的产品形态、业务需求、业务流程、功能逻辑等，可确保整个业务逻辑通顺，自成一体，可培养金融产品经理的商业思维能力，让他们为企业创造价值。

2.1 互联网金融 6 个业务模式

随着大数据、云计算等数字技术在金融创新领域的应用，互联网金融产业迅速崛起，进入全新的数字化发展阶段，并形成了"场景＋技术＋金融"的生态体系。

就金融应用领域而言，互联网金融业务模式可分为第三方支付、网络小额贷、众筹类融资、信息化金融、大数据金融、互联网金融 6 类。

据华创咨询统计，2020 年中国金融市场交易规模中，第三方支付市场交易超 9 万亿元，网络小额贷市场交易超 5000 亿元，众筹类融资市场交易超 100 亿元，信息化金融市场交易超 1500亿元，大数据金融市场交易超 1000 亿元，互联网金融市场交易超 12 万亿元，如图 2-1 所示。

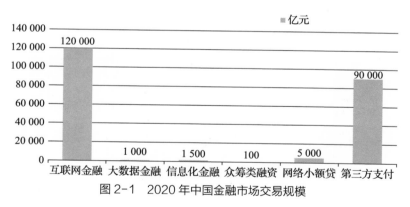

图 2-1 2020 年中国金融市场交易规模

2.1.1 第三方支付

第三方支付是指具备一定实力和信誉保障的独立机构，通过与银联或网联对接而促成双方交易的网络支付模式。典型的支付模式有手机支付、网银支付、银联卡支付、储值卡支付、预授权支付、B2B 对公支付等。

第三方支付本质上是一种资金的托管代付或代付，通过支付通道完成从消费者到商户（含企业）以及金融机构间的实名认证、开户绑卡、签约代扣、钱包充值、聚合支付、消费退款、收单记账、订单分账、资金结算和日终对账等。

第三方支付业务模式如图 2-2 所示。

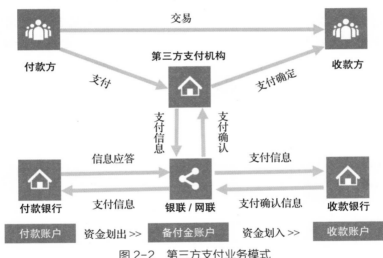

图 2-2 第三方支付业务模式

1）付款方（买方）和收款方（卖家）进行商品交易，使用第三方支付机构提供的资金账户进行聚合支付。

2）第三方支付机构进行支付收单，通知卖家货款到账并要求发货。

3）付款方收到货物、检验货物，确认无误后，通知第三方支付机构进行支付结算。

4）第三方支付机构将资金款项进行分账，并代付至卖家资金账户。

随着移动支付的发展，第三方支付已经成为线上／线下全面覆盖的综合支付工具，主要应用场景有基金理财、保险信托、网络购物、生活缴费、移动充值、公共交通、基础设施等，如图 2-3 所示。

图 2-3　第三方支付应用场景

典型的支付平台有云闪付、支付宝、微信支付、财付通、Paypal、平安付、快钱支付、宝付支付、富友支付、拉卡拉、通联支付等。

第三方支付主要是解决电子商务市场中买卖双方的信任问题。未来，数字技术依托大数据风控模型，可以有效减少交易中的信息不对称，降低第三方支付交易中的信用风险。

2.1.2　网络小额贷

网络小额贷是指借贷过程中的贷款申请、进度查询、授信建额、提款和还款的操作都可在互联网上高效地完成。金融机构向个人或企业提供额度较小、无担保、无抵押的综合消费贷款服务，有效地解决了中小企业融资难的问题。

典型的网络小额贷平台有蚂蚁借呗、网商银行、度小满金融、微众银行、招贷、建行惠懂你、360借条等。

网络小额贷是未来金融服务的发展趋势之一，主要业务模式有以下几种。

1. 贷款纯线上模式

从用户申请、信用审核、合同签订到贷款催收等整个业务主要在线上完成。对借款人的资质审核主要有查看银行流水、远程视频面签、查看身份认证、审核征信报告等。对借款人的信用审核主要是通过搭建数据模型来完成。

2. 贷款纯线下模式

借贷流程中的审核、贷款发放等流程在线下进行。当面办理借款是常规的操作，一般需要抵押物。此外，借款人必须符合一定的贷款条件，且贷款人会核查贷款用途，从而强化贷后风险控制。

3. 贷款线上、线下结合模式

借款人在线上提交借款申请后，转线下审核借款人的资信、还款能力等。对借款人的资质审核主要有实地考察、消费交易流水、贷款信息。对借款人的信用审核主要是通过核实信用信息完成信用评级及额度评估。

随着互联网的发展，网络贷款的规模不断扩大，我们必须建设一个强大的信贷风控系统来支撑网贷业务。

2.1.3　众筹类融资

众筹类融资是指用"团购＋预购"的形式向网友募集项目资金。众筹的本意是利用互联网和 SNS 传播的特性，发动公众的力量，集中公众的资金、能力和渠道，让创业企业、艺术家或个人向公众展示他们的某个项目或创意活动，争取大家的关注和支持，进而获得资金援助。

众筹类融资的业务模式如图 2-4 所示。

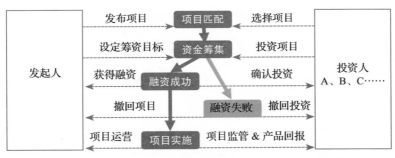

图 2-4　众筹类融资业务模式

1）发起人将项目策划交给众筹平台，经过相关审核后，在众筹平台上发布创意项目，而投资人在众筹平台中选择自己中意的项目。

2）发起人在平台上筹集资金时，设定筹资项目的目标金额以及筹款的截止时间。在目标期限内，投资人对感兴趣的项目进行资金支持。

3）在到达截止时间时，如果成功达到目标金额，该项目融资成功，发起人将获得融资资金，投资人确认投资资金；如果未达到目标金额，该项目融资失败，将撤回融资资金并返还给投资人。

4）发起人对项目进行运营，投资人对项目进行监管，以项目产品或企业股权作为回报。

众筹是一种小额化的大众融资模式，主要融资方式有股权众筹、债权众筹、回报众筹及捐赠众筹等，如图 2-5 所示。

图 2-5　众筹类融资主要模式

- ❑ **股权众筹**：通过网络进行的较早期的私募股权投资，以股权和股权收益为回报的众筹，适用于初创小型公司。典型代表有蚂蚁达客、京东众筹、小米众筹、人人投。
- ❑ **债权众筹**：对项目或公司进行投资，获得一定比例的债权，以承诺偿还本息为回报的众筹。典型代表有互金平台。
- ❑ **回报众筹**：对处于研发、设计或生产阶段的产品或服务的预售，主要是为了募集运营资金，可以细分成凭证式众筹、产品式众筹、置换式众筹等。典型代表有 Kickstarter、Indiegogo。
- ❑ **捐赠众筹**：投资者进行无偿捐赠的一种公益性质的众筹方式。典型代表有腾讯公益、轻松筹、YouCaring。

众筹类融资是中小企业的一个风口，比如共享单车、共享汽车都可以看作一种众筹方式，可以解决中小企业融资难的问题。众筹类融资为金融创新提供了新的契机。

2.1.4　信息化金融

信息化金融是指运用以互联网为代表的信息技术，对传统金融的运营流程、服务、产品进行改造或重构，实现经营、管理全面信息化。金融信息化是金融产业发展的趋势之一，而信息化金融机构是金融创新的产物。

将信息技术应用于金融领域，把金融业变成基于信息化技术的产业，已经成为金融创新和发展的关键驱动力。信息化金融的业务模式可分为传统金融业务电子化模式、创新金融服务模式、金融电商模式 3 类，如图 2-6 所示。

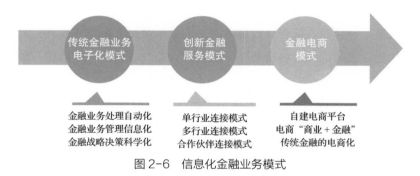

图 2-6　信息化金融业务模式

1. 传统金融业务电子化模式

传统金融业务电子化是指金融企业采用互联网、网络通信等技术，达成金融服务行业降本增效的目的，并实现金融业务处理自动化、金融业务管理信息化和金融战略决策科学化。

比如，商业银行的信息化建设已经进入深耕细分的阶段，建成了由网上银行、手机银行、电话银行和自助银行构成的电子银行一站式金融服务体系。

2. 创新金融服务模式

金融机构信息化建设为金融服务电子化创造了条件。依托云计算、移动互联等加速发展的新技术，金融服务全面进入数字化时代，将重塑商业模式，推动金融生态建设。

创新金融依托单行业连接、多行业连接、合作伙伴连接等模式，全链路打通金融生态，实现了精准触达、智能展业，这有利于批量渠道获客，增强客户黏性，降低运营成本，增加企业盈利。

3. 金融电商模式

金融机构电商化，即自己建立电商平台，或者与其他拥有海量客户信息和渠道的互联网企业合作建设电商平台，从用户需求出发，整合商业流程，打造电商"商业＋金融"的业务闭环，比如建设银行的"善融商务"、交通银行的"交博汇"、招商银行的"非常 e 购"等。

金融机构电商化的本质是传统金融电商化，即传统金融业务模式向电子商务业务模式转型。我们可以基于电商提供支付货币、网络信贷、供应链金融、预售订单融资、金融中间业务、货币汇兑、账户预存款、支付工具、移动支付等业务。

2.1.5 大数据金融

大数据金融是指集合海量的非结构化数据，通过互联网、云计算、区块链、机器学习等技术，对客户的消费习惯、交易数据进行挖掘和分析，为互联网金融机构提供客户的全方位信息，并准确预测客户行为，使金融服务平台在营销和风控方面有的放矢。

大数据分析的关键是从大量数据中快速获取有用信息。金融服务平台运用大数据分析方法开展金融服务或金融活动。大数据金融的业务模式可分为以下两种。

1. 实现资源协同、融资便捷的平台金融模式

平台金融模式是指平台企业依托其长期以来积累的数据，利用互联网技术为平台上的个人或企业提供信用或订单融资的金融模式。平台金融模式建立在庞大的数据池的基础之上，有效地解决了信息不对称问题。典型代表有阿里金融、百度金融、Bankrate、融360、好贷网等。

以阿里金融的"阿里小贷"为例，它对客户在平台上积累的交易数据进行分析，或借助第三方大数据平台进行分析，形成分析客户信用等级的数据，进而提供信用贷款，实现快速审批贷款，并有效降低企业经营风险和坏账率。

2. 围绕核心企业、链接上下游企业的供应链金融模式

供应链金融模式是企业依托自身的产业优势，对产业链上下游企业物流、资金流、信息流等的掌控，形成对平台用户和供应商进行贷款融资的金融模式。供应链金融模式是以服务为核心，通过大数据实现平台两端企业的交易对接。典型代表有京东商城、苏宁易购、顺丰速运等。

未来，大数据金融企业之间的竞争将存在于对数据的采集范围、数据真伪性的鉴别以及数据分析和个性化服务等。比如企业将更加注重差异化用户体验、个性化设计，为用户提供全面的行业信息、精准的金融产品。

2.1.6 互联网金融

互联网金融是指传统金融机构与互联网企业利用互联网技术和信息通信技术实现资金融通、支付、投资和信息中介服务的新型金融业务模式，即以互联网技术为手段，从事与金融业务相关的活动，并将金融服务的各个环节电子化、网络化、信息化，其本质还是消费金融。

互联网金融对促进小微企业发展发挥了难以替代的积极作用，提升了金融服务质量和效率，加速了金融多元化创新发展，并构建了多层次金融体系（包括普惠金融、平台金融、信息金融和数字金融等）。

互联网与金融深度融合是门户网站的趋势。根据服务的内容和方式不同，互联网金融门户网站分为第三方资讯平台、垂直搜索平台以及线上金融超市等，如图 2-7 所示。

第三方资讯平台
网贷之家、和讯网、金融界、网贷财经

垂直搜索平台
贷小秘、融 360、好贷网、安贷客

线上金融超市
51 金融、易贷网、付融宝、民信金融超市

图 2-7　互联网金融门户网站

1. 以内容为主的第三方资讯平台

第三方资讯平台是为客户提供全方位、权威的金融行业数据及行业资讯的互联网金融门户网站。典型代表平台有网贷之家、和讯网、金融界、网贷财经等。

2. 以信息流为主的垂直搜索平台

垂直搜索平台是从用户的非结构化数据抽取出特定的结构化信息数据，从基本咨询到信息搜索，以流量分发形式返给用户，从而有效地降低信息不对称的搜索和匹配成本。典型代表平台有贷小秘、融360、好贷网、安贷客等。

3. 以信息中介为主的线上金融超市

线上金融超市的业务形态是在线导购，充当了中介的角色，提供综合金融服务。它是多家金融机构网上服务的结合，与各金融机构的交易系统直连，并提供与之相关的金融产品或服务。从发展模式上看，线上金融超市可以分为商业银行、消费金融机构、分期平台和小贷公司。典型代表平台有51金融、易贷网、付融宝、民信金融超市等。

互联网金融门户网站最大的价值就在于它的渠道，它分流了银行业、信托业、保险业的客户，并将门户网站细分为网贷类、信贷类、保险类、理财类及综合类等。

当前，互联网金融依托数字技术，重塑商业模式，加速金融业务向场景化、线上化、智能化、数字化发展。从流量驱动的移动金融、场景驱动的消费金融、产业驱动的普惠金融，到数据驱动的数字金融，金融企业以数字化链路为转型方向，推进金融服务体系的生态化建设。

2.2　供应链金融3个融资模式

供应链金融围绕核心企业，以企业信用为依托，以真实交易为背景，为产业链上下游企业提供结算交易、数字融资、财务管理等综合金融服务。供应链金融以敏捷战略、智能展业和风控体系为抓手，为产业链关联方赋能并助其降低运营成本。

华创咨询 2020 年年末的统计数据显示，2017 年中国供应链金融市场规模为 14.42 万亿元，2020 年中国供应链金融市场规模将达到 27.01 万亿元，整体增幅 87.31%，供应链金融市场发展空间巨大。随着数字技术的深度应用，供应链金融不断渗透到金融市场，2021 年有望突破 35 万亿元，如图 2-8 所示。

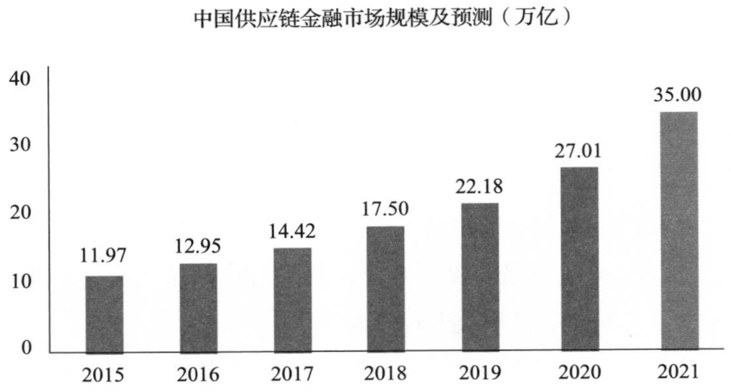

中国供应链金融市场规模及预测（万亿）

图 2-8 供应链金融市场规模及预测

数字技术的广泛应用和金融科技水平的提升，将助力企业构建供应链生态。我国的供应链金融已经逐步完成从 1.0 到 4.0 四个阶段，如图 2-9 所示。

1. 供应链金融 1.0 阶段

1.0 阶段就是所谓的线下"1+N"模式，即资金方或服务方基于一家核心企业，针对多家中小企业的融资模式，依靠大型企业的信用，向上下游小微企业提供金融服务。

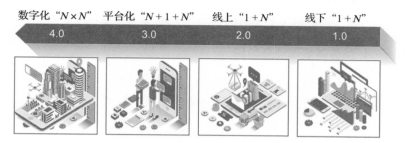

图 2-9 供应链金融发展的 4 个阶段

此阶段以金融机构为主导，企业融资的商流、物流、信息流和资金流等数据相对分散，业务全过程线下处理，银行授信审批难、风险大，导致企业获得融资的效率低。

2. 供应链金融 2.0 阶段

2.0 阶段就是所谓的线上"1+N"模式，即系统直连资金方、服务方、核心企业和上下游的线上融资，以供应链为支撑点来带动资金流，让产业与金融结合得更紧密。

此阶段以电商平台为主导，企业融资数据全面线上化，数据种类增加，银行服务多元化，融资效率有所提升，但仍难以满足企业需求。

3. 供应链金融 3.0 阶段

3.0 阶段就是所谓的平台化"N+1+N"模式，即搭建供应链金融服务平台，突破单个供应链的限制，提供多元化的金融服务，通过政企联盟与产融互联，重新融合多平台数据。

此阶段以核心企业为主导，企业融资数据初具规模，银行平台化，服务企业多，可满足客户的多种金融需求，效率进一步提升。但是，产业链上的关联方信息不透明，仍难保证实时性。

4. 供应链金融 4.0 阶段

4.0 阶段就是所谓的数字化 "$N \times N$" 模式，即依托数字技术，发展线上化、智能化的金融产业链，帮助商业银行解决交易过程中的信任和安全问题，打破信息不对称和物理区域壁垒。

此阶段以第三方供应链 SaaS 服务为主导，企业融资数据全部标准化，银行全面线上化，支持实时审批、实时交易，帮助产业链关联企业资源共享，实现产业协同，从而快速获得融资且信息透明。

当前，供应链金融被应用在汽车、外贸、医药、农业、大宗商品、批发零售等行业，主要代表企业有以"开放银行"为代表的招商银行、平安银行，以"垂直行业"为代表的创捷、怡亚通，以"外贸服务"为代表的一达通、东浩兰生，以"物流服务"为代表的顺丰速运、菜鸟，以"金融科技"为代表的蚂蚁金服、京东金融等，如图 2-10 所示。

图 2-10　供应链金融企业主要代表

供应链金融作为一种针对中小企业的新型融资模式，可有效减少企业融资成本，提高资金的运作效率，帮助商业银行及金融机构开拓市场，实现差异化竞争。供应链金融的融资模式主要包括应收账款融资、存货融资、预付账款融资，如图 2-11 所示。

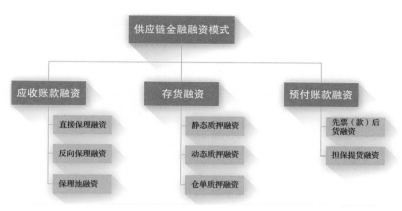

图 2-11　供应链金融的融资模式

2.2.1　应收账款融资

应收账款融资是指产业链的上游企业（融资企业）为获取流动资金，以其与下游企业（核心企业）签订的真实合同产生的应收账款为基础，向供应链企业（金融机构）申请以应收账款为还款来源的融资。

应收账款融资的业务模式如图 2-12 所示。

1）产业链的上下游企业签订采购协议形成应收账款后，约定融资企业在一定时间内发货，核心企业在收到货物后按期付款。

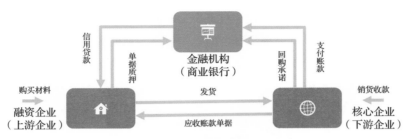

图 2-12 应收账款融资的业务模式

2）融资企业申请贷款，并将应收账款单据质押给金融机构作为授信凭证。

3）核心企业将应收账款相关的单据等证明材料交付金融机构，并做出支付账款或回购承诺。

4）金融机构基于上下游企业之间交易背景的真实性，向融资企业提供信用贷款，以缓解阶段性资金压力。

应收账款融资是金融企业合作最多的一种融资方式。应收账款融资主要有直接保理融资、反向保理融资、保理池融资等方式。

以直接保理融资为例，其业务流程如图 2-13 所示。

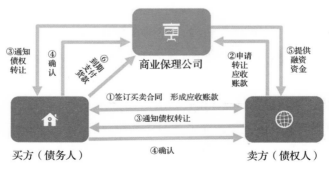

图 2-13 直接保理融资业务流程

❑ 卖方（债权人）将基于其与买方（债务人）订立的货物买卖合同形成应收账款；

❑ 卖方（债权人）申请转让应收账款，将债权转让给商业保理公司；

❑ 商业保理公司提供资金融通、买方资信评估、销售账户管理、信用风险担保、账款催收等一系列综合金融服务。

直接保理融资是一种委托管理应收账款的融资方式。卖方为了强化应收账款管理，增强资金流动性，将买卖交易中的买方应收账款转让给保理公司，保理公司据此对卖方进行保理融资。

2.2.2　存货融资

存货融资是指贸易过程中融资企业以货物进行质押，向资金提供企业（即贷方）出质，同时将质押物转交给具有合法保管存货资格的第三方仓库进行保管，以获得贷方贷款的业务活动，是物流企业参与下的动产质押业务。

存货融资的业务模式如图2-14所示。

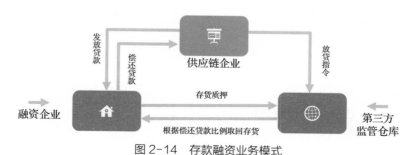

图2-14　存款融资业务模式

1）融资企业将货物以质押的形式存入仓库，第三方监管仓库对货物进行检验，以保障自己的担保权益。

2）供应链企业获得货物的担保权益后，向融资企业发放融资资金。

3）融资企业销售货物给贸易商，第三方监管仓库将提货信息告知供应链企业。

4）贸易商支付相应货款至供应链企业在银行的专用账户，并将收款作为融资企业偿还贷款的本金及利息。

存货融资一般发生在从事大宗商品贸易且因现货库存占用大量流动资金的企业。企业会利用现有货物提前套现。存货融资主要有静态质押融资、动态质押融资、仓单质押融资等方式。

以仓单质押融资为例，其业务流程如图 2-15 所示。

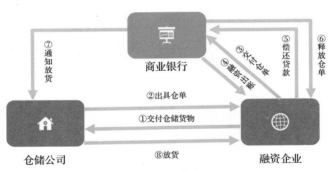

图 2-15　仓单质押融资业务流程

- ❏ 融资企业提出贷款申请，按照商业银行要求把货物存放在指定的仓储公司；
- ❏ 仓储监管方出具交存货物的仓单，承诺保证货物完好，并严格按照商业银行的指令行事；
- ❏ 融资企业交付仓单给商业银行，并进行质押；

❑ 商业银行向融资企业发放贷款，并形成融资出账单；

❑ 融资企业实现货物的销售，将货款汇入银行的企业账户，偿还贷款；

❑ 仓储监管方根据商业银行的放货指令，向融资企业移交货物；

❑ 融资企业向商业银行归还全部贷款本息，商业银行释放仓单。

仓单质押融资本质是一种以企业存货仓单为质押的融资方式，通过银行、仓储公司和融资企业的三方协议，将融资企业拥有的货物存放在第三方物流，并以仓储方出具的仓单在银行进行质押，银行依据质押仓单提供用于经营与仓单货物贸易的短期融资业务。

2.2.3　预付账款融资

预付账款融资是指以买方与卖方签订真实贸易合同产生的预付账款为基础，银行为买方提供的、以其销售收入作为第一还款来源的短期融资业务。

预付账款融资的业务模式如图 2-16 所示。

1）融资企业和核心企业签订购销合同，并协商由融资企业申请贷款（支付购货款项）。

2）融资企业凭购销合同向银行申请仓单质押贷款，向核心企业支付该项交易的货款。

3）银行审查核心企业的资信状况和回购能力后，与核心企业签订回购及质量保证协议。

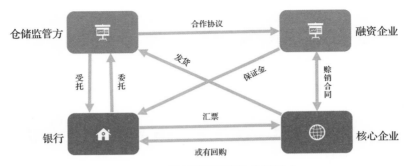

图 2-16　预付账款融资的业务模式

4）银行与仓库监管方签订仓储监管协议，完成对货物的受托与委托管理。

5）核心企业根据购销合同发货，货物到达指定仓库后设定抵质押为代垫款的保证。

6）银行获得货物的担保权益后，向融资企业发放融资资金。

7）融资企业缴存一定比例的保证金，银行告知仓储监管方可以释放相应金额的货物给融资企业。

8）融资企业获得商品提货权，去仓库提取相应金额的货物。依次不断循环，直至保证金账户余额等于汇票金额，即融资企业将货物提完为止。

预付账款融资多用于采购阶段，核心是将预付账款作为融资资产，能够帮助企业解决采购过程中遇到的资金瓶颈问题。预付账款融资主要有先票（款）后货融资、担保提货融资等方式。

以先票（款）后货融资为例，其业务流程如图 2-17 所示。

❑ 融资企业从商业银行取得授信，在缴纳一定比例保证金的前提下，银行向上游制造商支付货款；

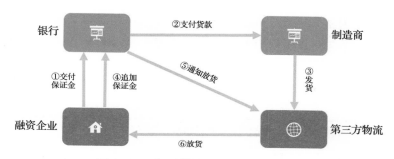

图 2-17　先票（款）后货融资业务模式

❏ 制造商按照购销合同以及合作协议约定发运货物，并以银行指定的第三方物流作为代理收货人；

❏ 货物到达后融资企业直接赎货或转为现货质押，并由第三方物流实施监管，融资企业根据经营需要，向银行追加保证金；

❏ 银行根据融资企业追加的保证金，通知第三方物流释放部分抵质押物；

❏ 融资企业向第三方物流提取部分抵质押物，依次循环，直到提取完全部抵质押物。

先票（款）后货融资是动产及货权质押授信业务的一种，可以帮助中小企业在购货阶段解决流动资金缺口，或在销售阶段取得预付账款融资。其特点如表 2-1 所示。

表 2-1　先票（款）后货融资特点

监管方	押品池	抵质押率	在途金额	初始在途敞口	订货计划	赎货方式
有	有	1%～100%	出账金额	出账金额－保证金金额	总额、明细	按押品

比如华创微课网络科技公司要做一笔先款后货的融资，其

中押品为单笔管理模式，保证金为池模式，初始保证金比例为20%，自有资金比例为10%，出账金额为10 000元，还款方式为保证金还款，各项金额计算如表2-2所示。

表2-2　先款后货融资及金额计算

出账金额（元）	初始保证金（元）	自有资金（元）	占用额度（元）	占用敞口（元）	在途金额（元）	在途敞口（元）
10 000	2 000	1 111.11	1 000	8 000	1 000	8 000

注：初始保证金＝出账金额×保证金比例，自有资金＝出账金额×自有资金比例÷（1-自有资金比例），占用敞口＝出账金额-初始保证金。

供应链金融是银行依托产业链上核心企业及其供应链场景，提供线上金融产品或服务的一种融资模式，可解决中小企业融资难的问题。未来，数字技术将助推供应链金融模式创新，在关键融资业务环节逐步场景化、生态化、线上化和数字化，帮助我们盘活企业授信，推动供应链上的普惠金融。

2.3　区块链金融3个运行模式

在数字经济时代，金融企业在数字化转型过程中所利用的数字技术包含区块链。区块链正在不断地渗透到金融领域，加快产业金融发展。

区块链受到资本市场的追捧，很多企业都想做吃螃蟹的第一人。基于区块链创新的交易所、商品溯源、数字货币、矿机矿池、云算力、云钱包、数字资产等金融服务平台，都在寻找自身业务和区块链快速融合的切入点，加速产业数字化转型，推动产业金融模式创新，实现区块链从产品形态到产业生态的闭环。

2.3.1　区块链业务模式

区块链是一个以区块为单位的链状数据块结构形成的去中心化且公共开放的分布式记账系统。区块链本质上是一个去中心化的分布式账本数据库，重点是打造去中心化产业生态闭环。

区块链本身有去中心化、公开、透明、不可篡改与安全等特性，因此信息在传递的过程中避免了第三方平台等的干扰，从而解决了交易的信任和安全问题，形成信任闭环。区块链系统由数据层、网络层、共识层、激励层、合约层和应用层组成，如图2-18所示。

图 2-18　区块链系统架构

区块链作为一种新型的技术组合，综合了点对点网络、共识算法、非对称加密、智能合约等新型技术，具有分布式对等、链式数据块、防伪造/防篡改、可追溯、透明可信和高可靠性的典型特征。区块链业务模式的发展经历了以下3个阶段。

1. 区块链 1.0 的数字货币

区块链1.0主要以比特币和莱特币为代表，解决了货币和支付手段去中心化管理，使得数字货币的发行和流通成为可能，但功能相对单一。典型的数字货币代表平台有算力宝、新算力、毛球科技等。

2. 区块链 2.0 的智能合约

区块链 2.0 主要以以太坊（ETH）为代表，加速金融模式创新和重组生产关系，从单一货币拓展到涉及合约功能的类金融领域，推动多业务系统之间的协同管理。典型的智能合约代表平台有 AChain、RChain、DINO、全息互信 PDX 等。

3. 区块链 3.0 的分布式应用

区块链 3.0 主要以企业操作系统为代表，参与公证、审计、域名、物流、医疗、鉴证、投票等数字资产的价值分配与信息交换，提高行业的运行效率和管理水平。典型的分布式应用代表平台有旺链、溯源链、六域链、CPChain、融链等。

区块链借助知识图谱技术实现知识抽取和业务建模，使金融企业进入数字化经济时代。按准入机制划分，区块链可分为公有链、联盟链与私有链，如图 2-19 所示。

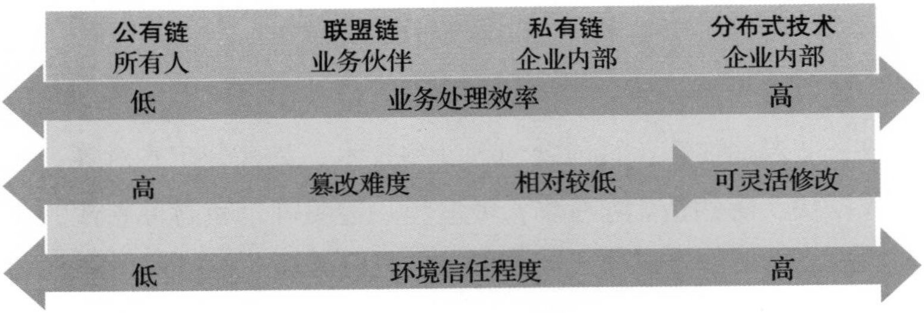

图 2-19　区块链类型及链属性

1）面向所有人的公有链。公有链是所有人都可以通过交易或挖矿读取和写入数据的区块链，即任何个体或团体都可以参与链上的交易确认和共识机制，且交易获得该区块链的有效确认，比如 BTC、ETH、EOS 等。

2）面向业务伙伴的联盟链。联盟链是共识机制协调工作，由若干业务伙伴共同记账，即指定多个预选的节点为记账人，每个区块的生成由所有的预选节点共同决定，其他接入节点只参与交易，但没有记账权限，比如 R3、蚂蚁区块链、平安壹账链、原本链、Hyperledger 等。

3）面向企业内部的私有链。私有链的写入权限仅面向企业内部或者只适用于特定少数对象，即仅个人或公司可以使用区块链的总账技术进行记账，且独享该区块链的写入权限，比如 MultiChain、JPMCoin 等。

2.3.2　区块链创新模式

区块链作为一种金融科技手段，加速了金融企业向数字化、信息化和智能化转型。区块链融合大数据、人工智能、物联网等互联网技术，有利于构建区块链金融的产业生态。

区块链是加速金融创新的有效手段，主要涉及以下几个重要环节。

1. 用区块链构建数字经济的基础设施

基于路桥、建筑、水电、能源、通信等基础设施，用区块链进行资源的有效配置，即通过区块链平台赋能基建，充分挖掘数据的多元价值，从而提升数字化基础设施的爆块效率、算力。

2. 用区块链缩短数字货币的融通过程

基于电子货币、虚拟货币等数字货币的应用场景进行支付的清算和结算，能节省货币流通带来的成本，还能提高交易效率。通过区块链可保证数字货币的安全使用，降低信用成本，构建信任体系。

3. 用区块链驱动数字金融的模式创新

基于金融服务、智能合约、快速计算、信息安全、数据服务、商品溯源、数字货币等创新生态，推动产业创新、技术创新、应用创新、模式创新，构建共识、共创、共建、共享的金融生态。

区块链是加速金融模式创新的底层技术。以区块链为代表的金融科技，聚焦数字金融、数字存证、数字资产、数字政务等聚合平台的落地探索，有利于深耕金融产业。

2.3.3 区块链应用模式

区块链技术在金融创新中起着重要作用，可以有效地解决信任问题和信息不对称问题。金融服务是区块链技术的第一个应用领域。区块链技术的进一步成熟，将加快应用落地。区块链主要应用模式如图 2-20 所示。

1. 共享供应链金融的物流、信息流、资金流

供应链金融属于金融创新业务，被应用在应收账款融资、仓单质押融资、跨境支付、商业保理等方面，可解决中小企业融资难、融资成本高的问题。核心企业、商业银行、融资企业整个交易过程中存在信息不透明、信用有风险、贸易不真实等问题。我们可利用区块链技术搭建金融服务平台，将供应链上的物流、信息流、资金流均记录在区块链上，追溯所有交易信息，监督应收和付款状态，盘活供应链资产，实现信息真实共享、信用机制传递。

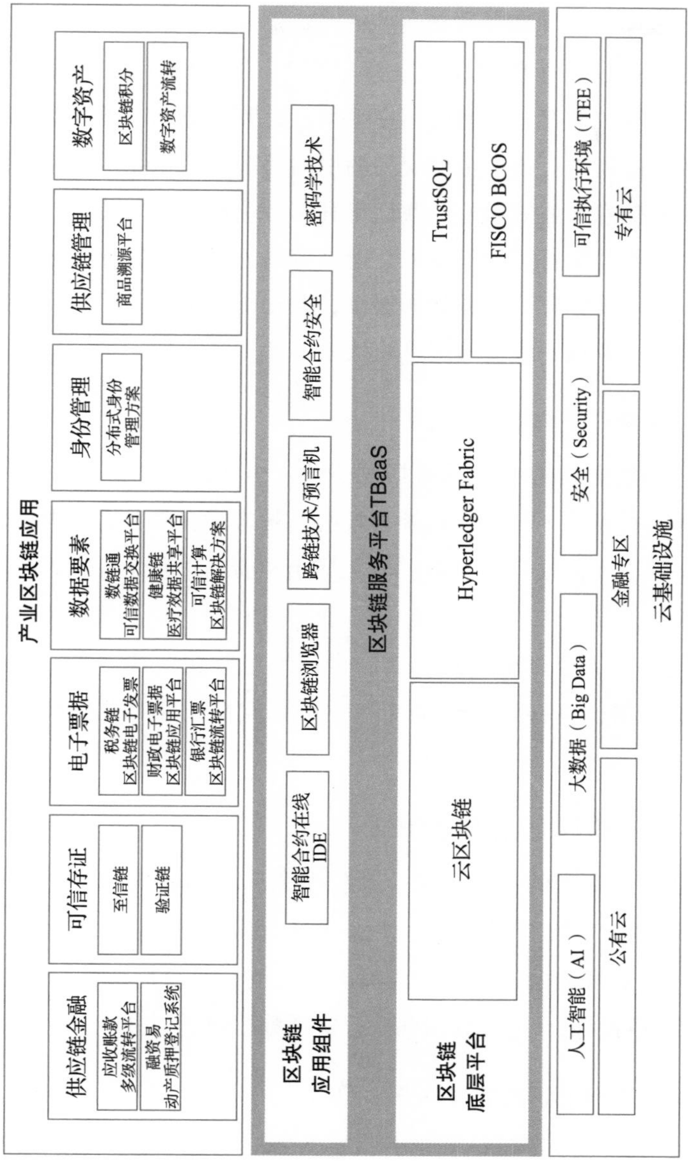

图2-20 区块链产业应用场景

2. 建立可信存证的共识权限认证

可信存证是指将身份、信息、资产、行为上链，变为数字内容不可篡改的存证，被应用在至信链、鉴证链、电子签章、智能合约等应用中。传统金融交易的中间环节多，存在用户账户泄露、交易信息被盗等风险。我们可利用区块链技术的共识权限认证算法将图片文件、协议合同、电子签名等资料生成哈希上链存证，自动取证、存证、固证和验证，并提供可信服务，实现对股权、债券、票据、收益等交易的认证。

3. 追溯电子票据的全过程信息

电子票据是指将纸质票据电子化。电子票据可以同纸质票据一样进行贴现、转让、质押与托收，被应用在税务链、财政电子票据、商业汇票等工作中，但在使用和验证过程中存在不便保存、验证复杂、二次报销等问题。我们可利用区块链技术将票据产生和使用的全过程信息真实、全面地记录在区块链上，以保证电子票据的真实性、完整性和不可篡改性，并实时追溯票据信息。

4. 实现数据的治理与共享

数据是生产的第一要素。数据要素涉及数据记录，数据收集、验证和存储，数据分析，数据要素配置等环节。我们可利用区块链技术将数据以哈希形式写入区块链，对数据申请、授权、调用和访问等记录进行数据确权，实现数据治理与共享。

5. 识别身份管理的数据安全问题

身份管理涉及账号管理、认证管理、授权管理、审计管理等，以安全的解决方案来确保相关个体能够访问对应的资源，已被应用在数字身份名片、客户风险管理等方面。在身份管理过程中，身份信息涉及太多的隐私和安全问题，存在信用欺诈、数据泄露和身份盗窃等风险。我们可利用区块链技术的共识成员管理算法解决身份识别、数字交易、数据共享中的安全问题。

6. 推动供应链管理的防伪溯源

供应链管理是指从计划、采购、制造、配送、销售、退货开始协调企业内外部资源，以满足最终客户需求，被应用于商品溯源工作中。在整个供应链管理过程中，供应链管理存在着分类管理难、价值认可低、配送网络乱、库存积压多、产销协调差等问题。我们可利用区块链技术的多重签名印证机制，实现防伪溯源，削弱长尾效应，减少相关的人力投入，降低信任成本，精益信息流。

7. 解决数字资产的交易结算问题

数字资产是指企业或个人拥有或控制的、以电子形式存在的、具有金钱价值或可带来经济利益的集合体，被应用在区块链积分、资产数字化、智能证券、交易银行、数字投行等。数字资产面临着无法确权、无法定价、虚假、匿名等问题。我们可利用区块链技术将交易中的关键材料和信息加密处理，以特征值的形式存放在区块链上进行存证，以解决数字资产的交易结算问题，并为资产的有效性进行证明。

以供应链融资平台为例，交易见证、签发流转、转让登记、融资服务、应收账款管理、交易撮合、清分服务等交易过程都是基于区块链来实现供应链金融资产证券化的，如图 2-21 所示。

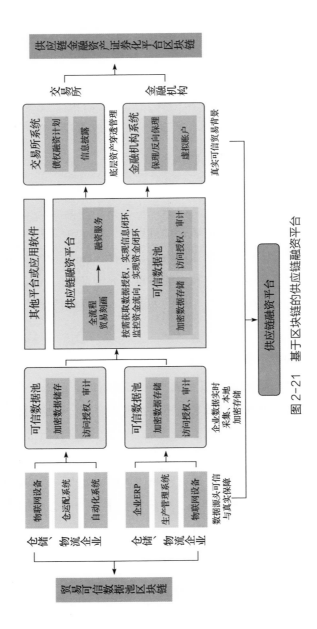

图 2-21　基于区块链的供应链融资平台

金融科技企业的崛起推动了金融产业数字化转型升级。以数字技术为抓手，拥抱数字经济，基于"人货场"把产业金融与区块链进行深度融合，催生金融科技新模式、新产业，是未来区块链金融数字化发展的方向。

在区块链赋能的金融行业中，从颠覆传统金融到重构产业金融，区块链解决了信息不对称、交易信任机制、数据交互安全等问题，促进了区块链金融产业生态的良性发展。

2.4 票据业务 7 种服务模式

随着数字技术的发展、信用体系的完善，票据业务线上化成为发展的方向，它可有效地帮助中小企业解决融资问题。利用票据进行融资，尤其是以商票和银票贴现方式进行融资，对中小企业来说手续简单、成本较低。

票据融资是指票据持有人通过非贸易的方式取得商业汇票，并以该票据向银行申请贴现、获取资金来实现融资目的。融资性票据为中小企业客户提供高效的金融服务。票据融资代表有票据客、银承库、京票秒贴、票据管家、平安好票、汇承金融等。

票据在商业贸易中具备支付功能，便于在企业经营中开展融资业务，故受到了金融企业的青睐。很多金融企业基于票据的签发、出票、背书转让、贴现、承兑、质押、保证、追索、提示付款、票据查询等服务，打造"支付融资一体化"的交易航母。

据华创咨询统计，2020 年全国票据市场业务总量达 148.24 万亿元，同比增长 12.8%。其中承兑交易规模达 22.09 万亿元，背书交易规模达 47.19 万亿元，贴现交易规模达 13.41 万亿元，汇票交易规模达 64.09 万亿元，再贴交易规模达 1.46 万亿元。超过 10 万家的中小企业参与票据交易系统的支付和融资，票据市场规模将进一步扩大，这有利于做大票据业务，提高票据业务的综合收益。

票据融资是企业贷款的主要方式之一，主要包括票据贴现、票据质押、票据信托、票据私募基金、票据资产证券化、票据资产管理、标准化票据等。

2.4.1 票据贴现

票据贴现是指企业将未到期的票据转让给商业银行或保理平台，按票面金额扣除贴现日至到期日支付的利息后，将剩余款项提前支付给有流动资金需求的企业。票据贴现是一种转让票据融资行为，即应收票据贴现。

根据票据贴现的融资属性，其可分为贴现、转贴现和再贴现。

以卖方付息票据贴现为例，其交易流程如图 2-22 所示。

图 2-22 票据贴现流程

1）买方企业对贸易中的应付货款开具商业承兑汇票，并交付给卖方企业。

2）卖方企业持未到期的汇票向商业银行申请贴现，填写贴现申请书、贴现凭证，并在汇票上背书。

3）商业银行审核商业汇票，并确认贸易背景真实性、合法性，之后办理票据贴现、计收利息、发放贴现贷款。

4）票据到期，商业银行向买方企业办理托收，到期后买方企业归还票据款。

5）银行向买方企业归还票据，并退还未使用资金利息。

为了满足资金融通的需要，企业会以票据贴现的方式进行融资，主要有以下几种。

1. 银行承兑汇票贴现

银行承兑汇票贴现是指中小企业有资金需求时，持银行承兑汇票到银行按一定贴现率申请提前兑现，以获取资金的一种融资业务。在银行承兑汇票到期时，银行向承兑人提示付款。当承兑人未予偿付时，银行对贴现申请人保留追索权，如图 2-23 所示。

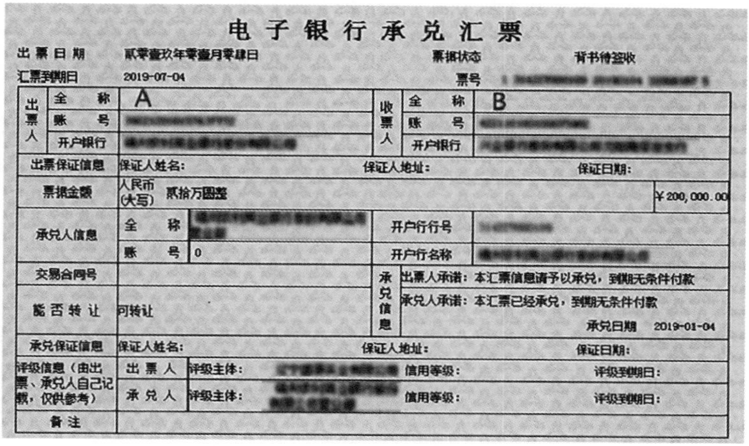

电子银行承兑汇票

出票日期　贰零壹玖年零壹月零肆日　票据状态　背书待签收

汇票到期日　2019-07-04　票号

出票人	全称	A	收票人	全称	B
	账号			账号	
	开户银行			开户银行	
出票保证信息	保证人姓名：	保证人地址：		保证日期：	
票据金额	人民币(大写) 贰拾万圆整			￥200,000.00	
承兑人信息	全称		开户行行号		
	账号	0	开户行名称		
交易合同号			承兑信息	出票人承诺：本汇票信息请予以承兑，到期无条件付款	
能否转让	可转让			承兑人承诺：本汇票已经承兑，到期无条件付款 承兑日期 2019-01-04	
承兑保证信息	保证人姓名：	保证人地址：		保证日期：	
评级信息（由出票、承兑人自己记载，仅供参考）	出票人	评级主体：	信用等级：	评级到期日：	
	承兑人	评级主体：	信用等级：	评级到期日：	
备注					

图 2-23　银行承兑汇票示例

2. 商业承兑汇票贴现

商业承兑汇票贴现是指中小企业有资金需求时，持商业承兑汇票到银行按一定贴现率申请提前兑现，以获取资金的一种融资业务。在商业承兑汇票到期时，银行向承兑人提示付款。当承兑人未予偿付时，银行对贴现申请人保留追索权，如图 2-24 所示。

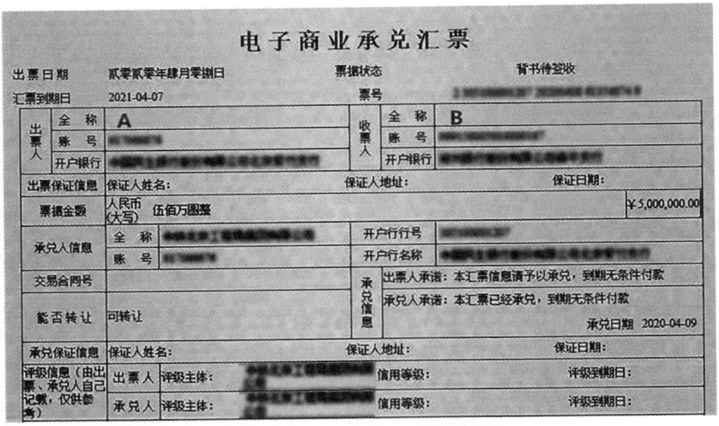

电子商业承兑汇票

出票日期 贰零贰零年肆月零捌日　票据状态 背书待签收

汇票到期日 2021-04-07　票号

出票人	全　称	A	收票人	全　称	B
	账　号			账　号	
	开户银行			开户银行	
出票保证信息	保证人姓名:		保证人地址:		保证日期:
票据金额	人民币（大写） 伍佰万圆整				¥5,000,000.00
承兑人信息	全　称		开户行行号		
	账　号		开户行名称		
交易合同号			承兑信息	出票人承诺：本汇票信息请予以承兑，到期无条件付款	
能否转让	可转让			承兑人承诺：本汇票已经承兑，到期无条件付款 承兑日期 2020-04-09	
承兑保证信息	保证人姓名:		保证人地址:		保证日期:
评级信息（由出票、承兑人自己记载，仅供参考）	出票人	评级主体:	信用等级:		评级到期日:
	承兑人	评级主体:	信用等级:		评级到期日:

图 2-24　商业承兑汇票示例

3. 协议付息汇票贴现

协议付息汇票贴现是指卖方企业在销售商品后持买方企业交付的商业汇票（银行承兑汇票或商业承兑汇票）到银行申请办理贴现，由买卖双方按照贴现付息协议约定的比例，向银行支付贴现利息的票据贴现行为。

2.4.2　票据质押

票据质押融资是指票据的合法持有人作为融资申请人，将未到期的票据质押给银行，银行根据票据价值向企业提供相应的贷款资金，企业按约定偿还本息和服务费。

票据质押可分为纸票质押和电票质押。

以电票质押融资为例，其交易流程如图 2-25 所示。

1）出票人与持票人签署采购或服务合同，并开具商业承兑汇票。

2）持票人出于资金周转需要将商业承兑汇票质押给商业银行。

3）商业银行受理质押申请，并进行调查审批，核实持票人的经营情况、贸易真实性、历史结算等情况。

4）商业银行发布票据质押融资项目。

5）投资人认购票据质押融资项目。

6）商票到期日提示付款，持票人进行到期回购和还本付息。

7）商票逾期后，出票人兑付商业承兑汇票给投资人。

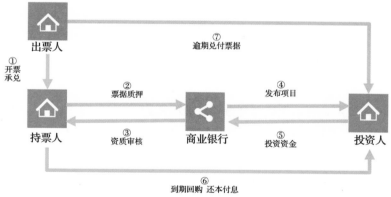

图 2-25 电票质押融资流程

2.4.3 票据信托

票据信托是指商业银行按照约定的利率将贴现和未到期的银

行承兑汇票转让给特定信托计划，而信托计划的投资者作为特定信托计划的客户和受益人，获得相应的金融收益。

典型的信托机构有建信信托、中信信托、中航信托、平安信托、交银国际信托、华融国际信托等。根据票据信托的融资属性，票据信托可分为资金信托和财产权信托。

以资金信托贷款为例，其交易流程如图 2-26 所示。

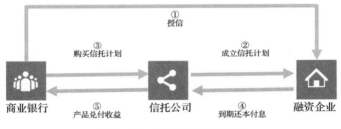

图 2-26　资金信托贷款流程

1）商业银行基于融资企业提供的基本信息、经营数据、贷款用途、贷款条件、还款能力、还款来源等情况进行授信。

2）信托公司就该融资项目发起资金信托计划，根据借据合同的规定，将款项代付到融资企业的账户。

3）商业银行以自有资金全额或部分购买信托计划。

4）融资企业按期归还贷款本息。

5）信托公司按期兑付本金和利息。

2.4.4　票据私募基金

票据私募基金是指将融资企业持有的银行承兑汇票作为基金的投资主体，以非公开方式向特定投资者募集资金的产品，基金投资的基础资产为票据。

根据私募基金的业务模式，票据私募基金可分为投向票据资产私募基金、投向票据收益权的私募基金。

以票据收益权私募基金为例，其交易流程如图 2-27 所示。

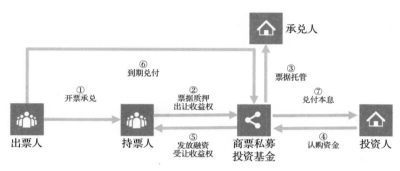

图 2-27 票据收益权私募基金流程

1）出票人作为原始权益人，根据真实的交易关系、债权和债务关系进行开票承兑。

2）持票人向银行申请承兑并缴纳一定保证金，将票据质押并出让收益权。

3）承兑人根据定向票据托管计划，对票据进行委托收款和票据解付。

4）投资人可以认购投资客户直贴票据。

5）商票私募投资基金发放融资资金，并受让收益权给持票人。

6）票据到期日，委托持票人的开户行向出票人进行委托收款，并兑付本息。

7）收存相应款项并扣除认购费、管理费后，向投资人兑付本息。

2.4.5 票据资产证券化

票据资产证券化是指金融机构以票据资产未来所兑付的现金流为偿付支持，通过结构化设计进行信用增级，在此基础上发行资产支持证券的过程。

根据资产证券化的融资属性，票据资产证券化可分为资产证券化（ABS）、担保债务凭证（CDO）、对公信贷资产支持证券（CLO）、债券支持证券（CBO）、按揭贷款资产支持证券（MBS）、商业按揭贷款资产支持证券（RMBS）。

以企业资产证券化为例，其交易流程如图 2-28 所示。

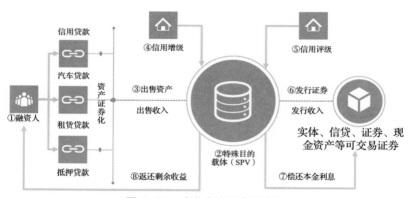

图 2-28　企业资产证券化流程

1）融资人将信用贷款、汽车贷款、租赁贷款、抵押贷款等要实施证券化的资产进行剥离、整合，形成资产池。

2）设立特别目的载体（SPV）作为证券的发行机构，其具有破产隔离作用。

3）融资人将要证券化的资产池转让给 SPV，从中获得出售收入。

4）对已转让给 SPV 的资产池进行信用增级。

5）对 SPV 拟发行的资产支持证券进行信用评级。

6）采用公开发售或私募的方式发行证券，从中获得发行收入。

7）以证券发行收入为基础，SPV 向持有资产支持证券的投资者偿还本息。

8）在全部偿付之后若还有剩余，SPV 会将剩余现金返还给发起人。

2.4.6 票据资产管理

票据资产管理是指银行机构客户以自营资金委托券商公司进行资产管理，并形成定向资产管理计划，根据定向资产管理计划购买票据资产作为受益权的融资行为。

以票据资产管理为例，其交易流程如图 2-29 所示。

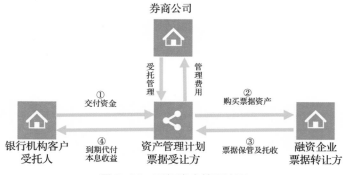

图 2-29　票据资产管理流程

1）受托人与券商公司签署定向资产管理合同，交付资金给委托券商公司进行投资。

2）券商公司根据受托管理，用委托资金购买票据转让方持有的票据资产。

3）票据受让方根据定向资产管理计划，对票据进行保管和托收。

4）券商公司收取管理费用后，让票据受让方将票据到期后本息收益代付到委托人账户。

2.4.7 标准化票据

标准化票据是指存托机构归集持票人的商业汇票并组建基础资产池，进行现金流重组后，以入池票据的兑付现金流为偿付支持而创设的等分化、可交易的受益证券。

以标准化票据为例，其交易流程如图 2-30 所示。

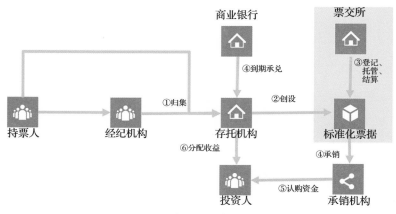

图 2-30　标准化票据交易流程

1）持票人将持有的商业汇票转让给票据经纪机构或存托机构进行统一归集，并募集相应资金。

2）存托机构创建受益凭证，披露相关信息。

3）在票交所完成标准化票据的集中登记、独立托管与结算，为受益凭证开立账户。

4）承销机构承销票据产品的受益凭证。

5）投资人认购票据产品的受益凭证。

6）票据到期后，存托机构将最终收到的托收款分配给投资人在票交所的托管账户。

电子票据数字化是未来的发展趋势，从无须开户、无感贴现、速配银行、自动审核到极速到账，可以满足上下游企业的融资需求，为融资企业提供全线上、智能化的票据撮合服务，可实现精准触达和智能展业。

2.5 本章小结

本章主要描述金融产品的商业模式和业务逻辑，在互联网金融方面讲述了三方支付、小额贷款、众筹融资、信息金融、大数据金融等业务模式，在供应链金融方面讲述了应收账款、存货、预付账款等融资模式，在区块链金融方面讲述了业务模式、创新模式、应用模式等，在票据业务方面讲述了贴现、质押、信托、私募基金、资产证券化、资产管理、标准化票据等服务模式。

金融产品底层逻辑

稻盛和夫说过:倾听产品的声音,用心观察产品的细节,就能自然而然地明白出现问题和差错的原因。金融产品创新终究要回归到最初的本质,即以金融业务的某个核心功能为切入点,用底层思维去思考产品的底层逻辑,用同理心去洞察人性。金融产品经理可以从第一性原理出发,使用演绎逻辑,倒推智能推荐、金融反欺诈、贷款工厂的业务逻辑,从而培养底层思维。

3.1　智能推荐的底层逻辑

　　智能推荐是基于大数据和人工智能技术建立的一套满足自身业务需求的推荐服务框架。行业中比较出名的智能推荐引擎有阿里云智能推荐、字节跳动灵驹、腾讯广点通、百度凤巢系统等。

　　常见的智能推荐方式包括精确匹配、短语匹配、核心词匹配、智能匹配，如图 3-1 所示。其中，智能匹配是一种比短语匹配覆盖流量更大的匹配方式，为客户提供个性化推荐服务。智能匹配由系统智能理解并匹配客户的关键词来自动触发搜索结果，从而帮助客户找到所需。

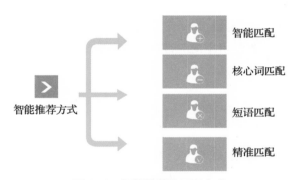

图 3-1　智能推荐的匹配方式

　　以华创金融的贷款推荐为例，其利用自然语言处理、深度学习、知识图谱等技术，针对客户特征、访问行为和贷款数据等各类关键信息，抽取大量的金融文本数据和客户标签画像来构建贷款推荐引擎，如图 3-2 所示。该产品利用系统的快速识别和精准分发能力，给客户推荐有针对性的贷款内容，让客户快速找到符合自己意愿的贷款产品，从而更精准地定位潜在客户，降低转化成本，提高投资回报率。

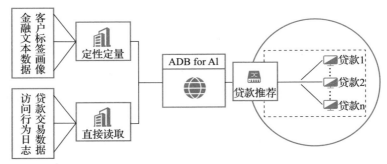

图 3-2　贷款产品推荐逻辑

个性化智能推荐引擎这种数据服务平台是建立在海量数据挖掘基础上的，为客户提供个性化内容推荐、决策支持和信息分发。构建智能推荐引擎的关键在于挖掘数据，构建模型，推荐场景并进行指标分析。

3.1.1　用户数据挖掘

推荐不止涉及 AI 算法，其关键是数据挖掘。用户数据是一切推荐算法的根基，是一切推荐策略的依据。

数据挖掘是一种决策支持过程，基于人工智能、机器学习、模式识别、统计学、数据库、可视化等技术，高度自动化地分析企业的数据，做出归纳性的推理，从中挖掘出潜在的模式，帮助决策者调整推荐策略，降低风险，做出正确的决策。

数据挖掘涉及数据采集、标注、清洗、加工等过程，通过统计、在线分析处理、检索、机器学习和模式识别等过程，获取对构建模型更有益的高质量数据。

数据挖掘涉及打通 ERP 系统、核心系统、CRM 系统、数据中台等多方数据源。数据源包括 App、Web、小程序、客户数据、交易数据、业务数据等，如图 3-3 所示。

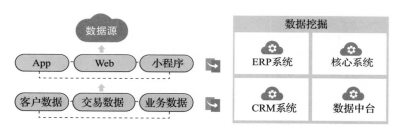

图 3-3　数据源

以银行贷款平台为例，千万级的企业客户在数字融资中产生的贷款申请等数据的量极其庞大，符合大数据的特性。因此，银行可基于客户贷款行为数据进行分析，实现大数据获客、精准导流，通过智能匹配推荐符合客户需求的贷款产品。

3.1.2　推荐策略类型

在企业推荐系统中，最核心的是基于 AI 技术和推荐算法构建推荐模型，从而建立智能推荐引擎。推荐引擎有 3 个重要模块：客户建模模块、推荐对象模块、推荐算法模块。针对推荐策略，通过算法模型优代，企业可以让客户更加信赖推荐的信息，进而提升推荐系统的可解释性和客户满意度。

AI 技术包括个性化召回算法、个性化推荐算法、支持向量机、XGBoost 梯度爆炸算法、深度神经网络、深度兴趣进化网络、自然语言处理等，如图 3-4 所示。利用 AI 技术的系统可以理解业务数据的逻辑与关系，抽取关键词，构建知识图谱，并根据对问题的理解给出或计算出答案。

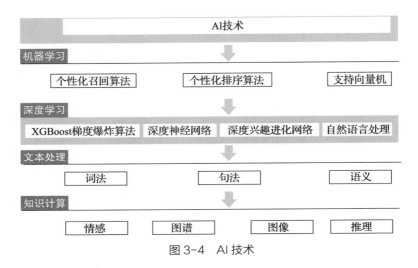

图 3-4　AI 技术

　　推荐算法包括基于内容推荐、基于协同过滤推荐、基于关联规则推荐、基于效用推荐、基于知识推荐等，如图 3-5 所示。在金融产品智能推荐应用中，推荐算法主要体现在以下几个方面。

图 3-5　推荐算法类型

1）**基于内容推荐算法**。基于内容推荐算法是建立在贷款产品的内容基础上做出推断，即用机器学习的方法，从关于内容的特征描述事件中得到客户的兴趣标签，然后根据客户偏好进行相似内容的推荐。

2）**基于协同过滤推荐算法**。基于协同过滤推荐算法是系统通过客户的贷款行为或浏览记录等隐式动态信息明确客户的喜好程度，并根据这一喜好程度对目标客户进行推荐。

3）**基于关联规则推荐算法**。基于关联规则推荐是以关联规则为基础，将贷款产品作为规则头、申请记录作为规则体，挖掘不同贷款产品在申请过程中的相关性。

4）**基于效用推荐算法**。基于效用推荐算法是在对客户使用贷款产品的效用基础上进行计算，结果很大程度上依赖系统所采用的效用函数。它能把非产品属性考虑进去，如企业客户的可靠性和贷款产品的可得性等。

5）**基于知识推荐算法**。基于知识推荐算法关注贷款产品满足某一特定客户的相关知识，因此能解释需要和推荐的关系。它不是在客户需要和偏好基础上进行推荐，而是基于任何支持推理的知识结构，在某种程度上可以看成一种推理技术。

3.1.3 推荐应用场景

场景是影响推荐策略的元素，我们可根据业务规则进行有针对性的推荐策略配置，即以客户行为数据为基础，对客户进行"千人千面"的个性化推荐、相关推荐、热门推荐和焦点图推荐等，如图 3-6 所示。

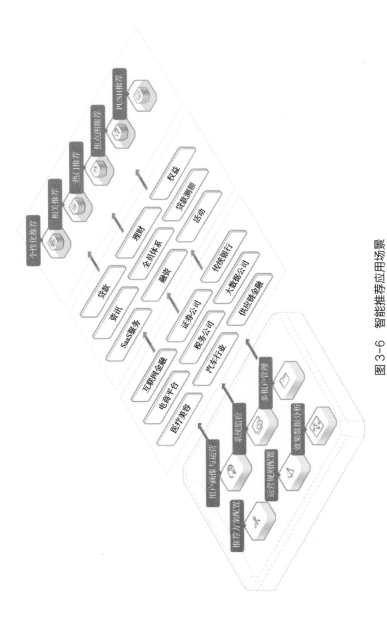

图 3-6 智能推荐应用场景

1. 个性化推荐

在 App 首页、融资频道页、猜你喜欢页、发现页等位置，系统根据客户属性（行业、规模、社会舆情等）、客户特征（财务特征等）、客户行为（贷款产品浏览行为、融资资讯浏览行为等），构建企业客户画像，为客户提供个性化的推荐结果，实现内容的"千人千面"。比如，系统可根据客户可开具增值发票或诚信纳税，来推荐税务相关的数字贷。

2. 相关推荐

在产品介绍页、贷款详情页或申请结果页上，系统根据贷款产品额度、利率、期限、借款用途、申请条件等，为客户推荐相关的贷款产品或权益服务。比如，系统基于客户的地理位置，推荐符合贷款业务开办地区的贷款产品。

3. 热门推荐

在贷款排行页、我的贷款记录页、贷款频道页等位置，系统基于贷款浏览量、申请点击量、申请过件率、贷款产品分享数等，推荐客户感兴趣的贷款产品。比如，系统将与客户喜好及需求匹配的贷款产品打上火爆标识并进行热门推荐。

4. 焦点图推荐

在 App 首页图片轮播、融资频道页广告橱窗、申请结果权益模块等位置，系统进行焦点图广告位推荐，让贷款产品获得更多展现机会和点击率。比如，系统在首页轮播 Banner 中通过图片和文案的形式推荐一个火爆的贷款单品。

5. PUSH 推荐

在启动弹屏、退出弹屏、消息推送、插入弹屏等场合，系统将合适的内容在合适的时间、合适的场景下，以图片、文字、表情、提示音等形式推荐给合适的客户。比如，系统对客户与贷款协同过滤，将贷款的申请进度、还款提醒等内容推送至客户的手机界面，从而建立个性化推荐离线效果。

以信息流推荐系统的事件营销为例，我们给金融相关视频打上贷款、供应链、汽融、票据、保险、理财等标签，通过标签系统将视频推荐给平台用户。用户对贷款视频点击"有用"后，系统将用户行为属性标签化，把客户的手机号、企业名称、经营地址、标签、视频标题、视频内容、设备定位等信息以接口形式推送给营销中心。营销中心基于产品标签库自动识别用户关键词。当其与用户的贷款意愿相关时，推荐机制将被触发，系统会给用户推荐贷款产品，从而达成产品营销的目的。

3.1.4　数据指标分析

对推荐的产品数据进行指标分析，是值得产品经理关注的。指标分析在一定程度上能揭示客户的复投情况、使用路径和行为记录，从而让企业依据数据优化推荐策略，为贷款产品找到改进方向。

比如利用事件分析模型，企业分析点击智能匹配的 PV、UV 等业务数据，然后优化推荐系统，为客户推荐最合适的贷款产品，根本目的是提升智能匹配点击率和贷款申请转化率。

金融行业的智能推荐引擎如图 3-7 所示。我们可根据大数据平台对客户画像进行指标分析，基于数据指标分析去优化推荐流程，调整推荐策略。通过支持多模型、多策略的参数配置，我们可对智能匹配推荐引擎进行深度优化，从而洞察客户需求，改善

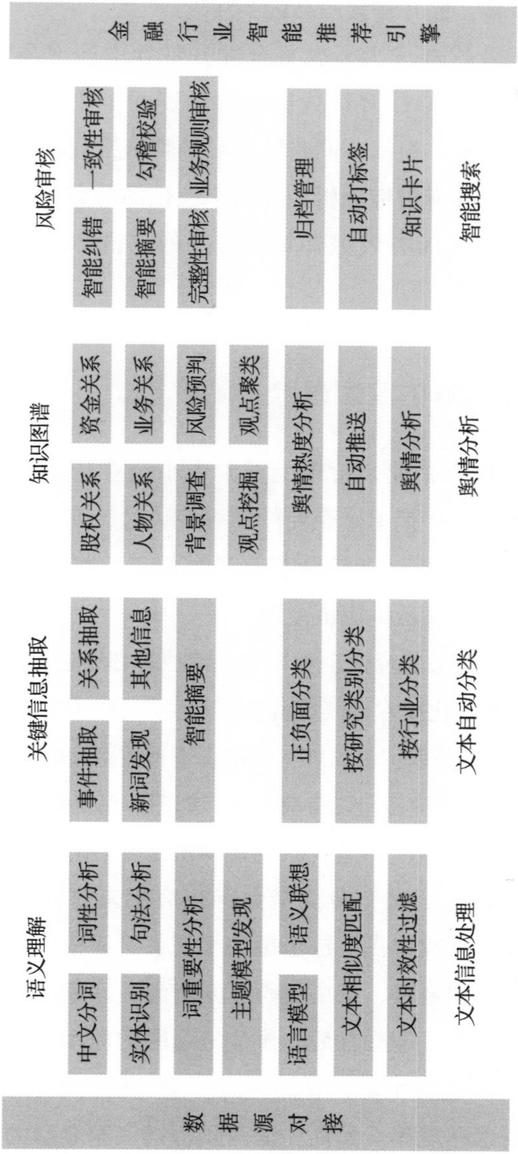

金融行业智能推荐引擎

语义理解	关键信息抽取	知识图谱	风险审核
中文分词　词性分析	事件抽取　关系抽取	股权关系　资金关系	智能纠错　一致性审核
实体识别　句法分析	新词发现　其他信息	人物关系　业务关系	智能摘要　勾稽校验
词重要性分析	智能摘要	背景调查　风险预判	完整性审核　业务规则审核
主题模型发现		观点挖掘　观点聚类	
语言模型　语义联想	正负面分类	舆情热度分析	归档管理
文本相似度匹配	按研究类别分类	自动推送	自动打标签
文本时效性过滤	按行业分类	舆情分析	知识卡片
文本信息处理	文本自动分类	舆情分析	智能搜索

数据源对接

图3-7　金融行业的智能推荐引擎

客户的操作体验，提升贷款产品的关注度。

个性化推荐逐渐成为金融平台提升贷款申请率与复贷率的动力引擎。很多基于 C2B 模式做数字融资的企业，在贷款超市的大量贷款产品中，根据不同贷款产品的特征，通过智能推荐引擎，对业务数据进行指标分析，提供个性化的内容运营和规则设置等优化方案，从而有效提升贷款产品的点击率，改善客户体验，提升产品黏度。

3.2 金融反欺诈的底层逻辑

银行围绕核心企业，管理上下游中小企业的信息流、资金流、商流、物流，并把单个企业的不可控风险转变为供应链企业整体的可控风险，通过全链路获取各类信息，将风险控制在最低。这种金融服务就是供应链金融。

数字供应链金融是金融企业数字化转型的必然趋势之一。依托大数据风控和数字化技术，链接资金端和资产端，供应链金融业务形态逐渐数字化，并以"KYB/C+ 数据管理 + 数字金融 + 消费场景"的方式提供数字化供应链金融解决方案，如图 3-8 所示。供应链金融数字化主要包括打造数字化金融产业链、构建数字化金融生态圈等。

在数字时代，金融企业凭借数字化应用来打破信息和信用不对称的问题，并改善供应链金融的生态，进而成为供应链金融"新贵"，其中蚂蚁金服、京东数科、苏宁金融等都是典型代表。

都说场景在前，金融在后。供应链金融的应用场景有贸易融资、垫资采购、融资租赁、仓储金融、企业信用卡、保理融资、承兑汇票、商票贴现等。然而，面对供应链汽车金融的各种应用场景，企业首要的问题是金融欺诈。

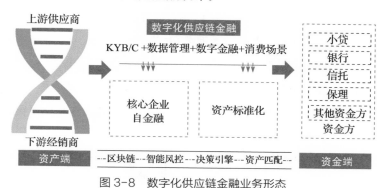

图3-8 数字化供应链金融业务形态

3.2.1 反欺诈数据层

金融欺诈是指借款人用虚构数据、隐瞒事实的方式来骗取贷款，且在申请贷款后主观上没有还款意愿，或客观上没有偿还能力，可能造成出借人资金损失的行为。常见的金融欺诈类型有虚假用户注册、企业欺诈、金融钓鱼网站、病毒木马程序、账户隐私窃取、融资套现、他人冒用等，如图3-9所示。

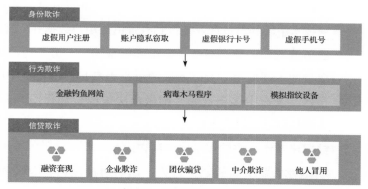

图3-9 金融欺诈常见类型

金融反欺诈模型的底层为数据层，即数据来源。反欺诈建模需要从不同数据源采集多维度数据，且数据源越多越好，特别是做支付、助贷、征信类的大数据公司。

以企业数字融资为例，在完成金融贷款业务的申请、授信、建额、提款、还款等过程中，欺诈者可以通过信息流、业务流、数据流等信贷欺诈的手段来获得银行的申请授信，从而获得银行的放款，如图 3-10 所示。

图 3-10　企业数字融资欺诈

- ❑ **信息流欺诈**：欺诈者以"拖库"的形式入侵有价值的网络站点，把注册用户的资料数据库全部盗走；以"撞库"的形式用获得的用户名和密码在其他网站批量尝试登录，进而盗取更有价值的东西；以"洗库"的形式通过一系列技术手段和黑色产业链得到有价值的用户数据并变现。

- ❑ **业务流欺诈**：欺诈者基于变量和模型输出，穷举范围内变量的不同取值，判断所取的值是否满足授信模型中的条件，若命中多条规则，则做出决策改变和风险判断，直到找到全部符合条件的值为止。

- ❑ **数据流欺诈**：按欺诈主体、欺诈途径、欺诈阶段等维度，欺诈者采取不同的欺诈行为，比如通过虚构企业规模、经营范围、贷款用途信息，虚增固定资产、交易流水、项目利润等数据，使自身符合政策准入条件或通过系统规则检测。

因此，我们做反欺诈时需要获得数据层的黑名单、多头借贷等信息，以做贷前风控和贷中预警，提高企业融资申请的准入门槛，实时判断每一笔交易行为的风险。

3.2.2 反欺诈规则层

反欺诈规则建立的目的就在于识别出恶意骗贷的用户与真正借款的用户，以及预测骗贷的风险。根据业务模式和场景的不同，金融反欺诈可以分为基于规则的反欺诈和基于模型的反欺诈。

供应链金融欺诈就是借款人利用金融的规则漏洞，将虚假交易数据与虚构经营数据作为供应链金融的额度授信的依据，如图 3-11 所示。比如，欺诈者在贸易融资环节，重复质押或伪造合同等相关凭证，来骗取银行信用证、承兑汇票，进而套取供应链金融融资款。

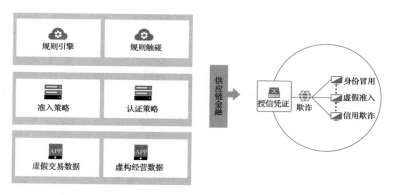

图 3-11 供应链金融欺诈

面对金融欺诈风险，首要任务是配置反欺诈规则。以企业融资申请环节的人脸识别为例，我们会对人脸进行身份验证、属性分析、特征对比、脸库搜索、活体检测等规则校验来预防申请授信欺诈，即做贷前申请准入的"前置挡板"，如图 3-12 所示。

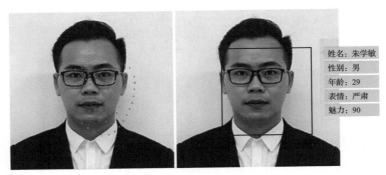

| 姓名：朱学敏 |
| 性别：男 |
| 年龄：29 |
| 表情：严肃 |
| 魅力：90 |

图 3-12　企业融资人脸识别

在人脸识别中，我们通过决策变量建立预测模型来识别客户的脸，其中的机器学习算法会涉及一些人脸识别的模型参数，如表 3-1 所示。

表 3-1　人脸识别模型参数

序号	变量名称	名称字段	调用节点
1	人脸识别.两张照片是同一人置信度	face_brief_confidence	LOAN_APPLY_SET
2	人脸识别.身份证号码是否曾被冒用来攻击 Faceid 活体检测	face_brief_id_attacked	LOAN_APPLY_SET
3	人脸识别.数据源人像照片的色彩判断	face_brief_id_photo_monochrome	LOAN_APPLY_SET
4	人脸识别.人脸照片为屏幕翻拍的置信度	face_brief_screen_replay_confidence	LOAN_APPLY_SET

（续）

序号	变量名称	名称字段	调用节点
5	人脸识别．人脸照片为面具的置信度	face_brief_mask_confidence	LOAN_APPLY_SET
6	人脸识别．人脸照片为软件合成脸的置信度	face_brief_synthetic_face_confidence	LOAN_APPLY_SET
7	人脸识别．人脸照片为屏幕翻拍的置信度阈值	face_brief_screen_replay_threshold	LOAN_APPLY_SET
8	人脸识别．人脸照片为面具的置信度阈值	face_brief_mask_threshold	LOAN_APPLY_SET
9	人脸识别．人脸照片为软件合成脸的置信度阈值	face_brief_synthetic_face_threshold	LOAN_APPLY_SET

　　反欺诈是供应链金融必不可少的一部分，而反欺诈规则是供应链金融企业的核心内容。贷款审核规则主要包括直接拒绝规则、反欺诈规则与信用评分规则。我们可根据公司业务制定具体规则内容。

　　我们可制定政策准入条件和系统检测规则，来采集用户的基本信息、贷款数据和交易数据，通过决策树可视化模型，提取决策变量组合，从而构建反欺诈规则集。比如我们将年龄不符合要求、高风险地区人士、历史贷款申请命中黑名单等作为贷款直接拒接规则，对企业贷款做"申请准入条件"校验，将不符合规则的借款人排除在申请之外，如表3-2所示。

表3-2　贷款直接拒绝规则

决策代码	规则类型	规则命名	是否触发
HCWK_LOAN0001	不符合政策准入条件	年龄不符合要求	触发
HCWK_LOAN0002	不符合政策准入条件	本地黑名单拒绝	触发
HCWK_LOAN0003	不符合政策准入条件	高风险地区人士	触发
HCWK_LOAN0004	不符合政策准入条件	收入不符合要求	触发

（续）

决策代码	规则类型	规则命名	是否触发
HCWK_LOAN0005	未通过系统规则检测	历史申请命中黑名单	触发
HCWK_LOAN0006	未通过系统规则检测	复贷客户条件不符	触发
HCWK_LOAN0007	未通过系统规则检测	活体检测不通过	触发
HCWK_LOAN0008	未通过系统规则检测	证件识别不通过	触发

此外，我们可在贷前、贷中、贷后对借款人发起检测，精准识别多头申请、多次放款、贷款被拒、贷款逾期等行为，从而判断客户是否获得贷款授信。比如我们将企业的申请总次数、放款总次数、被拒贷总次数、申请总机构数、放款总机构数、被拒贷总机构数、近 30/90/180/360 天逾期总笔数等作为反欺诈规则，对企业授信做预审批，对用户评分做规则校验，避免多头借贷或申请次数过多，如表 3-3 所示。

表 3-3　贷款反欺诈规则

序号	变量名称	名称字段	调用节点
1	近 7 天申请总次数	7d_apply_total_cnt	LOAN_DUOTOU_SET
2	近 7 天放款总次数	7d_loan_total_cnt	LOAN_DUOTOU_SET
3	近 7 天被拒贷总次数	7d_refuse_total_cnt	LOAN_DUOTOU_SET
4	近 15 天申请总次数	15d_apply_total_cnt	LOAN_DUOTOU_SET
5	近 15 天放款总次数	15d_loan_total_cnt	LOAN_DUOTOU_SET
6	近 15 天被拒贷总次数	15d_refuse_total_cnt	LOAN_DUOTOU_SET
7	近 30 天申请总次数	30d_apply_total_cnt	LOAN_DUOTOU_SET
8	近 30 天放款总次数	30d_loan_total_cnt	LOAN_DUOTOU_SET
9	近 30 天被拒贷总次数	30d_refuse_total_cnt	LOAN_DUOTOU_SET
10	近 60 天申请总次数	60d_apply_total_cnt	LOAN_DUOTOU_SET
11	近 60 天放款总次数	60d_loan_total_cnt	LOAN_DUOTOU_SET
12	近 60 天被拒贷总次数	60d_refuse_total_cnt	LOAN_DUOTOU_SET
13	近 90 天申请总次数	90d_apply_total_cnt	LOAN_DUOTOU_SET

（续）

序号	变量名称	名称字段	调用节点
14	近 90 天放款总次数	90d_loan_total_cnt	LOAN_DUOTOU_SET
15	近 90 天被拒贷总次数	90d_refuse_total_cnt	LOAN_DUOTOU_SET
16	近 180 天申请总次数	180d_apply_total_cnt	LOAN_DUOTOU_SET
17	近 180 天放款总次数	180d_loan_total_cnt	LOAN_DUOTOU_SET
18	近 180 天被拒贷总次数	180d_refuse_total_cnt	LOAN_DUOTOU_SET
19	近 7 天申请总机构数	7d_apply_total_cnt_com	LOAN_DUOTOU_SET
20	近 7 天放款总机构数	7d_loan_total_cnt_com	LOAN_DUOTOU_SET
21	近 7 天拒贷总机构数	7d_refuse_total_cnt_com	LOAN_DUOTOU_SET
22	近 15 天申请总机构数	15d_apply_total_cnt_com	LOAN_DUOTOU_SET
23	近 15 天放款总机构数	15d_loan_total_cnt_com	LOAN_DUOTOU_SET
24	近 15 天拒贷总机构数	15d_refuse_total_cnt_com	LOAN_DUOTOU_SET
25	近 30 天申请总机构数	30d_apply_total_cnt_com	LOAN_DUOTOU_SET
26	近 30 天放款总机构数	30d_loan_total_cnt_com	LOAN_DUOTOU_SET
27	近 30 天拒贷总机构数	30d_refuse_total_cnt_com	LOAN_DUOTOU_SET
28	近 60 天申请总机构数	60d_apply_total_cnt_com	LOAN_DUOTOU_SET
29	近 60 天放款总机构数	60d_loan_total_cnt_com	LOAN_DUOTOU_SET
30	近 60 天拒贷总机构数	60d_refuse_total_cnt_com	LOAN_DUOTOU_SET
31	近 90 天申请总机构数	90d_apply_total_cnt_com	LOAN_DUOTOU_SET
32	近 90 天放款总机构数	90d_loan_total_cnt_com	LOAN_DUOTOU_SET
33	近 90 天拒贷总机构数	90d_refuse_total_cnt_com	LOAN_DUOTOU_SET
34	近 180 天申请总机构数	180d_apply_total_cnt_com	LOAN_DUOTOU_SET
35	近 180 天放款总机构数	180d_loan_total_cnt_com	LOAN_DUOTOU_SET
36	近 180 天拒贷总机构数	180d_refuse_total_cnt_com	LOAN_DUOTOU_SET
37	当前逾期总笔数	current_ovd_cnt	LOAN_DUOTOU_SET
38	近 30 天逾期笔数	his_ovd_cnt_30d	LOAN_DUOTOU_SET
39	近 90 天逾期笔数	his_ovd_cnt_90d	LOAN_DUOTOU_SET
40	近 180 天逾期笔数	his_ovd_cnt_180d	LOAN_DUOTOU_SET
41	近 360 天逾期笔数	his_ovd_cnt_360d	LOAN_DUOTOU_SET
42	近 180 天是否出现 M3+	is_m3_180d	LOAN_DUOTOU_SET
43	近 90 天是否出现 M2+	is_m2_90d	LOAN_DUOTOU_SET

反欺诈就是通过对内外部数据的采集与分析构建规则引擎，从中找出触碰准入规则的欺诈信息，从而预防欺诈行为的发生。

3.2.3　反欺诈配置层

对于供应链金融而言，我们在解决上下游企业融资难的问题时，也要确保随之而来的金融欺诈风险可控。这关键在于反欺诈风控系统的规则配置。我们可以通过配置系统规则，比如审核流程的配置、产品参数的配置、业务表单的配置、规则引擎的配置等来实现。

进入数字金融时代，数字化技术支撑供应链金融构建"数据、技术与场景"三位一体的反欺诈系统。数字金融反欺诈从数据采集、数据清洗、特征工程、算法研究、决策引擎、监控迭代等方面，通过数字技术实现规则配置的线上化、流程化和数字化，从而降低开发成本，如图 3-13 所示。常见的反欺诈系统有用户行为风险识别引擎、人行征信系统、黑名单管理系统等。

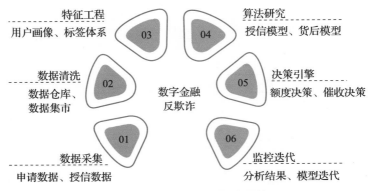

图 3-13　数字金融反欺诈系统

以黑名单管理系统为例，我们可以灵活配置黑名单隔离规则，比如设备黑名单、IP及LBS黑名单、中介黑名单、手机号码黑名单、法院黑名单、逾期黑名单等决策。数字金融反欺诈策略可分为数据采集、数据清洗、特征工程、算法研究、决策引擎、监控迭代等，并在规则配置后对参数进行动态优化。

供应链金融欺诈归根到底就是企业经营行为的欺诈。以汽车融资租赁为例，整个交易环节涉及出租人和承租人的投融资、供应商的设备促销、租赁资产交易、资产后续处置等，从形式上看确实存在交易，但没有实际的产业输出，如图3-14所示。汽车融资租赁的欺诈风险包括申请欺诈、信用低和坏账。

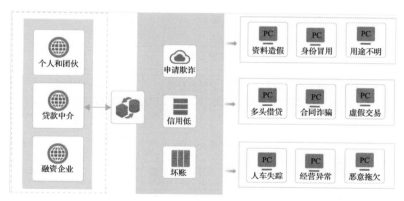

图 3-14　融资租赁欺诈

❑ **申请欺诈**：资料造假（企业经营数据人为作假）、身份冒用（冒用他人的身份证信息）、用途不明（贷款资金没有明确的使用场景）。

❑ **信用低**：多头借贷（借款人向多家金融平台提出借贷申请）、合同诈骗（通过虚构事实、隐瞒真相、设定陷阱等手段，诱使对方与之签订或履行合同）、虚假交易（不存在、不真实的交易行为）。

☐ **坏账**：人车失踪（联系不到借款人且无法定位跟踪车辆）、经营异常（企业被工商局列入经营异常）、恶意拖欠（企业或个人恶意拖欠贷款）。

3.2.4　反欺诈策略层

反欺诈业务层建模，首先得有策略。在反欺诈策略的基础上，我们可以通过人工智能、大数据、机器学习和区块链等数字技术，建立实时数据采集、实时数据处理和实时欺诈发现的数字化反欺诈平台，如图 3-15 所示。

图 3-15　数字化反欺诈平台

常见的反欺诈策略有 OCR 识别、用户信息校验、命中黑名单、命中多头借贷、手机号校验、运营商认证、银行卡实名认证、人脸识别、活体验证、三方数据比对、设备信息检测、关系图谱分析、用户行为数据等。

以供应链融资的设备埋点反欺诈为例，客户完成授信后，我们从设备信息验证和设备指纹识别中，提取符合反欺诈特征标签的数据，进一步搭建反欺诈模型。结合历史放贷样本，我们可使用 Lightgbm 和 XGBoost 框架进行机器学习和深度学习，从而得到欺诈评分或欺诈规则，确保数据符合准入策略、认证策略和支用策略，以便实时输出判定结果，识别金融反欺诈风险。

在供应链金融业务中，反欺诈模型起着很重要的作用。从关系图谱上，我们能够了解关联企业的经营关系；从客户画像上，能够识别恶意客户与行为数据；从数据挖掘上，能够判断企业真实的经营状况。

供应链金融的发展趋势必然是数字化。我们可通过提升产业金融的数字化基础，加速供应链金融企业的数字化进程。数字化供应链金融的反欺诈就是通过数字技术和决策引擎来提升供应链上的风险识别能力，从而有效地改善核心企业现金流，降低资产负债率，增加上下游客户黏性。

3.3　信贷工厂的底层逻辑

随着金融科技的不断发展，金融创新进入拐点式爆发期。以银行为代表的金融企业以金融科技为抓手，打造了金融创新的信贷工厂。其中，建设银行率先创新，中国银行全国推广，其他银行陆续跟进。

信贷工厂是指金融企业像工厂标准化制造产品一样对信贷进行处理，即对于小额贷款或企业融资的贷前申请、额度授信、贷中下单、审批放款、贷后还款、逾期催收、风控管理等业务流程，按照工厂"流水线"作业方式进行批量操作，以提高信贷作业的效率，如图 3-16 所示。

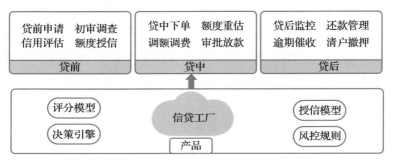

图 3-16　信贷工厂基础体系

基于信贷工厂打造"贷款超市"，即根据个人的使用场景、企业的经营情况，设计不同贷款形式、融资方案的信贷产品。我们可借鉴"工厂化"服务模式，建立标准化的信贷业务流程，为客户提供全方位的小额贷款、企业融资、支付结算、现金管理、资金托管等金融服务。

3.3.1　打造信贷工厂的 2 个理由

信贷工厂实现了金融企业信贷业务集约化、标准化、批量化的流水线作业。打造信贷工厂是为了可复制、上规模、提高效率，即信贷工厂为金融企业实现了降本增效，为小微企业解决了融资难题。

1. 信贷工厂支持贷款业务的快速迭代

以往的信贷产品设计流程烦琐、业务复杂、功能耦合，导致产品研发周期长，无法快速满足不同客户的不同使用需求。信贷工厂将信贷业务按模块拆分为多个，把不同的业务模块分类聚合成业务组件，从而让信贷业务分散独立、高效协同，实现产品快速迭代。

2. 信贷工厂解决小微企业的融资难题

当前，小微企业面临着融资难的问题，一方面是自身的资产比较少，无信用增级，无抵押担保；另一方面是银行的信息不对称，面对的客户太复杂，承担风险能力弱。针对这些问题，信贷工厂对处于不同发展阶段的小微企业定制不同的金融服务，以满足小微企业客户信贷的短期、高频、快速需求。

3.3.2　做好信贷工厂的 3 个关键点

信贷工厂的核心是对信贷流程进行功能性分割。要想基于"集约作业 + 模型"支持的方式，实现信贷工厂的目标，我们就要支持信贷业务的生产、作业、管理的灵活配置。

1. 信贷生产组件化、参数化

信贷工厂在生产信贷产品的过程中，往往会采用组件化和参数化的模型建立方法。组件化就是把信贷作业的不同功能模块解耦，形成独立组件，以便重复调用。参数化就是把信贷作业的不同传递数据分离，建立特定关系，以便重复执行。

2. 信贷作业标准化、流程化

前端把信贷业务的信息拆分成标准化元件，后台把信贷业务的模型组装成参数化数据。在贷款的贷前调查、业务受理、审批复核、放款审核、还款对账、逾期代偿等过程中，我们通过标准化、流程化的作业对贷款进行审批，按审批角色进行分工，实现精准质量控制、高效批量处理。

3. 信贷管理的全流程风险预警

伴随信贷业务增长而来的就是信贷风险。为了把控风险，我们可在信贷业务的每一个环节配置多种风控策略，从贷前准入到贷后维护，基于数据判断对信贷业务进行风险预警，基于风险级别对信贷业务实行风险管理。

组件化可以提高模块复用率。对信贷业务进行分类聚合并形成组件，按照业务逻辑划分功能模块，可确保模块之间的独立运行，减少复杂依赖，提高业务效率。

3.3.3 设计信贷工厂的 4 个方面

信贷工厂设计是指引入产品模板、模型概念，通过参数配置，进行组合设计，实现产品创新，让定制化成为可能。信贷工厂基于消费需求和使用场景，构建以客户为中心的金融业务形态，支持信贷产品的灵活配置，即角色权限配置、业务流程配置、产品参数配置、基础功能配置。

1. 角色权限配置

要想在贷款申请、进度查询、额度授信、借款下单和贷后管理整个过程中有效执行信贷业务，关键是给不同的用户分配不同的角色权限。信贷工厂支持快速创建角色，并设置权限，能够适应信贷业务的变动。

以信贷角色配置为例，为了有效地管控贷款，我们可以基于贷款业务的各个环节，定义贷前管理、贷中管理、贷后管理等角色，如图 3-17 所示。

图 3-17　信贷角色配置

贷后管理主要包括还款管理、展期管理、逾期管理、催收管理等。以催收管理为例，我们可给用户分配查看逾期案件、AI 外呼、委外催收、催收任务处理、催回明细监控等权限，如图 3-18 所示。

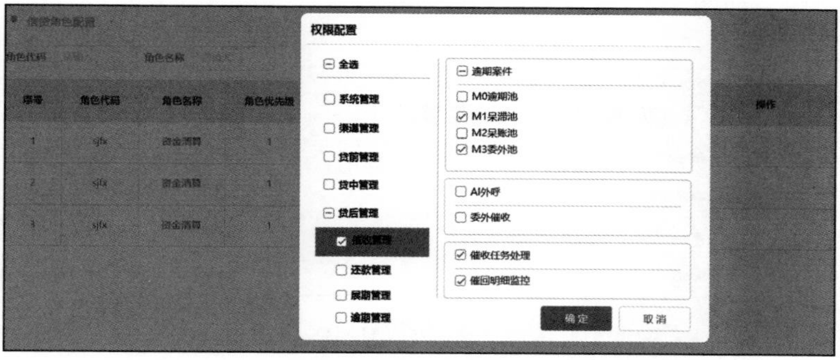

图 3-18　信贷权限配置

2. 业务流程配置

我们可根据信贷产品的不同节点、对象、场景、规则去配置业务流程，从而引导信贷业务员在某阶段做适合的业务操作。根据金融企业不同阶段的需求，业务流程灵活变动，以提高运作效率。

征信系统被应用到信贷业务的各个环节，帮助金融企业提高审贷效率。以信贷流程定义为例，我们可在征信环节定义征信报告上传、征信核录、征信审核等流程，如图 3-19 所示。

● 信贷流程节点

名称 请输入 状态 请选择 查询 重置 新增流程

序号	名称	流程ID/KEY	流程名称	使用版本	状态	最近更新人	最近更新时间	操作
1	征信报告上传	hcwk_online_process1	征信报告上传后置流程	11	有效	朱学敏	2019-05-14 15:22:11	查看
2	征信核录	hcwk_online_process2	征信核录后置流程	11	有效	朱学敏	2019-05-14 15:22:11	查看
3	征信审核	hcwk_online_process3	征信审核后置流程	11	无效	朱学敏	2019-05-14 15:22:11	查看

图 3-19　信贷流程节点

把信贷节点权限梳理清楚，完善信贷的贷款准入判断、客户申请评分、额度授信估算、风控策略模型等，可以有效降低信贷风险，如图 3-20 所示。

● 信贷节点权限

流程节点代码 请选择 查询 重置 新增节点权限

序号	流程节点代码	流程节点名称	备注	最近更新人	最近更新时间
1	贷款准入判断	hcwk_loan_process	产品录入	朱学敏	2019-05-14 15:22:11
2	客户申请评分	hcwk_loan_process	产品录入	朱学敏	2019-05-14 15:22:11
3	额度授信估算	hcwk_loan_process	产品录入	朱学敏	2019-05-14 15:22:11

图 3-20　信贷节点权限

3. 产品参数配置

产品参数配置是最关键的环节。我们可根据不同项目配置评分卡、决策树、规则库、表达式等产品参数，以适应企业业务的调整或变动。基于参数设置信贷产品，定义产品编码、贷款额度、贷款利率、贷款期限、还款方式、循环额度、贷款用途、申请人身份等贷款的所有元素，并提供各种产品费用计算、试算、反算服务，可以满足各类信贷业务需求。

信贷产品是指特定产品要素下的信贷服务方式，主要有贷款、担保、承兑、信用支持、保函、信用证和承诺等。以信贷产品类型为例，根据消费场景、个人周转、中小企业流动性资金需求、房产交易等贷款需求场景，贷款可细分为消费贷、小额贷、经营贷、房抵贷等产品，如图 3-21 所示。

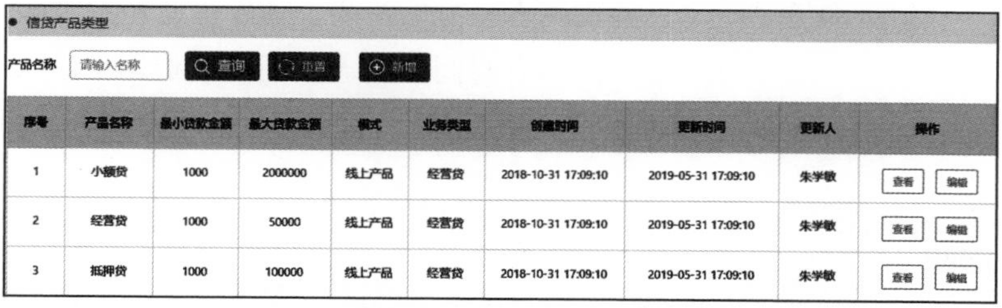

序号	产品名称	最小贷款金额	最大贷款金额	模式	业务类型	创建时间	更新时间	更新人	操作
1	小额贷	1000	2000000	线上产品	经营贷	2018-10-31 17:09:10	2019-05-31 17:09:10	朱学敏	查看 编辑
2	经营贷	1000	50000	线上产品	经营贷	2018-10-31 17:09:10	2019-05-31 17:09:10	朱学敏	查看 编辑
3	抵押贷	1000	100000	线上产品	经营贷	2018-10-31 17:09:10	2019-05-31 17:09:10	朱学敏	查看 编辑

图 3-21　信贷产品类型

以小额贷为例，我们可根据贷款产品的业务属性，新增信贷产品类型，自定义贷款产品的贷款金额、所属渠道、产品类型、附件类型、贷款期限、还款方式、额度循环、借款用途等信息，如图 3-22 所示。

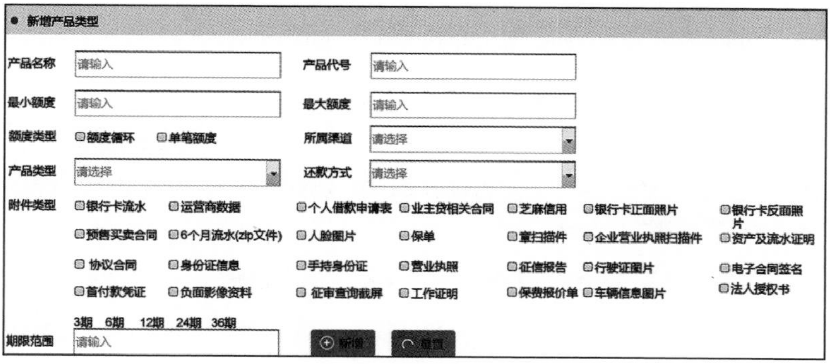

图 3-22　新增信贷产品类型

4. 基础功能配置

我们可将信贷产品的各种基础功能进行定义、封装，并根据不同客户需求，配置贷款基础信息、业务开办地区、贷款资金路由、审批流程节点、借款金额试算、还款计划试算、逾期代偿代扣等产品功能。

信贷面签是一个审核借款人信息的流程，通常面签审核通过才会放款。大部分信贷产品会有时间限制。我们可以根据借款人的时间安排，灵活配置多个面签时间，如图 3-23 所示。

面签ID	生效时间（起）	生效时间（止）	预约时间（起）	预约时间（止）	状态	操作
1001	2019-04-01 00:00:00	2050-04-01 00:00:00	11:40:00	14:50:00	有效	编辑 分配
1002	2019-04-01 00:00:00	2050-04-01 00:00:00	11:40:00	14:50:00	有效	编辑 分配
1003	2019-04-01 00:00:00	2050-04-01 00:00:00	11:40:00	14:50:00	无效	编辑

图 3-23　信贷面签时间配置

信贷面签审核时间一般比较短，最快当天就有可能出审核结果。根据面签预约流水，在规定的时间进行远程面签或临柜核验，可以验证贷款真实性并缩短放款时间，如图 3-24 所示。

客户姓名	贷款ID	身份证号码	客户经理	渠道	核定金额	面签开始日期	面签创建日期	面签结果	否决原因	是否取消	面签员
张三	1907...72718	110101...0079	朱大大	银行渠道	100000	2019-10-18 16:35	2019-10-18 16:35	面谈通过		未取消	朱学敏
李四	1907...72718	110101...0079	朱大大	银行渠道	50000	2019-10-18 16:35	2019-10-18 16:35	面谈通过		未取消	朱学敏
王五	1907...72718	110101...0079	朱大大	银行渠道	0	2019-10-18 16:35	2019-10-18 16:35	面谈拒绝	非本人	未取消	朱学敏

图 3-24　信贷面签预约流水

信贷工厂模式依托业务系统、审批系统、征信系统、催收系统、账务系统，以及评分机制、风控模型、决策引擎等，颠覆了传统的信贷融资模式，为客户提供全方位信贷服务，也让信贷业务逐步模块化、系统化、流程化、标准化。

未来，信贷工厂将以 SaaS 服务的方式实现信贷业务的插线板应用，即业务组件化、模块随意插拔，避免重复造轮子。

3.4 本章小结

本章主要描述贷款产品的底层逻辑。智能推荐不只是 AI 算法，关键是数据挖掘，基于 AI 技术和推荐算法构建推荐模型，从而建立推荐引擎，实现对客户的"千人千面"推荐。通过在数据层、规则层、配置层、策略层构建金融反欺诈，从中我们可得到欺诈评分或欺诈规则，快速识别欺诈风险。信贷工厂是金融创新的必然趋势。让小额贷款或企业融资的贷前申请、额度授信、贷中下单、审批放款、贷后还款、逾期催收、风控管理等业务流程按照工厂流水线作业方式进行批量操作，可提高信贷作业的效率。

|第4章| CHAPTER 4

金融产品系统化设计

从 0 到 1 打造金融产品过程中，整个系统化设计是复杂且细致的，需要金融产品经理具备全链路的设计思维。系统化设计并不是要我们做全栈产品经理，而是要我们从战略层、架构层、系统层、界面层等层面审视产品，并思考设计流程的种种差异，比如在企业融资、小额贷款、智能催收、智能客服、新核心业务系统等产品设计过程中，以全局视角把控好系统需求的颗粒度，并思考金融背后的产品观。

4.1　企业融资 4 个链路设计

企业融资是指企业为了生产经营的需要，向银行或其他金融机构按照规定利率和期限借款。企业融资主要用来进行固定资产购建、技术改造等大额长期投资。

企业融资可分为信用贷款、抵押贷款、循环额度贷款、流动资金贷款、固定资产贷款、担保贷款、银团贷款、股票质押贷款、单位定期存单质押贷款、政府平台类贷款、外汇质押贷款、黄金质押贷款、银行承兑汇票、银行承兑汇票贴现、商业承兑汇票贴现、出口退税账户托管贷款等。

其中，信用贷款是指银行根据申请人的信誉发放的贷款，申请人不需要提供担保。抵押贷款是指银行凭申请人或第三方提供的财产抵押而向申请人发放的贷款。循环额度贷款是指申请人与银行签订一次性借款合同，在合同规定有效期内，客户可在额度内多次随时提取、随时归还、循环使用。流动资金贷款是指银行向企业法人或股东发放的用于正常生产经营周转或临时性资金需要的贷款。固定资产贷款是指银行向申请人发放的用于固定资产投资项目的中长期贷款。

目前，金融机构和银行针对小微企业推出了不少贷款产品。有一定知名度的企业类贷款产品有民生银行的"商贷通"、建设银行的"速贷通"、工商银行的"网贷通"、交通银行的"智融通"、招商银行的"中小企业信贷"、邮储银行的"税贷通"、微众银行的"微业贷"、金蝶金融的"商通贷"、京东金融的"企业金采"等。

流动资金对于一个企业的经营至关重要。企业在经营过程中遇到流动资金问题时，可以通过银行或者其他金融机构申请贷款来解决。企业融资的主要流程为贷款申请、进度查询、授信建额、提还款等，如图 4-1 所示。

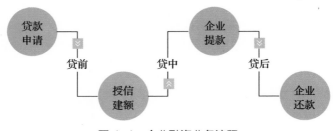

图 4-1 企业融资业务流程

4.1.1 贷款申请

在申请阶段，银行或小贷机构面对企业借款人，要先做基本的贷前调查，即了解企业是否满足贷款产品的申请准入条件，是否拥有所需的基本资料。

1. 贷前调查

（1）企业融资申请准入条件

1）企业业务符合相关的行业政策、信贷政策等；

2）企业有工商行政管理部门核准登记的、年检合格的营业执照等；

3）企业经营情况稳定，成立年限在 2 年（含）以上，至少有一个会计年度财务报告，且连续 2 年销售收入增长、毛利润为正值等；

4）企业经营者或实际控制人从业经历在 3 年以上，无不良个人信用记录等；

5）企业具备履行合同、偿还债务的能力，还款意愿良好，无不良企业信用记录等。

（2）企业融资申请禁止条件

1）已列入小贷机构或银行不宜贷款户黑名单；

2）有恶意拖欠银行贷款的记录；

3）贷款用于从事外汇、基金、期货、股票等证券投机；

4）贷款用于从事典当、资金调剂、借贷、票据融资；

5）贷款用于国家禁止生产、经营的领域；

6）因诉讼纠纷已被列为被告单位，涉及诈骗、刑事案件且案件尚未结案。

（3）企业融资申请基本资料

1）企业有效的营业执照、组织代码机构证、经营许可证、开户许可证、税务登记证、贷款卡、公司章程、验资报告等；

2）企业近3年的年度报表、近3个月的财务报表、近6个月对公账单等；

3）企业名下资产、近3个月水电费单、经营场地租赁合同及租金支付凭据等；

4）借贷人有效的身份证明、财务证明、近半年的银行交易流水等。

2. 融资申请流程

企业融资申请的主要流程包括身份认证、企业认证、信息认证、人脸识别和签署协议，如图 4-2 所示。

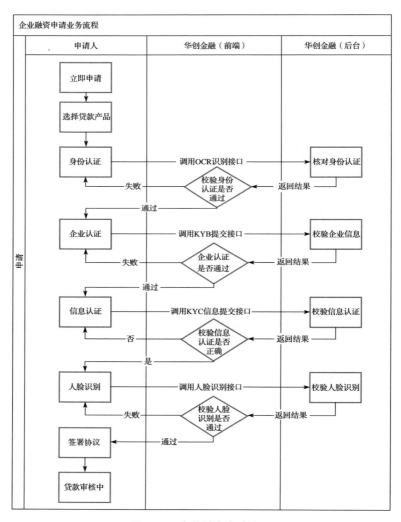

图 4-2　企业融资申请流程

（1）身份认证

身份认证即核实用户真实身份，防止盗用他人身份信息进行贷款申请。申请人上传法人代表身份证，系统利用 OCR 技术进行公安联网核查，即核查用户授权的身份信息与证件是否一致，并核验姓名和身份证号的合法性、真实性，这样可以在申请阶段做前置挡板，过滤一些黑名单客户、低质量贷款客户、假贷款客户等。

（2）企业认证

企业认证即申请人提供商户营业执照，系统调用工商接口校验企业是否有固定的经营场所，正常经营时间是否在 1 年以上，经营状况是否良好，是否具有稳定的营收能力，借款主体是否是法人或大股东等。

（3）信息认证

信息认证即申请人填写姓名、身份证号码、银行卡号、银行预留手机号等基本信息后，系统调用银联卡认证接口做银行卡鉴权和手机验证（主要包括银行卡四要素认证、银行卡九要素认证）。

（4）人脸识别

人脸识别包括活体检测、人脸对比和人脸检测。其中，活体检测是指系统根据用户动作采集动态信息，判断用户是否为真人；人脸比对是指系统根据用户授权，验证两张人脸是否为同一人；人脸检测是指系统识别照片中是否存在人脸信息，并返回人脸信息的相关坐标。

（5）签署协议

签署协议即申请人签署个人征信授权、贷款服务、企业融资业务数据授权等协议，即在借贷关系建立之后，明确双方相应的权利及义务，明确收费项目、贷款条件、违约情况的界定范围以及违约后的处理办法，避免不必要的债务纠纷，或避免给自己带来利益损失。

企业融资申请完成后，企业可以通过企业网银登录查看申请进度，了解当前的审批节点和申请状态。

4.1.2 授信建额

在授信阶段，系统会自动进行进件审批，通过跑决策来判定申请准入规则、用户评分规则、用户分层规则、反欺诈规则等，初审通过后会输出一个基础额度，以便辅助人工审核授信额度。企业融资授信的主要流程包括贷款调查、贷款审批、额度试算、签署合同和额度审核，如图 4-3 所示。

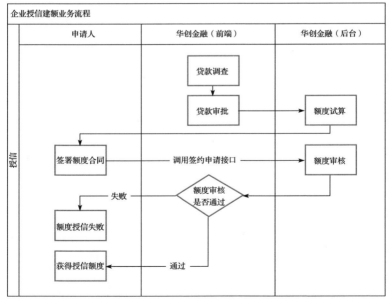

图 4-3 企业授信建额业务流程

1. 贷款调查

银行受理申请人提交的资料，对照银行的贷款条件和业务开办地区，判断其是否符合银行贷款申请的各项标准和条件（申请人的资产负债、还款能力、履约情况、企业发展前景和经营情况等），若调查不合格，退还客户资料，从而降低这笔贷款的风险。

2. 贷款审批

对贷款信息进行征信审核、审批复核，初选模型复查后，确定授信方案。其中，征信审核包括征信任务处理、征信前置核录、核对征信报告、征信报告上传，审批复核包括股东决议复核、远程面签、视频面谈等。银行借助贷款授信模型进行进件审批，比如贷款申请准入检测、黑名单检测、欺诈联防检测、常贷客检测等。

3. 额度试算

核心系统获取授信的核心数据之后，跑风控流程，审核最终的授信方案。其中，基于贷款数据决策规则和特征变量，跑用户行为评分模型，判断客户的风险情况；基于存款余额、理财余额、企业收入、纳税总额、信用等级等数据，采用销售收入测算法、公式测算法、存贷挂钩法、实收资本核定法等，计算客户的授信额度。

4. 签署合同

签署合同是最为关键的一个环节。银行审查企业的贷款申请后，若认为申请人符合贷款条件，就核定信贷额度，之后银行与申请人签署借款合同，将其作为明确借贷双方权利和义务的法律文件。

5. 额度审核

银行根据核实无误的个人基本信息、企业经营数据、贷款记录、项目情况等来分析，审核能够给予企业的最终贷款额度。额度审核其实就是量化授信，对贷款数据、经营数据、授信模型等进行量化分析，所以企业要确保提交资料的真实性，并保持良好的信用，这样才能获得较高的授信额度。

企业融资授信完成后，申请人可在额度有效期内循环提取贷款，并将其用于企业的日常经营或资金周转。

4.1.3 企业提款

在提款阶段，企业主要支用当前可用额度。额度一般分为循环额度或非循环额度。企业经营过程中，若有流动资金周转需求，可以通过企业提款流程获得。企业提款的主要流程如图 4-4 所示。

1. 提款申请

在提款页面，企业申请人填写提款金额、还款方式、贷款期限、贷款利率、对公账户、借款用途等信息，确认提款信息无误后即可提交。

2. 支付密码

输入提款账号的支付密码才能正常操作提款，这主要是为了提高安全性，即使别人捡到手机，没有支付密码也无法使用提款功能。

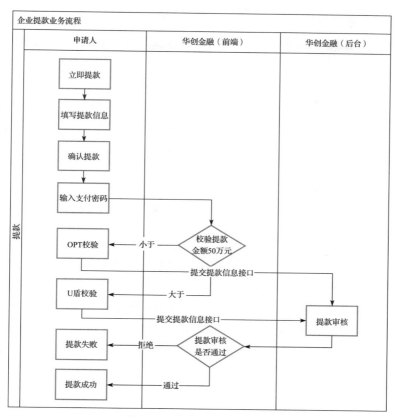

图 4-4　企业提款业务流程

3. OPT 校验

OPT 动态口令是根据专门的 Hash 算法每隔 60 秒生成一个与时间相关的、不可预测的随机数字组合。每个口令一次有效且只能使用一次。OPT 常见的类型有短信密码、动态令牌等。

4. 手机证书校验

手机证书是一款进行网上交易的手机安全工具。为了确保提款交易时账户的安全性，一般会强制要求用户提款前安装银行的手机证书。提款金额比较小时，申请人只需验证手机证书即可完成提款。

5. U 盾校验

U 盾是银行提供的办理网上银行业务的高级别安全工具，可对数据进行加密、解密和数字签名，确保提款交易的保密性、真实性。提款金额比较大时，申请人需要验证 U 盾才能完成提款。

6. 提款审核

系统自动审核申请人提交的提款信息，审核通过后，将贷款资金划入申请人在银行开立的账户。

授信额度状态包括生效、冻结、终止、失效等。只有在额度状态为"生效"时，企业才可以操作提款，提款时可以选择自主支付或受托支付。贷款发放后，银行会对申请人执行借款合同情况及申请人的经营情况审查。贷后监控与检查主要是为了降低贷款风险。

4.1.4　企业还款

在还款阶段，企业根据当期账单可以一次性还款，或在账单最后还款日前完成全部还款，还款成功后恢复信用额度，实现额度循环使用；也可以选择分期还款。企业还款的主要流程如图 4-5 所示。

1. 提交还款

申请人按照合同约定的日期进行还款，把偿还本息的资金打入银行卡，可在宽限期内主动还款，或在还款日由系统代扣。

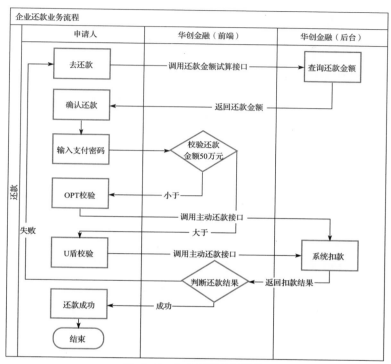

图4-5 企业还款业务流程

2. 支付密码

企业输入还款账户的支付密码，才能正常操作还款。

3. OPT 校验

基于还款的安全策略考虑，企业一般会选择 OPT 动态口令。OPT 由专用算法生成，随机性高，不太容易被破解，提高了身份认证安全性。

4. 手机证书校验

在进行还款交易时，交易指令通过安全证书进行了高强度加密，即使有人在网上窃取，他也无法知道交易的具体内容。还款金额比较小时，还款人验证手机证书即可完成还款。

5. U 盾校验

还款金额比较大时，还款人需要验证 U 盾才能完成还款。若其没有开通企业网银的 U 盾，可以去银行网点还款。

6. 还款审核

在还款日，系统从申请人在银行开立的账户中扣除当前要偿还的本息。若还款逾期，还需扣除罚息或滞纳金，并在还款成功后更新还款计划。

企业还款可以选择自主支付、受托支付方式。若还款逾期，系统可以进行贷后催收；若还款全部结清，要按规定解除贷款合同。

金融企业数字化转型必然要重塑企业融资流程，主要是对贷款申请、进度查询、远程面签、提还款进行流程"解耦"、功能"前置"，从而提高企业融资线上化的操作效率。

4.2 小额贷款 11 个流程设计

小额贷款是指商业银行和金融机构向个人和小微企业提供金额较小的持续信贷服务，其基本特征是额度小、无担保、无抵押，但信用、信息审核比较严格。

小额贷款主要通过银行等金融机构提供以信贷业务为主的综合消费贷款，主要平台有微众银行、招联金融、建设银行、渣打银行、京东金融、分期乐等。

小额贷款的业务流程是非常复杂的，但核心流程基本是相同的。以信贷产品为例，其主要流程包括申请进件、初审调查、审批复核、额度授信、借款下单、放款审核、贷中监控、贷后检查、还款管理、逾期催收、到期结清等，如图4-6所示。

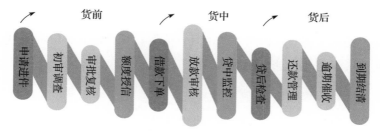

图 4-6　小额贷款全过程

4.2.1　贷前申请进件

当前，商业银行和小贷机构的贷款产品种类繁多，且贷款产品的额度、期限、年化利率、还款方式、审批时效等都不同。在申请贷款前，借款人要根据产品属性、使用场景和风险偏好等选择适合自己的贷款产品。

客户初步了解贷款产品的相关内容后在线上申请贷款。申请进件主要流程包括实名认证、银行卡授权、运营商认证、信息认证、人脸识别，如图4-7所示。

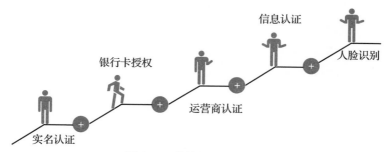

图 4-7　贷前申请进件流程

1. 实名认证

系统通过身份证号码和姓名来核实用户真实身份，防止盗用他人身份信息进行申请操作，即采用 OCR 识别技术，自动提取用户拍照上传身份证照片的信息，或用户自行输入身份证信息，实名认证通过后创建平台客户账户。

2. 银行卡授权

系统对银行卡进行姓名、身份证号、银行卡号、银行预留手机号四要素验证（对于三类卡，系统会进行五要素校验，增加账户级别鉴权）。验证银行卡授权一方面可判断银行卡号归属地是否在高风险地区，或命中盗卡黑名单等；另一方面调用银行卡授权接口，作为自动还款时的扣款途径。

3. 运营商认证

系统通过手机运营商校验姓名、身份证、手机号码是否对应，以避免手机号虚假、未实名等。此外，系统可以对手机号的使用时长、每月消费金额和通话频次做风控规则校验。

4. 信息认证

系统通过用户输入的居住地址、最高学历、婚姻状况、每月收入、收入来源、工作职位、相关联系人等信息，来完成客户贷款信息认证。基于这些 KYC 信息，平台可更好地进行额度评估，并降低贷款欺诈风险。

5. 人脸识别

系统通过人脸比对、活体识别、人证比对、虹膜识别等，判断是否为活人，同时与身份证信息进行比对，然后上传人脸识别结果，通过后对申请人进行授信。常用的人脸识别三方服务平台有腾讯、商汤科技、Face++等。

4.2.2 贷前初审调查

贷前调查是小额贷款业务中风控的第一道防线，也是发放贷款前最重要的一个环节。贷前初审调查是指商业银行或小贷公司在受理借款人申请后，对其是否符合贷款申请条件和可发放的贷款额度做出初步判断。

系统将贷款案件指派给信贷专员，信贷专员受理客户申请，核对客户提交的申请材料，分析客户的基本情况、经营状况、财务状况、信用状况和还款状况等，判断贷款申请是否符合准入条件，贷款用途是否合规、合理、合法，并评估信贷业务可能存在的风险，为贷款决策提供依据，如图 4-8 所示。

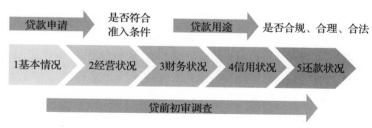

图 4-8 贷前初审调查流程

- ❑ **基本情况**：主要是借款人的基本情况，是否符合贷款申请的基本条件。
- ❑ **经营状况**：主要是借款人近年的主营业务、销售收入、效益情况和发展前景预测。

❑ **财务状况**：主要是借款人近年的资产负债、资金结构、资金周转、盈利能力、现金流量等的现状及变化。

❑ **信用状况**：主要是借款人有无拖欠金融机构的贷款，以及发生不良信用记录所受的处罚与诉讼情况。

❑ **还款状况**：主要是借款人还款能力、还款意愿的分析和洞察，有效防范风险，减少坏账。

贷前初审调查关系到贷款决策的正确与否，重点是要对资料和信息进行定性和定量分析，形成客观公正的调查结论，提高客户风险控制。贷前初审调查方式有实地调查、搜寻调查、委托调查等。

4.2.3 贷前审批复核

审批复核是小额贷款业务中风控的第二道防线，也是贷款发放后能否如数按期收回贷款资金的关键。审批复核是指在贷前初审调查的基础上，对借款人的贷款目的、用途及合理性所做的进一步审查。

审批人对借款人和信贷专员提供的贷款原因和用途进行复审，并根据国家和上级银行确定的信贷政策，最终确定贷不贷、贷多少、贷款方式、期限和利率。

贷前审批复核归根结底就是让不对称信息最大限度对称、让软信息最大限度真实还原。贷前审批复核的方式有全面审查、风险审查、电话信审等。

❑ **全面审查**：利用"人行征信系统""企业信用信息公示系统""全国法院被执行人查询系统""中国裁判文书网"以及第三方大数据平台，全方位核查借款人相关信息，全面揭示存在的风险。

- ❑ **风险审查**：审查是否涉及政策风险、行业风险、信用风险、经营风险、操作风险等，评估借款人是否符合授信条件，并对风险做出判断。
- ❑ **电话信审**：对于贷款申请人填写的信息和提供的资料，电话信审时审核人会再次确认回答是否与申请材料保持一致。

4.2.4　贷前额度授信

额度授信是指商业银行在对客户的资信情况及贷款风险进行综合分析和评价的基础上，核定的短期授信额度。

完成贷前初审调查和审批复核后，系统会通过设置的准入标准、评分规则、用户分层等，自动跑决策，对额度进行试算，得到一个基础的额度，如图 4-9 所示。系统会对满足条件的客户直接授予额度，若是额度比较大，人工审批介入，否则授信失败。

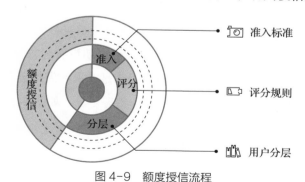

图 4-9　额度授信流程

- ❑ **准入标准**：根据设定准入标准，系统自动拉取用户信息和自有数据库或第三方数据库的数据进行比对，比如比对年龄是否符合要求、手机号是否在黑名单上、是否是高风险地区人士、是否在历史申请黑名单中等。

- ❑ **评分规则**：通过设置权重、指标值及对应分值，对用户信息进行量化评分（可分为 A 级、B 级、C 级、D 级等）。
- ❑ **用户分层**：基于评分对用户分层，A 级属于信用良好的用户，可以直接授予较高额度，其他级别用户授予较低额度且服务费率相对较高。

授信审查的最终目的是确认所申请或所核定的授信额度适度、合理，确保该授信额度是借款人可以承担和偿还的，且商业银行可以顺利回收的。一般的小额贷款授信不可多笔在途，但支持循环额度支用。

4.2.5 贷中借款下单

额度授信成功后，用户可以申请借款，填写相关信息并确认，之后系统会自动匹配对应的资金源。用户在下单过程中取消该笔订单时，可以调用资金源的关单申请接口进行取消。

其实，在借款下单前，风控系统会定期更新客户授信额度。在资金路由前，风控系统会判断是否满足客户的借款金额。贷中借款流程包括借款下单、确认借款、签署协议，如图 4-10 所示。

图 4-10 贷中借款下单流程

❏ **借款下单**：系统调取额度查询接口，提示用户当前最高借款额度，之后用户输入借款金额、期限、还款方式、借款用途。其中，还款方式包括先息后本、等额本息、等额本金、按月付息到期还本等，借款用途包括购车、住宅装修、消费购物、旅游出国等。

❏ **确认借款**：系统试算还款计划，并让用户确认借款相关信息，包括资金源、借款金额、担保服务费、期限、还款方式、提还款卡等。

❏ **签署协议**：用户对贷款协议有签约确权资格，即确认个人数字证书申请及授权书、电子专用账户协议、个人征信授权书、借款合同、支付代扣协议、征信及信息披露授权书等。

4.2.6　贷中放款审核

放款审核是信贷业务操作流程的重要环节之一。放款审核的核心在于审批落实条件。放款审核是指在放款阶段，系统会对用户的贷款条件、信用资质情况进行审核。审核通过的话，系统会显示放款成功，否则放款失败。

4.2.7　贷中实时监控

贷中监控是指贷款发放之后到全部还款之前，对用户的一些业务指标进行数据分析和风险预测，判断贷款用户质量和产品运营情况，以便提前做出风险预警。

通过还款行为跟踪、行为评分模型和第三方数据系统关联等方式，我们可以实时监控贷款用户的债权信息、逾期信息、失信信息、行政处罚、经营异常等，基于用户行为数据做反欺诈，以便采取客户异常预警或催收提前触发等措施，如图 4-11所示。

图 4-11　贷中实时监控策略

此外，我们可以分析贷款产品的额度使用率、复贷率、提现率、资金用途、在贷剩余本金等业务指标，以便采取贷款激励或额度重估等措施。

4.2.8　贷后定期检查

贷后定期检查是保障信贷资金安全的重要环节之一，是指银行或金融机构放款后对借款人执行借款合同情况及贷款使用效果的追踪、调查，对客户风险进行预警，并发现自身在贷后管理中存在的问题，以便采取补救措施，防范信贷风险。

4.2.9 贷后还款管理

还款管理是有效回款的关键过程。贷后还款是指贷款发放后，借款人按约定的还款方式，每月按期偿还贷款本息。

贷款到期前一个星期，信贷专员会通知借款人在贷款到期前落实还款资金。还款方式包括主动还款、提前结清、系统代扣等。

❏ **主动还款**：在还款日当天或前七天，短信提醒客户按期足额还款。一般是 $T+0$ 日还款，不支持部分还款，宽限期 $T+3$ 日免罚息、$T+7$ 日免征信。

❏ **提前结清**：一次性结清剩余本金、应收利息及违约金。逾期情况下，放款日和还款日当天一般不允许提前结清。

❏ **系统代扣**：在还款日当天走批次代扣，主动触发支付通道扣除还款资金。对于逾期债权转让后的账单，一般是跑批平账，不做资金扣除。

通过还款试算确认最终的还款计划金额，扣款会分为两笔：资金方代扣本金利息、担保方代扣担保费。贷后还款流程主要包括提交还款、确认还款、系统平账，如图 4-12 所示。

图 4-12 贷款还款页面流程

4.2.10 贷后逾期催收

逾期催收是小额贷款信贷风控的重中之重。逾期催收是指对按借款合同约定到期未归还的不良贷款的催收。在催收场景中，按照逾期期限将逾期业务划分为M1（0～30天）、M2（31～60天）、M3（61～90天）、M4（91～120天）、M4+（大于120天）等情况，并采取M1风险预防、M2～M3早期催收、M4晚期催收及M4+清收保全的催收方式，如图4-13所示。

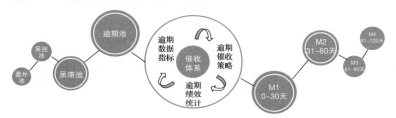

图4-13　贷后逾期催收体系

当前逾期客户主要表现在：还款能力不足，因为没钱而拖延时间，有还款意愿；还款意愿不强，逾期一段时间才还；恶意拖欠还款，总是逾期，失联不还。我们可以建立贷款台账和贷款业务管理档案，用逾期率指标来衡量逾期风险。

针对不同逾期客群，我们可做贷后风险评级，并采取不同的催收策略，比如采取自动催收和人工催收的方式，提升催收质量和催收效率。其中，自动催收包括AI外呼、一键录音、智能预警、智能委外等，人工催收包括电话催收、上门催收、逾期上报、起诉立案、强制执行等。

4.2.11 贷后到期结清

贷款结清就是一次性结清剩余本金、应收利息及违约金，还款完成后，结清债权，终止协议，办理贷款结清手续。银行会开具一份贷款结清证明，注明贷款已经还清。贷款结清包括正常结清和提前结清。

❑ **正常结清**：在贷款到期日或贷款最后一期结清贷款。

❑ **提前结清**：在贷款到期日前，提前部分或全部结清贷款。

贷款结清关系到自己的负债情况，避免自身背的债务太多，变成多头借贷，导致申请其他贷款时受到影响。

对于小额贷款而言，我们对其贷前、贷中和贷后业务流程既熟悉又陌生，这主要是没有全面且深入地了解贷款产品的底层逻辑。想做好小额贷款的全链路设计，我们就要了解用户信贷生命周期的特点，并构建贷款业务知识体系。

4.3　智能催收系统设计

金融企业流行一句话："三分贷，七分管。"在贷后"管"的过程中，催收是关键的一环。催收作为不良资产处置的重要手段之一，在收回逾期不良资产时发挥着关键作用。

在经济下行的大背景下，实体经济不景气，中小企业急需融资来解决经营困难问题。与此同时，坏账率逆势而上，不良资产突破万亿级。根据银保监会统计，截至 2020 年三季度末，我国商业银行不良贷款余额约 2.84 万亿元，较上季末增加约 987 亿元。

《商业银行风险监管核心指标》对金融企业及银行不良资产率和不良贷款率做出了要求，不良资产率不应高于 4%，不良贷款率不应高于 5%。因此不良率已经成为金融公司贷后管理的一个核心业务指标。不良资产的催收管理变得十分重要。

4.3.1 贷后催收问题

当前，金融类中小企业和银行客户贷款逾期体量较大，回款率偏低，大部分逾期未还款，导致市场对催收的需求成倍增长。以银行贷款、信用卡业务为主的催收公司，都采用传统的催收方式，即经过人工提醒通知或上门催收收回款项。但传统催收方式消耗大量人工成本，时间利用率较低，催收效率整体不高，无法满足催收市场需求。

在这样的行业现状下，智能催收渗透到催收的各个环节，以解决企业催收难度大、催收效率低、催收成本高、催收管理难等贷后问题，如图 4-14 所示。随着企业融资规模的扩大，智能催收越来越重要。

图 4-14　催收问题分析

❑ **催收难度大**：随着企业贷款业务下沉，覆盖人群范围扩大，贷款逾期者数量越来越多，催收难度日益提升。

❑ **催收效率低**：传统催收方式下，大量时间被浪费在无效拨号中，人工催收效率低。

❑ **催收成本高**：在合规的前提下，催收员能力参差不齐，需要花大量的时间进行培训。成本高、覆盖不足成为很多公司的首要问题。

❑ **催收管理难**：对于不同层次、不同逾期阶段、不同风险等级的客户，银行缺乏对应的催收策略，导致逾期数据无法统计，案件指派不及时。

4.3.2 催收解决方案

游走于"灰色地带"的催收行业，无法满足金融企业数字化经营的需求。催收数字化转型对于金融企业而言至关重要。人工智能和数字技术帮助催收行业从"传统催收"向"智能催收"转变，实现贷后催收业务全链条的智能化、线上化、标准化、流程化，让催收管理更高效、合规，如图 4-15 所示。

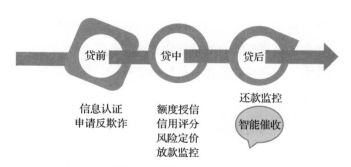

图 4-15 贷后智能催收

针对这些催收问题，华创微课研发了 AIRobot 智能催收机器人，由人工智能引擎平台提供智能催收解决方案，如图 4-16 所示。智能催收机器人基于信贷系统、核心系统、业务中台、催收系统等设计智能催收数据模型，通过语音识别（ASR）、语义理解

（NLP）、语音合成（TTS）和对话管理构建人工智能引擎，并通过"黑匣子"实现人与机器的完美结合，让人工智能赋能催收，高效处理逾期客户问题。

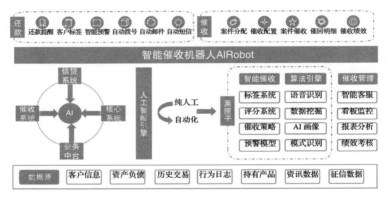

图4-16 智能催收机器人

智能催收机器人在金融领域帮助金融企业开展重复性、模式化工作，实现贷后催收的精细化管理，有助于降低坏账率，降低催收成本，优化催收管理，拓展催收范围，提升催收效率，如图4-17所示。

图4-17 智能催收的作用

- ❑ **降低坏账率**：全线上化催收流程，减少人工干预，提升回款率，降低金融企业和银行的坏账率。

- ❑ **降低催收成本**：利用人工智能技术，统一标准的催收话术，提供知识库快速查询功能，降低人力成本。

- ❑ **优化催收管理**：实行定制化的催收策略，有效降低风险事件发生概率，促进贷后管理差异化和催收业务人性化。

- ❑ **拓展催收范围**：智能分案处理类型复杂的催收业务，实现催收业务全面覆盖，保障业务效率和安全性。

- ❑ **提升催收效率**：通过人机协作实现人与机器的完美结合，用人工智能技术赋能催收，高效处理逾期客户问题。

智能催收还能满足监管的业务合规和数据合规要求。

- ❑ **业务合规**：智能催收是机器处理，减少了人机互动，对催收业务进行多维度分析，借助智能质检捕捉催收人员的不合规话术、敏感词等，并进一步打磨催收话术和催收策略。

- ❑ **数据合规**：贷款逾期数据源来自多渠道，而整合多渠道数据源涉及客户隐私保护问题。基于数字技术，银行可实现数据可用不可见，解决企业数据协同计算过程中的数据安全问题。

4.3.3 智能催收策略

针对不同客群，基于决策树的强大规则引擎，智能催收系统自动采集还款数据，按照 M1 ~ M4 逾期阶段采取不同的催收策略，如图 4-18 所示。

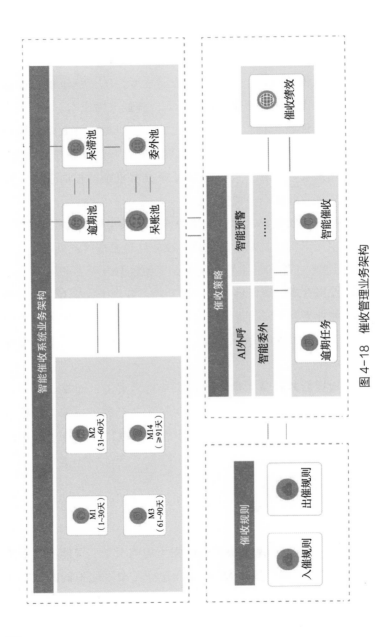

图 4-18 催收管理业务架构

面对企业不同的催收需求和催收场景，系统要从不同维度制定贷后催收策略，包含案件分配规则、案件分配明细、案件催收配置、催收案件管理、逾期案件入池、案件催回明细等，如图4-19所示。

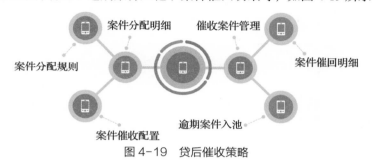

图4-19　贷后催收策略

1. 案件分配规则

系统可基于产品类型、分配比例、催收人员、案例所属区域等维度创建分配规则，并根据分配规则将案件流转至催收池。催收池包括M1（1～30天）逾期池、M2（31～60天）呆滞池、M3（61～90天）呆账池、M4（91～120天）和M4+（≥121天）委外池，如图4-20所示。

序号	产品类型	逾期类型	规则描述	状态	催收人员	分配比例	创建时间	更新时间	更新人	操作
1	线下产品	M1(1～3天)	逾期4-30天	● 有效	朱学敏，猪小屁	30,60,10	2020-08-08 15:05:55	2020-08-09 12:05:06	朱学敏	查看
2	线下产品	M1 (4~30天)	逾期1-3天	● 有效	朱大大	100	2020-08-08 15:05:55	2020-08-09 12:05:06	朱学敏	查看
3	线下产品	M1 (7~30天)	逾期7-30天	● 有效	猪小屁，朱学敏，朱大，朱...	40,20,10,5,10...	2020-08-08 15:05:55	2020-08-09 12:05:06	朱学敏	查看
4	线下产品	M2 (31~60天)	逾期31-60天	● 无效			2020-08-08 15:05:55	2020-08-09 12:05:06	朱学敏	查看
5	线下产品	M3 (61~90天)	逾期60+天	● 无效			2020-08-08 15:05:55	2020-08-09 12:05:06	朱学敏	查看
6	线下产品	M4 (91~120天)	逾期60+天	● 无效			2020-08-08 15:05:55	2020-08-09 12:05:06	朱学敏	查看

图4-20　案件分配规则

2. 案件催收配置

结合金融企业和催收场景，系统针对不同贷款客群，根据渠道类型、产品类型设置逾期案件的催收方式和催收比例，如图 4-21 所示。

图 4-21　案件催收配置

3. 案件分配明细

系统按贷款产品、资金源、逾期金额、分配类型等维度设置分案策略，并根据策略的决策引擎依次分配给催收机器人和催收员，如图 4-22 所示。智能分案可解决人工分配效率低下问题以及案件数量分配不均匀、不公平的问题。

4. 逾期案件入池

系统定时自动跑批，即在第一批系统代扣还款完成后，按 M1 ～ M4 区分催收池的逾期案件，并流转到逾期池、呆滞池、呆账池和委外池，如图 4-23 所示。系统分析借款人的资产负债、图谱关系、还款意愿、还款能力等，以便银行采取不同的催收方式，如图 4-23 所示。

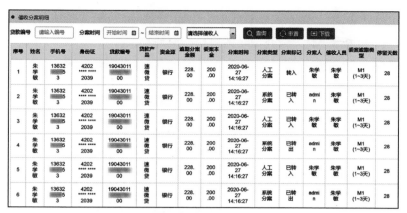

图4-22 案件分配明细

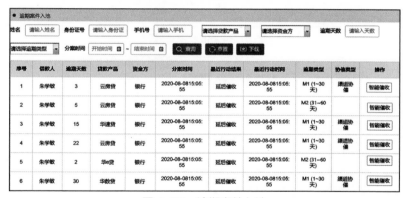

图4-23 逾期案件入池

5. 催收案件管理

系统针对不同逾期的案件采取委托案件、提交仲裁、案件保留、案件转池等方式,如图4-24所示。

6. 案件催回明细

统计各个催收机器人在处理M1 ~ M4逾期案件的催回明细,如图4-25所示。其中,分案逾期类型是记录业务在入账前的逾期类型，而不是入账后的。比如一笔 M2 逾期业务催回了一期，变成了 M1，但其记录的逾期类型是 M2。

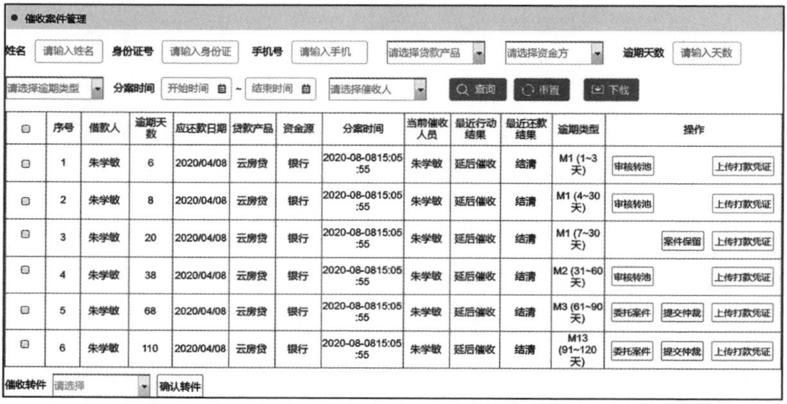

图 4-24　催收案件管理

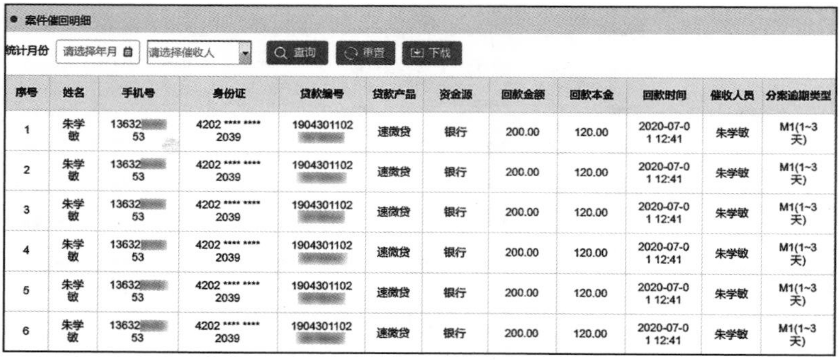

图 4-25　案件催回明细

随着互联网金融的催收业务下沉、银监管理趋严，我们可以通过数字化管理和建设，让催收流程自动化、催收决策智能化、催收数据闭环化，如图 4-26 所示。

❑ **催收流程自动化**：利用"AI+大数据"构建自动催收流程，减少每笔逾期案件的处理时间。

图 4-26　数字化催收

❑ **催收决策智能化**：运用人工智能算法，制定回款率最大化的策略，通过不断优化，逐步逼近最优决策。

❑ **催收数据闭环化**：整合贷款流程中的用户数据，包含申请数据、催收数据、外部接入数据等，以便形成闭环。

催收行业已进入数字化转型的关键时刻。很多做企业融资、小额贷款的银行和金融公司依托大数据、人工智能等数字技术革新催收模式，对催收过程进行数字化改造，以便提升催收质量和催收效率。

4.4　智能客服系统设计

在企业数字化转型过程中，智能客服的建设必不可少。人工智能、大数据、云计算等为智能客服行业的商业重塑、产业升级、场景落地提供了底层技术支持。

根据 2021 年华创咨询对智能客服的市场调研，我国智能客服行业市场规模从 2014 年的 4.88 亿元增长到 2020 年的 46.63 亿元，整体增幅约 9.56 倍，较 2019 年环比增长 30.32%，如图 4-27 所示。

图 4-27　中国智能客服行业市场规模

　　智能客服通过智能交互机制，提供外呼策略、语义识别意图，实现自动问答、自动拨号、受理工单、自动记录、智能提醒和转接人工等服务，是金融企业贷后环节不可或缺的工具。相对人工客服而言，智能客服可以提高工作效率，加大并行服务人次，提高响应效率，降低投入成本等，如图 4-28 所示。

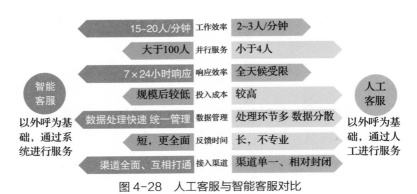

图 4-28　人工客服与智能客服对比

　　表 4-1 列出了小 i 机器人、Udesk、快商通、华创微课这几家智能客服公司的一些情况。

表 4-1　智能客服代表企业

企业名称	核心产品	应用领域
小 i 机器人	智能客服、政务、语音、机器人、云服务	金融、电商、手机
Udesk	智能客服、工单系统、外呼、电销、机器人	金融、零售、教育、医疗、汽车、制造
快商通	智能客服、机器人	医疗、教育
华创微课	智能客服、预警、催收、问答、机器人	金融、教育、电商、医疗、园区、基建

智能客服系统主要通过语音识别、语义理解、语音合成、模型训练、对话管理、知识图谱和数据处理等方式来提升客服效率，节约人力成本，被应用在流程专业化、客群基数大、咨询频次高、重复问题多的金融、电商、医疗等行业。

对于正在数字化转型的金融企业而言，做智能客服系统的首要问题是如何实现模块化设计。所谓的模块化设计，就是将产品的某些要素组合在一起，构成一个具有特定功能的子系统，将这个子系统作为通用模块，与其他产品或要素进行多种组合，以构建多种不同功能或功能相同但性能不同的系列产品。模块化设计的根本目的是避免重复造轮子，快速出产品，增加功能重用性，提高系统扩展性。

以智能客服系统为例，其基于贷前、贷中、贷后全场景客户服务，提供客服问答、放款回访、还款提醒、客户预警等服务模块。每个模块完成一个确定的功能，并在模块之间建立业务联系，通过模块间的相互协作，辅助系统提升会话质量和客服效率，如图 4-29 所示。

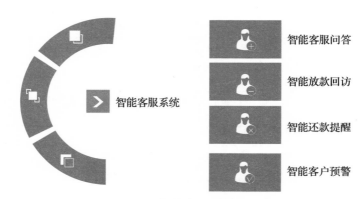

图 4-29　智能客服系统模块化

4.4.1　智能客服问答

　　智能客服问答的关键是掌握访客需求、做好对话准备、选择会话策略。基于深度机器学习技术的智能问答流程为：首先，自动识别客户提出的问题，将问题进行分类；其次，通过语义识别对比问题相似度，检索问答知识库；然后，AI 语义检索引擎搜索匹配答案；最后，给用户提供最终答复，如图 4-30 所示。

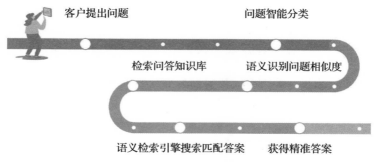

图 4-30　智能客服问答处理流程

以智能客服问答系统为例，其会录音通话，记录详细对话，利用语音识别技术将客户通话声音解析为更小的声音单元，然后借助声学模型及深度学习模型，将声音转换为对应的文字，接着通过语言模型进行处理，得到可能性最优的服务日志，并按申请、查询、建额、提款、还款、其他等类型对日志进行分类管理，如图4-31所示。

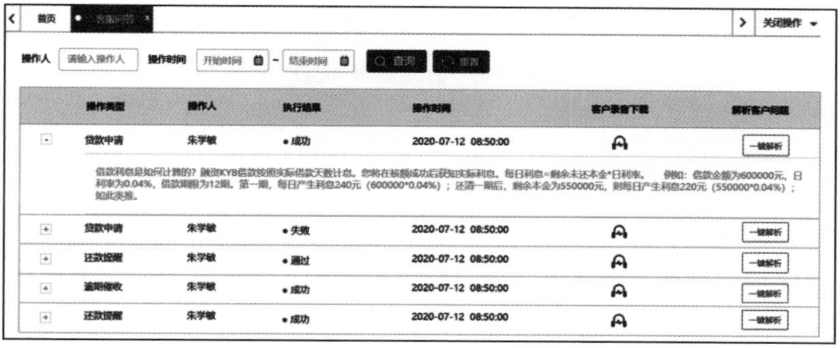

图4-31　客服问答语音日志

点击"一键解析"后，将日志转换成基本问答，然后通过人工对问题和答案进行优化，以便准确理解用户诉求，如图4-32所示。语料库可实现问题自动更新，语义识别支持相似问题分类，从而不断丰富问题知识库，自动解答客户提出的问题。

智能客服问答是指通过策略回复客户，主动会话营销，自动解决90%以上常见问题。其难点关键在于高并发应对海量问答，提升多轮对话的问题解决效果，以及精准识别客户问题，这需要我们不断地对机器人进行深度学习和语义训练。

图 4-32 智能客服问答库

4.4.2 智能放款回访

放款回访主要是指检查贷款用途是否真实有效，手续是否合规恰当，借款主体是否真实，加强客户服务，监督银行内部操作人员的行为。

基于产品大类、渠道大类、资金源及客服人员等维度，我们即可创建多笔放款回访规则。我们可滑动开关来控制规则的有效性，同时系统根据放款规则自动跑批，如图 4-33 所示。

图 4-33　放款规则管理

系统自动跑批统计当天前一周放款成功的数据，将已放款且未回访的案件分配给客服主管及其名下的所有在职客服人员，并按分配的角色做权限控制，支持受理案件、查看受理详情和拨号等功能，如图4-34所示。客服人员指派机器人去自动"拨号"联系客户，并将受理详情及结果记录在系统中。

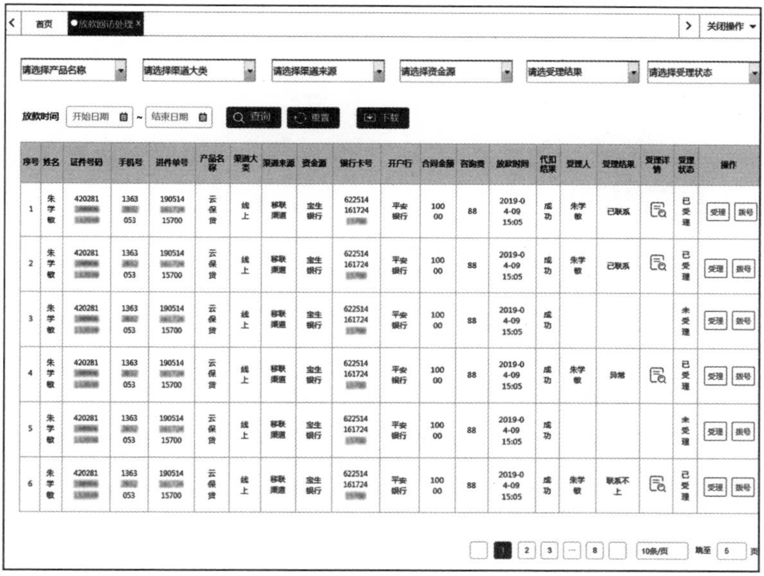

图4-34 放款回访处理

对于机器人无法处理的案件，我们可以通过客服主管操作批量放款转件，将案件转派给其他客服人员，以便及时回访每一个贷款客户，提高商机转化率，如图4-35所示。

图 4-35　放款回访管理

4.4.3　智能还款提醒

在数字金融时代，用户还款提醒需要更及时，但大量人工客服介入方式效率低下。我们可以通过机器人在临近还款日自动发送信息或一键外呼提醒客户还款时间，提升客户还款的响应速度。

还款提醒主要包括还款提醒规则、自动提醒还款和人工提醒，可以有效解决企业融资过程中信息不对称问题，帮助客户经理实时掌控业务状态，轻松完成贷后管理，如图 4-36 所示。

还款提醒规则
基于还款时间、金额和渠道来源设定还款提醒规则

自动提醒还款
自动拨打电话、发邮件、发短信提醒客户还款

人工提醒还款
对于自动提醒无效案件，系统转派给人工客服去处理

图 4-36　还款提醒

基于贷款产品的还款时间、还款金额和渠道来源设定还款提醒规则，监测不同产品类型、合作渠道和资金方的还款异常的客户，可以产生有效预警信息，降低还款逾期风险，逐步提高贷后风控水平，如图 4-37 所示。

图 4-37 还款规则管理

系统在每月 15 日和 20 日定时跑批处理当月未还款数据，通过自动拨打电话、自动发邮件、自动发短信提醒客户还款，每还款成功一笔就及时冲账处理。智能客服提供操作受理案件、查看受理详情和拨号联系客户等功能，并针对不同贷款客群采取差异化话术策略，如图 4-38 所示。

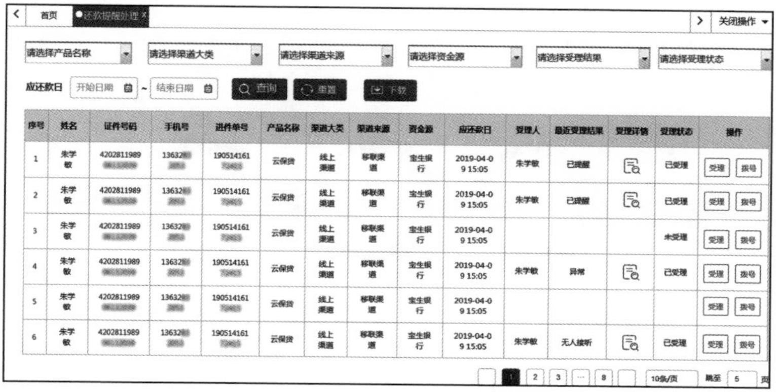

图 4-38 还款提醒处理

智能客服并不能完全代替人工客服。自动提醒多次无人接听或拒接的还款逾期案件应交由人工客服，根据与贷款客户的对话更新问题库和用户标签，以便采取下一步客户预警措施，如图 4-39 所示。

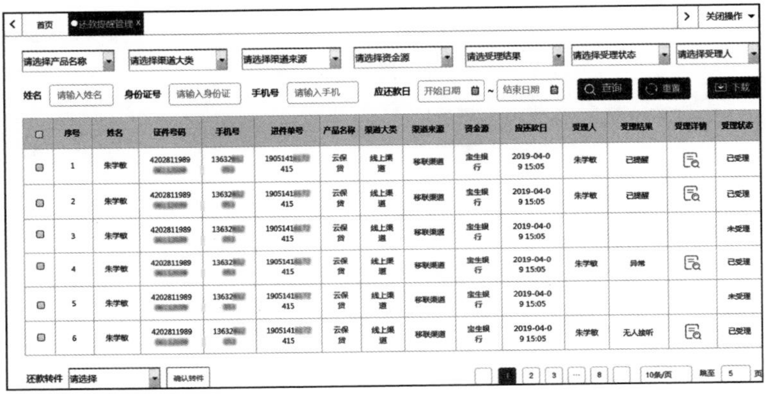

首页
还款提醒管理
关闭操作
请选择产品名称
请选择渠道大类
请选择渠道来源
请选择资金源
请选受理结果
请选择受理状态
请选择受理人
姓名 请输入姓名
身份证号 请输入身份证
手机号 请输入手机
应还款日 开始日期 ~ 结束日期
查询
重置
下载
序号 姓名 证件号码 手机号 进件单号 产品名称 渠道大类 渠道来源 资金源 应还款日 受理人 受理结果 受理详情 受理状态
1 朱学敏 4202811989 13632 1905141 415 云保贷 线上渠道 移联渠道 宝生银行 2019-04-0 9 15:05 朱学敏 已提醒 已受理
2 朱学敏 4202811989 13632 1905141 415 云保贷 线上渠道 移联渠道 宝生银行 2019-04-0 9 15:05 朱学敏 已提醒 已受理
3 朱学敏 4202811989 13632 1905141 415 云保贷 线上渠道 移联渠道 宝生银行 2019-04-0 9 15:05 未受理
4 朱学敏 4202811989 13632 1905141 415 云保贷 线上渠道 移联渠道 宝生银行 2019-04-0 9 15:05 朱学敏 异常 已受理
5 朱学敏 4202811989 13632 1905141 415 云保贷 线上渠道 移联渠道 宝生银行 2019-04-0 9 15:05 未受理
6 朱学敏 4202811989 13632 1905141 415 云保贷 线上渠道 移联渠道 宝生银行 2019-04-0 9 15:05 朱学敏 无人接听 已受理
还款转件 请选择
确认转件
1 2 3 ... 8
10条/页
跳至 5 页
图 4-39 人工提醒还款

4.4.4 智能客户预警

智能客服通过查询客户的实时金融数据，了解用户状态及用户偏好，对金融企业客户风险特征进行标签分类，捕捉一些影响客户还款的风险事件，为客户预警提供客观的决策依据，如图 4-40 所示。

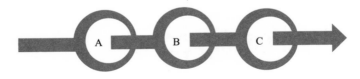

A
B
C
客户查询
对客户信息进行贷后追踪
客户标签
对客群进行分类管理
客户预警
对客户进行一键预警
图 4-40 客户预警流程

传统的贷款预警是基于用户的贷款行为进行分层的，智能预警的关键是对客户进行分层管理。我们可以通过系统自动预警，提取文本特征，解析关键词，按设备 IMEI 信息、失联次数、逾期次数、还款意愿等对客群进行分类管理，自定义客户标签，智能构建客户 AI 画像。基于 NLP 技术，我们可以通过事先设置的模型分析客户意向和意图，及时发现业务风险，提升企业抗风险能力，如图 4-41 所示。

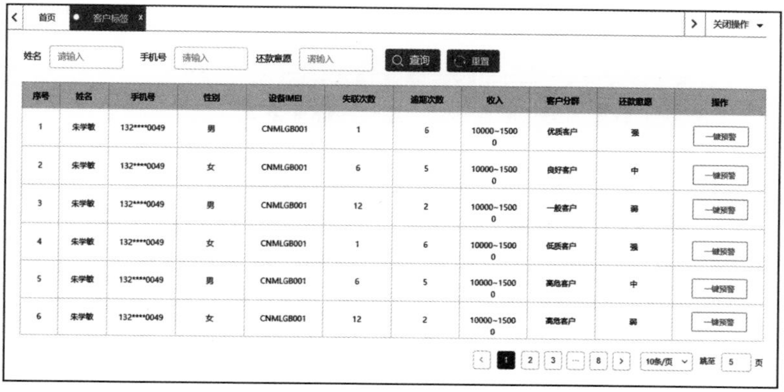

图 4-41　客户标签管理

风控人员可以利用内外部数据、智能分析和风险预警模型，对履约情况差、关联风险高、行为风险多、财务风险大、还款意愿低等的企业主，通过还款提醒、智能催收的方式，进行风险感知和风险预警，如图 4-42 所示。

依托数字技术的发展，智能客服系统已经成为一个集数字化、智能化和线上化于一体的综合金融服务平台，为金融企业开源节流、降本增效，并提升客户服务体验及商机转化。

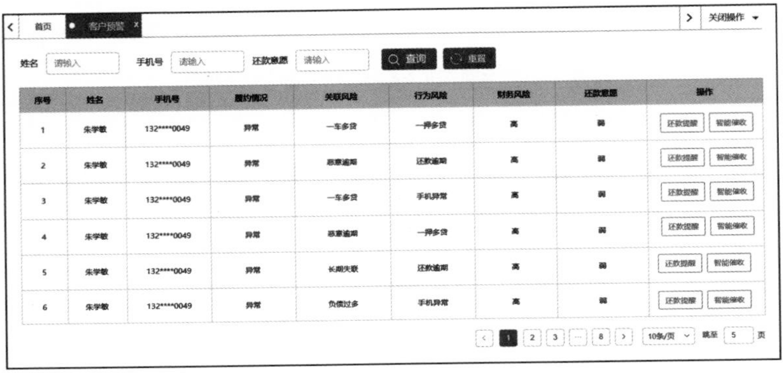

图 4-42　客户预警管理

4.5　新核心业务系统设计

核心业务系统是金融企业在处理最核心的存款、贷款业务过程中，对执行所需的资源进行管理的交易系统。核心业务系统是金融企业的立身之本，成为信贷业务发展的驱动力，有利于信贷业务的降本增效和精细化管理。

随着数字技术的发展，信贷业务的产品与服务逐步线上化、智能化。传统核心业务系统很难满足信贷业务的需求，因此构建新一代核心业务系统成为金融企业数字化转型的必然。新核心业务系统就是要从传统核心业务系统中将账户中心、产品工厂、贷款管理和结算管理等核心业务解耦出来，不再与营销、风控和运维等业务进行耦合，如图 4-43 所示。

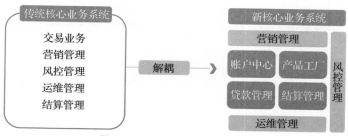

图4-43 核心交易系统解耦

4.5.1 新核心业务梳理

以信贷业务为主的核心系统涉及客户管理、产品工厂、贷前管理、贷中管理、贷后管理、支付路由、资金结算、风控管理等业务。对核心业务系统进行业务梳理，关键是梳理整个系统业务流和信息流，主要包括以下三部分。

1. 业务角色描述

业务角色是对业务中发挥作用的人员的一种抽象。角色表示与系统交互、以实现某种功能的硬件或软件服务。业务角色描述是指描述哪些角色使用此功能，并说明操作该功能的相关权限。

以核心业务系统为例，下面对信贷业务中的审批专员、征审专员、客服专员、财务专员、催收专员等进行角色权限描述，如表4-2所示。角色分配和权限设置要遵循"审贷分离、贷放分控"的原则。

表4-2 新核心系统角色描述（部分）

角色	角色权限描述
审批专员	负责资料审核、补件处理、任务处理、派件处理、电话核查、家访处理等

（续）

角色	角色权限描述
征审专员	负责征信任务处理、征信报告上传、征信报告审核、征信前置、前段征信否决、征信报告查询等
客服专员	负责放款回访处理、放款回访管理、还款提醒处理、还款提醒管理、QA问答、客服绩效统计等
财务专员	负责放款处理、还款处理、退款审核、还款代扣、还款计划查询、流水对账等
催收专员	负责规则管理、催收管理、绩效管理、智能催收、清单查询、贷后管理等

业务角色操纵业务实体对象，以此来实现业务用例。以审批专员用例为例，其主要负责审核借款人资料的真实性，并要求借款人上传相关资料后进行补件处理；按照任务处理要求对借款人进行调查，审核借款人资信条件、资产负债、交易流水等；根据派件处理流程进行全方位的信贷审查、电话核查；必要时上门考察客户经营场所，核实客户真实经营情况及家庭情况。

2. 业务处理描述

业务处理描述指以业务处理过程为中心，描述业务走向，不断澄清一个模糊的概念，最终形成一个清晰的业务需求。在需求分析阶段，我们一般用用例图或流程图描述业务处理过程，以便发现问题和优化功能。我们可在价值链的各个环节描述业务的处理方式。

以贷前审批决策为例，从贷款进件、贷款审批、征信审核、自动决策、评分模型、授信模型、额度试算到申请结果整个决策过程，可以快速发现信贷审批决策过程中存在的问题，从而针对性地提供解决方案和应对策略，如图4-44所示。

3. 业务规则描述

业务规则描述是指对业务定义和约束的描述，用于维持业务结构或控制和影响业务的行为。其详细描述了功能点的需求，包括业务描述、需求描述、操作角色、优先级、功能目标、约束条件等，如表4-3所示。

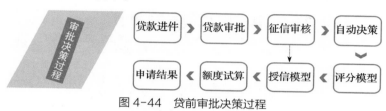

图4-44 贷前审批决策过程

表4-3 贷款业务规则描述

业务描述	<商业目标，用户目的等业务内容>，比如：实现线上数字贷业务
需求描述	<产品需求，需要实现哪些功能点>，比如：完成贷前/贷中/贷后管理
操作角色	<该用例的Actor>，比如：借款人
优先级	<该需求的重要程度>，比如：优先级为P1
功能目标	<该功能的实现情况>，比如：完成贷款申请、下单、放款、还款
前置条件	<Pre-Conditions>，比如：符合贷款申请准入规则、信用评分等级为A
后置条件	<Post-Conditions>，比如：补充纳税数据可以获得更高的授信额度
补充说明	<其他的说明信息>，比如：发放贷款后监控贷款用途、还款情况

业务规则设计的目的是确保规则的业务表现和业务目标相匹配。在新核心业务系统中，业务规则将一些复杂的信贷业务抽象化，以结构化的业务逻辑捕捉策略语句，有效表达业务行为，并改变设计策略。

4.5.2 新核心产品架构

在产品概念化阶段，产品架构图是表达复杂产品设计想法的概念图，有利于将产品从想法过渡到模型，从而更好地表达商业模式、产品形态、设计思路。

以新核心业务系统为例，银行助贷业务涉及的规则引擎、授信模型、评分模型、风控模型等比较复杂，我们可根据贷前、贷中、贷后管理等业务模块梳理整个产品的功能点，按照功能模块的从属关系构建信息化、模块化的产品架构，如图 4-45 所示。

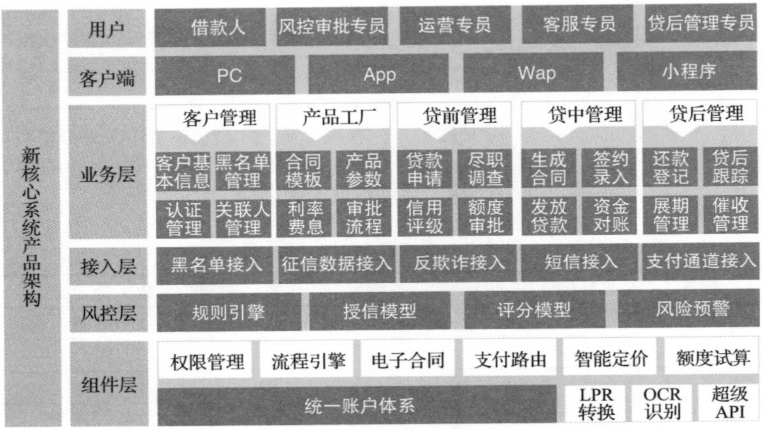

图 4-45 新核心系统产品架构

新核心业务系统产品架构是根据公司战略、商业模式、业务目标、客户需求不断演进的。明确产品架构会方便后续的产品规划和版本迭代，以便产品经理更好地从 0 到 1 再到 N 打磨产品，并提升产品竞争力。

4.5.3 新核心流程设计

业务流程将产品的业务逻辑流程化，描述了与产品应用相关功能执行的次序，以及流转过程中传递的信息，并以可视化的形式表达。而流程设计描述的是完整的业务流程，梳理了功能模块、业务逻辑与使用路径，以动作来推动业务前进，可验证产品的可用性、业务的合理性、数据的有效性。

在新核心业务系统中，流程设计主要涉及贷款进件、进度查询、额度试算、资金路由、借款下单、到期还款、逾期代扣等业务流程，是决定新核心业务系统是否可用、易用的重要因素。

以助贷业务进件为例，我们可从角色和事项两个维度梳理业务，了解整个事件的操作流程。一方面，将业务端分为贷款超市、预审批系统、核心系统等角色，明确各功能点的操作节点及约束条件；另一方面，按贷款申请流程设计主干流程，判断申请人是否符合准入规则，并跑评分模型、授信模型，进行征信核验和额度试算，如图 4-46 所示。

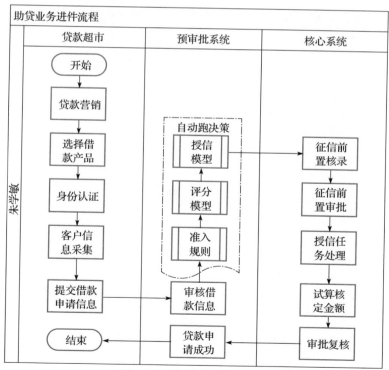

图 4-46 助贷业务进件流程

流程设计是梳理业务逻辑的最好方法之一。金融企业可以根据市场洞察和用户需求有的放矢地调整业务流程，包括设计流程、分析流程和优化流程。

4.5.4 新核心功能模块

新核心业务系统主要为目标客户提供小额贷款、消费金融、银行助贷等金融服务，主要包括会员中心、产品工厂、贷前管理、贷中管理、贷后管理、订单中心、数据中心、风控中心、配置中心、支付中心、营销中心、系统设置等功能模块，如图 4-47 所示。

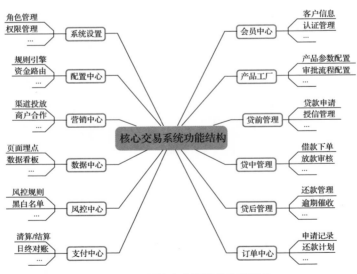

图 4-47 新核心交易系统功能结构

1）会员中心：主要包括客户基本信息、客户分配管理、关联人管理、认证管理、意向客户管理、正式客户管理等功能选项。

2）**产品工厂**：主要包括合同模板配置、贷款材料配置、产品参数配置、利率费息配置、审批流程配置、金额试算规则等功能选项。

3）**贷前管理**：主要包括贷款申请、准入规则、尽职调查、信用评级、授信管理、资料建档、额度审批等功能选项。

4）**贷中管理**：主要包括贷款路由、借款下单、还款计划试算、合同管理、发放贷款、监控信贷资产质量等功能选项。

5）**贷后管理**：主要包括贷后跟踪、费息调整、还款登记、提前还款、逾期还款、展期管理、担保代偿、本息催收、坏账核销等功能选项。

6）**订单中心**：主要包括贷款进件、借款下单、还款计划、逾期案件、充值订单、代付订单、提现订单、资金动账记录、代扣订单等功能选项。

7）**数据中心**：主要包括黑名单接入、征信数据接入、反欺诈接入等功能选项。

8）**风控中心**：主要包括评分模型、授信额度、风险预警、反欺诈系统、黑名单管理、白名单管理、手机号段黑名单等功能选项。

9）**配置中心**：主要包括打款配置、活动配置、AI 客服配置、自动对账配置、推送配置、会员等级、贷款路由等功能选项。

10）**支付中心**：主要包括支付通道、支付方式管理、分账规则、清分结算、提现设置、日终对账、账务系统等功能选项。

11）营销中心：主要包括渠道营销管理、贷款佣金设置、分销订单、卡券设置、邀请好友、活动配置、费息减免等功能选项。

12）系统设置：主要包括账号管理、组织管理、角色管理、权限管理、用户管理、日志管理、菜单管理等功能选项。

功能结构可显示新核心业务系统模块与模块、模块与功能、功能与功能之间的关系，从多维度梳理信贷业务，可实现更细粒度的需求管理。

以新一代核心业务系统作为信贷管理的业务支持，有利于信贷业务的精细化管理，可帮助金融产品经理快速了解信贷业务流程。

4.6 本章小结

本章主要阐述企业融资、小额贷款、智能催收、智能客服、核心业务系统设计和流程设计，包括从贷款申请、授信建额、企业提款、企业还款进行企业融资的全链路设计，从申请进件、初审调查、审批复核、额度授信、借款下单、放款审核、贷中监控、贷后检查、还款管理、逾期催收、到期结清等进行小额贷款的全流程设计。智能催收可高效管理逾期客户，并提升催收效率。智能客服通过客服问答、放款回访、还款提醒、客户预警等方式，提升客户服务体验及商机转化率。新核心业务系统将账户中心、产品工厂、贷款管理和结算管理等核心交易解耦出来，不再与营销、风控和运维等业务进行耦合，有利于信贷业务的精细化管理。

|第 5 章| C H A P T E R 5

金融产品支付体系

　　支付是金融交易中最关键的一个环节，涉及商户入网、聚合支付、通道路由、收单记账、分账结算、日终对账等功能，已经被应用在钱包、收银台、充值、消费、转账、提现、缴费、代扣等业务场景中。金融支付体系汇集了支付渠道、支付功能、支付路由、支付产品、支付网关、支付应用等要素。金融相关的支付体系内容是金融产品经理必备的。

5.1 金融支付的账户体系

支付账户是指获得互联网支付业务许可的支付机构根据客户（个人或企业）的真实意愿开立的，用于记录预付交易资金余额、让客户凭其发起支付指令、反映交易明细的电子簿记。账户体系是支付账户必须有的体系。

支付账户是交易的基础，金融交易更是如此。金融业务交易过程中涉及的商户入网、聚合支付、通道路由、收单记账、分账结算、日终对账等金融服务都是以账户体系为载体的。

做金融支付绕不开账户体系。账户体系是支付系统必备的基础体系。对于第三方支付来说，账户体系是非常重要的，记录着整个金融支付中信息流和资金流的变动过程。

5.1.1 账户系统

账户系统是金融支付中最基础，也是最重要的部分。大部分金融业务都是围绕账户展开的，而账户系统是为了满足金融业务而建立的。我们可以基于账户主体、账户余额、账户流水、账户交易去构建账户系统，如图 5-1 所示。

- ❑ **账户主体**：指完成注册开户和资料认证的个人账户、商户账户、渠道账户，会记录该账户类型对应的特征属性，即账户基础信息。

- ❑ **账户余额**：指个人和商户（企业）交易中借、贷发生额合计数相抵后的差额，即在银行开立账户的支配金额，也就是账户可用金额。

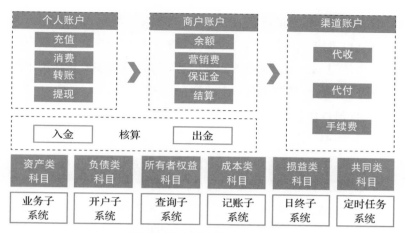

图 5-1　支付账户系统架构

❑ **账户流水**：指某账户所发生的入金、出金业务的交易流
水账，即资金流向明细。

❑ **账户交易**：以某一类资金交易为对象，在存款账户、交易账
户、结算账户之间资金的代收和代付，即资金清算/结算。

账户系统的基础是入金和出金的核算，即核算资产、负债、
所有者权益、成本、损益等往来资金。账户系统的核心是代收和
代付的核算，即对个人、企业、支付机构、商业银行之间跨系统
资金的划拨和结算。一般的金融支付类账户系统包括业务子系
统、开户子系统、查询子系统、记账子系统、日终子系统、定时
任务调度系统等。

5.1.2　账户信息

账户信息为个人或商户建立了资金防火墙，有效地保护了用

户资金安全和信息准确。

支付机构一般会根据金融业务需要，构建一套自己的账户体系，以便记录个人或企业的账户信息。账户信息主要包括用户信息、商户信息、结算信息、余额信息。

- ❑ **用户信息**：包括个人姓名、证件类型、证件号码、职业类型、联系地址、联系号码、工作单位、收入明细、婚姻状况、电子邮箱、位置信息、IP 地址、Mac 地址等。
- ❑ **商户信息**：包括商户类型、经营地址、业务分类、资质证书、营业面积、公司规模、ICP 备案号、网站网址、营业执照、开户许可证、股权占比、注册资金等。
- ❑ **结算信息**：包括开户银行、支行名称、开户名称、开户账号、支行行号、交易类型、交易时间、会计科目、订单编号、清算方式、提现金额、提现费率等。
- ❑ **余额信息**：包括昨日余额、当前余额、可用余额、冻结金额、在途金额、保证金、日终余额、币种类型等。

充值、消费、转账、提现、结算环节会产生与当前账户相关的信息流数据。建立账户信息的根本目的是在支付交易中隔离资金风险，保证账户信息安全。

5.1.3　账户类型

支付账户是处理用户、平台、支付机构、银行之间业务交易的基础和纽带。根据业务需要，我们可以设置多种账户，一般是根据支付业务的服务对象，将支付账户分为 3 类：个人支付账户、商户账户和渠道账户。

1. 以订单交易为主的个人账户

个人账户是自然人凭个人身份证件在支付机构、商业银行开立的办理个人转账收款或现金存取的结算账户。个人账户主要包括个人支付账户和个人银行账户。

根据个人支付账户的用途，我们可将其分为以下 3 类。

- ❑ **Ⅰ类支付账户**：适用于小额、临时支付的消费和转账，以非面对面方式，通过至少 1 个外部渠道验证身份，余额付款限额为累计 1000 元。

- ❑ **Ⅱ类支付账户**：适用于消费、转账，以面对面或非面对面方式，通过至少 3 个外部渠道验证身份，余额付款限额为年累计 10 万元。

- ❑ **Ⅲ类支付账户**：适用于消费、转账、投资理财，以面对面或非面对面方式，通过至少 5 个外部渠道验证身份，余额付款限额为年累计 20 万元。

根据个人银行账户的用途，我们可将其分为以下 3 类。

- ❑ **Ⅰ类银行账户**：属于全功能的银行结算账户，用于存款、取现、购买理财、转账、缴费等交易，可通过柜面、远程视频柜员机和智能柜员机等自助机开立，但必须本人去银行柜面办理，且同一个用户在一家银行只能办一个Ⅰ类户，不限制交易金额。

- ❑ **Ⅱ类银行账户**：满足直销银行、网上理财产品等支付需求，可通过自助机具、网上银行和手机银行等电子渠道开立，可以办理存款，但只能向绑定的账户转账，不限制账户数量，单日限额 1 万元，年累计限额 20 万元。

- ❑ **Ⅲ类银行账户**：适用于限定金额的日常消费、缴费支付，可通过自助机具、网上银行和手机银行等电子渠道开立，可开通闪付、免密等服务，账户余额不得超过 2000 元，年累计限额 5 万元。

2. 以订单结算为主的商户账户

商户账户是法人根据公司业务需求而开立的支付账户。商户账户分为支付虚拟账户和银行结算账户。

以支付机构为受理对象的虚拟账户按照用途可分为以下 5 类。

- ❑ **虚拟子账户**：三方支付开通的用于日常交易、结算的账户，必须配合主账户开立，统一预留主账户印鉴。开立多个虚拟子账户后，平台方可以使用虚拟子账户自定义账号进行收付款。

- ❑ **营销账户**：为统计企业日常经营活动中的流量或利益而设定的结算账号，根据商户的营销活动去代扣服务费或交易返佣。

- ❑ **手续费账户**：用于在账户开立、充值收单、充值代付、消费代收、消费代付、结算提现等交易环节收取通道手续费。

- ❑ **退款账户**：用于处理交易过程中因物品不符、重复下单、质量问题等而发生的退款申请。商户同意退款申请后，会从退款账户将资金原路退回到个人账户。

以商业银行为受理对象的结算账户按照用途可分为以下 4 类。

- ❑ **基本账户**：存款人因办理日常转账结算和现金收付而开立的银行结算账户。

- ❑ **一般账户**：存款人因借款或其他结算需要，在基本存款账户开户行以外的银行营业机构开立的结算账户。

❑ **临时账户**：存款人按照法律、行政法规和规章，对其特定
用途的资金进行专项管理和使用而开立的银行结算账户。

❑ **专用账户**：存款人因临时需要并在规定期限内使用而开
立的银行结算账户。

3. 以代收/代付为主的渠道账户

渠道账户是支付机构为了方便核算内部资金往来或清分数
据而开设的内部账户。内部账户一般是接入新渠道或开展新业务
时，为了满足内部核算的需求，由内部人员开设的，对商户和个
人用户不可见。

根据聚合支付业务场景，渠道账户可以分为以下 3 类。

❑ **资金托管账户**：指托管人开立的、专门用于所托管的企业年
金基金因投资运作而发生的资金清算交收的专用存款账户。

❑ **备付金账户**：用于处理二级商户发起的代收、代付业务。
对资金有时效性要求的客户会涉及 D0 垫资结算，所以需
要商户提前存放结算备付金。

❑ **临时过渡户**：交易（或分账）未确认前的过渡户，确认后
账户余额自动调整到各分账账户中。

根据经营情况或业务需求，金融企业会增设会计账户。一类
是以网贷账户、消费信贷账户、商户托管账户、红包账户、卡券
账户为主的内部账户，另一类是以他行账户、三方支付账户、互
联网账户、基金账户、存货贷款账户、信用卡账户、信托账户为
主的外部账户。在特定的业务场景中正确使用账户，对账户进行
合理的归类或管理，有利于我们深入了解账户体系中各个账户之
间的关联逻辑。

5.1.4 会计科目

设置会计科目是为了对会计对象的具体内容加以科学归类，是进行分类核算与监督的一种方法。

账户是根据资产、负债、所有者权益、利润、费用、收入等会计科目设置的。按照会计科目的特点和经济管理要求，会计科目可以分为以下 6 类。

- ❑ **资产类科目**：是指用于核算资产增减变化，提供资产类项目会计信息的科目。资产类科目包括银行存款、库存现金、库存商品、应收账款、应收票据、应收利息、固定资产、持有到期投资等。

- ❑ **负债类科目**：是指用于核算负债增减变化，提供负债类项目会计信息的科目。负债类科目包括短期借款、应付票据、应付账款、应交税费、应付债券、应付工资、长期借款等。

- ❑ **所有者权益科目**：是指用于核算所有者权益增减变化，提供所有者权益相关的会计信息的科目。所有者权益科目包括实收资本（或股本）、资本公积、盈余公积、本年利润和利润分配等。

- ❑ **成本类科目**：是指用于核算成本发生和归集情况，提供成本相关的会计信息的科目。成本类科目包括生产成本、制造费用和劳务成本等。

- ❑ **损益类科目**：是指用于核算收入、费用的发生或归集情况，提供一定期间损益相关的会计信息的科目。损益类科目包括主营业务收入、投资收益、营业外收入、补贴收入、主营业务成本、营业税金及附加、销售费用、管理费用、财务费用、营业外支出、所得税等。

❑ **共同类科目**：是指既有资产性质，又有负债性质，这样有共性的科目。共同类科目包括清算资金往来、货币兑换、衍生工具、套期工具、被套期项目等。

金融业务发生会引起会计要素的增减变化。为了准确记录每项金融业务引起的会计要素中个别账户的数量变动，对会计要素所包括的具体内容进行科学的分类，并按会计科目所规范的内容设置账户，如图 5-2 所示。

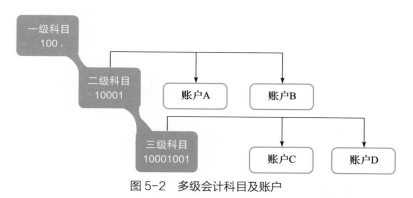

图5-2　多级会计科目及账户

5.1.5　记账处理

金融业务会涉及资金变动，因此金融企业在资金处理过程中要对入金、出金进行记账。记账处理就是定期将个人或企业发生的金融业务运用一定的记账方法，在账簿上记录并形成由各种会计科目汇总的凭证，一定程度上可以反映金融业务的经营结果。

以金融支付为主的账户体系一般采用联机记账，即对客户账户订单交易、资金变动实时记账，对涉及内部统计报表、日终对账的可以定时记账。记账处理主要有以下两种方式。

❑ **单式记账法**：一种简单、不完整的记账方法，对每一项金融业务只在一个账户中登记，可反映金融业务的一个方面。

❑ **复式记账法**：对发生的每一项金融业务都以借、贷平衡的金额，在相互联系的两个及以上的账户中进行记录。

金融业务一般采用复式记账法。在支付账户设计中，借、贷两个方向均需根据会计主体去记账，即在记账处理过程中，以借、贷作为记账符号，每笔交易的结果至少被记录在一个借方和一个贷方账户中，且该笔交易的借、贷双方总额相等。

比如用户在证券公司开通基金账户花了 50 元手续费，然后将持有基金卖出获得 38 000 元收益，按照复式记账方法在借、贷两方的资产类账户中进行记账，以便合理展示金融业务增减变化情况，如图 5-3 所示。

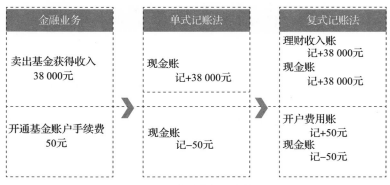

图 5-3　金融业务记账处理

5.1.6 账务核算

账户是为了满足金融业务的财务核算而建立的。财务核算是金融支付业务交易过程中的重要内容。财务核算是根据审核后的原始凭证，运用会计科目、填制记账凭证、登记会计账簿，以货币为计算尺度，连续、系统、全面地计算各核算单位或核算项目的经济活动的过程。

对于三方支付来说，个人用户、商户、支付渠道之间每天都会有很多代收、代付交易，所以需要把账目算清楚。从支付机构的角度来看，账务核算主要是完成入金、出金的收单记账、分账结算、日终对账。

❑ **收单记账**：用户通过聚合支付进行充值、消费等的资金，通过支付机构收单到备付金账户，即将用户资金代收到中间账户，且每一笔交易都要做详细的记录。

❑ **分账结算**：根据分账规则触发自动分账，即将实付资金从支付机构的备付金账户分账到商户子账号（信息流）。然后，系统按照设定好的定时结算规则，将钱款自动结算给商户，即将虚拟账户上的余额提现到对公账户（资金流）。

❑ **日终对账**：在支付渠道侧进行资金交易对账，在业务平台进行订单交易对账，明确在某一个结算周期内同步双方交易单据状态，由业务产生结果的债权、债务关系形成清偿约定。

其实，对账就是核对内外部账目的处理流程，即内部对账侧在一个指定的核算周期内，保证余额和流水一致；外部对账侧保证账户操作的流水和外部系统相关依赖流水一致。

以账户余额为例，为了满足商户账户（资金账户、结算账户和营销账户）的金融业务需要，我们会设计多个金额属性，比如账户总额、可用金额、在途金额、冻结金额、固定保证金等，如表 5-1 所示。

表 5-1　金额属性

账户类型	商户 ID	账户总额（元）	可用金额（元）	在途金额（元）	冻结金额（元）	固定保证金（元）
资金账户	Z██001	76 000	18 000	3 000	5 000	50 000
结算账户	Z██002	130 000	120 000	1 000	9 000	0
营销账户	Z██003	10 000	9 000	1 000	0	0

由于账户余额是实时变化的，因此要记录账户明细。我们可按照账务核算流程下载渠道对账单、核对本地交易记录、对比交易流水号，以确保余额和流水对账一致，如表 5-2 所示。

表 5-2　账户明细对账（资金账户）

对账时间	商户订单号	账务类型	收入（元）	支出（元）	账户余额（元）	对账结果
2021-08-30 18:52:16	Hcwk1001	商户提现	—	10 000	85.01	有差异
2021-08-30 17:41:26	Hcwk1002	提现 – 手续费	—	10.00	10 085.00	无差异
2021-08-30 17:41:26	Hcwk1003	技术服务	10 000	—	10 086.00	无差异

5.1.7　账户管理

账户管理是金融支付业务中十分重要的环节。支付机构或银行的账户管理涉及开户、签约、销户、解约、支付、冻结、撤销、退款、预授权、核验、查账、对账、同步、异步等，因此其需建立一个事前预警、事中监控、事后控制的全生命周期账户管理机制。

在账户管理中，支付机构或银行可以大数据、机器语言、OCR、RPA等多种技术为抓手，利用身份认证、设备指纹、虹膜识别、人脸识别、语音校验等手段，核验个人或商户信息及交易的真实性、合法性，以便有效保护资金安全、切实防范账户风险。

账户体系是为金融支付的充值、消费、提现、转账、代扣等场景而服务的。因此，在确保用户资金安全、满足监管合规要求的前提下，设计一个符合当前使用场景的账户体系，有利于我们后续开展金融业务相关活动。

5.2　聚合支付路由系统设计

支付路由是金融交易中尤为重要的一个环节，已经被应用在充值、消费、提现、转账、代扣、代收、代付等交易场景中。但是，随着金融业务的激增，为了更好地提升用户支付体验，提高支付服务质量，并降低平台运营成本，金融企业往往会对接多个支付渠道。能否快速选择合适的支付渠道，是金融企业最关心的问题。

金融业务系统一般会聚合多家支付渠道，以便充分利用渠道资源来提升综合服务能力。这主要表现为：一方面在支付机构侧尽可能地减少通道费用，另一方面在商业银行侧获得营销费用。

在钱包、收银台、充值、转账、提现、缴费、代扣等业务场景中，支付渠道提供了签约、认证、支付、撤销、退款、对账等功能。我们可把支付渠道的快捷支付、网银支付、虚拟支付、账户支付等方式进行封装，这样所有业务系统都可通过支付路由调用合适的支付渠道，从而形成聚合支付业务架构，如图5-4所示。

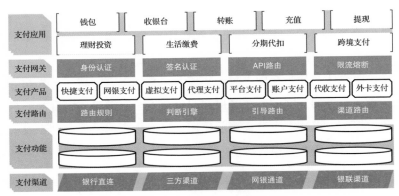

图 5-4　聚合支付业务架构

5.2.1　路由引导

为了满足金融业务的发展需求，企业往往会对接多个支付渠道，利用支付渠道资源来达到通道最优、渠道最稳定、费用最少的目的。用户在交易平台进行聚合支付时，会通过收银台展示不同支付渠道的支付方式。我们可以基于渠道稳定性、通达服务费、到账时效性、支付成功率等因素，控制支付方式的展示或优先级排序，并通过营销活动引导路由。

比如在钱包充值过程中，聚合支付平台调用收银台时，支付路由系统会基于用户提交的充值金额、银行卡号、手机号、商户信息等支付请求，在收银台展示微信、支付宝、云闪付、银行代扣等支付方式。用户选择支付方式并提交支付后，支付路由系统会调用支付系统并发起支付指令，然后根据定价策略判断引擎路由支付渠道，以便节省通道费用。

5.2.2 路由规则

支付路由是支付系统的核心功能模块，其设计重点是如何根据路由规则设计支付路由。支付路由会综合考虑用户侧、商户侧、渠道侧的各种因素，以便为用户提供最合适的支付渠道。

- **用户侧**：交易金额（单笔、阶梯价）、交易时间（工作日、自然日）、交易类型（开户、充值、转账、提现、代扣）、支付方式（微信支付、支付宝支付、云闪付支付、银行代扣）、支持交易银行、卡类型（借记卡、贷记卡、存折）。

- **商户侧**：商户所属行业、商户所属城市（业务开办地区）、账户类型（个人、对公）、支持结算银行、到账实效性（D0、T+1）、结算手续费、开户成功率、交易掉单率、累计交易总额、单笔交易金额。

- **渠道侧**：渠道服务质量、渠道费率（单笔、阶梯价）、渠道限额（单笔、单日）、渠道类型（移动支付、在线支付、B2B支付、免密支付）、资金头寸、渠道信息、到账时效、营销费用（达标条件、优惠费率、补贴金额、活动时间）。

比如把支付渠道的交易限额、卡类型、到账时效性等路由规则，量化为路由条件并进行权重评分判断，然后根据路由评分进行支付渠道的优先级调整，接着从中筛选出有且只有一条的最优支付渠道，如图 5-5 所示。

图 5-5　支付路由规则评分

5.2.3　路由引擎

我们可基于路由规则构建路由引擎。路由引擎主要包括路由规则表、路由规则集、路由规则树。

1. 路由规则表

路由规则表是以表格形式将路由规则抽象化。支付路由系统将充值金额、到账时效性、银行卡类型等变量（见表 5-3）作为判断引擎的条件，然后根据用户提交的支付信息匹配规则表中一个或多个路由规则，以便快速做出决策。

表 5-3　银行路由规则表

充值金额	到账时效性	银行卡类型	收银台输出
$X \leqslant 10\,000$ 元	D+0	借记卡	交通银行
	T+1	贷记卡	中国银行
$10\,000$ 元 $< X < 20\,000$ 元	D+0	借记卡	交通银行
	T+1	贷记卡	中国银行
$20\,000$ 元 $\leqslant X \leqslant 50\,000$ 元	D+0	借记卡	农业银行
	T+1	贷记卡	添加银行卡
$X > 50\,000$ 元	D+0	借记卡	农业银行
	T+1	贷记卡	添加银行卡

2. 路由规则集

　　路由规则集是支付路由中使用频率最高的一种判断引擎的实现方式。我们可利用规则引擎设计器将交易限额、到账时效性和银行卡类型等路由规则最大限度地可视化。在路由规则集中，当条件满足时，路由系统自动执行路由动作，并为用户推荐支付渠道，如图 5-6 所示。

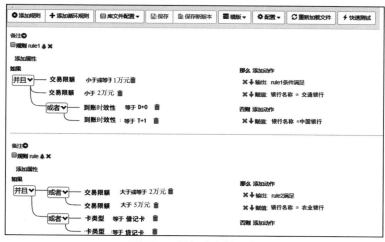

图 5-6　银行路由规则集

3. 路由规则树

路由决策树是判断引擎中提供的另一种构建路由规则的方式，可把路由规则定义用到的所有条件节点都以树的形式表现出来。路由规则树对于充值金额的判断逻辑很简单，只筛选目前可用的支付渠道即可，如图 5-7 所示。

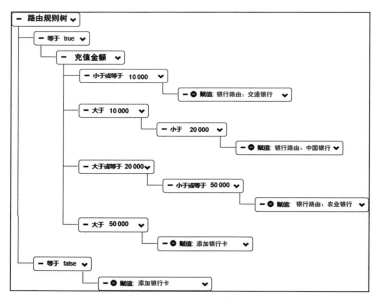

图 5-7　银行路由规则树

5.2.4　路由渠道

对接多个支付产品并给用户推荐最优的支付渠道，对于平台而言可在确保系统稳定的前提下降低通道费用，对于用户而言可在确保支付体验的前提下减少通道选择。因此，系统稳定性好、通道费用低、支付体验好是支付路由选择支付渠道的最关键因素。

以华创微课的银行路由为例，当前其聚合了中国银行、交通银行、农业银行等支付渠道，并根据模式分类、黑名单过滤、白名单过滤、路由模板（主要包括渠道服务质量、渠道限额、渠道费率、到账时效性、营销费用、开户成功率、交易掉单率等）来确定银行路由状态、路由比例、优先级排序，如图 5-8 所示。

操作	银行名称	路由比例	路由状态	模式分类	黑名单过滤	白名单过滤	路由模板	优先级排序	操作人	操作时间
编辑路由	中国银行	30%	开启	先充值后开户	手机号段	商户名单	模板1, 模板2	2	朱学敏	2020-05-2 7 17:20:14
编辑路由	交通银行	60%	开启	先充值后开户	IP地址	用户名单	模板2, 模板3	1	朱学敏	2020-05-2 7 17:20:14
编辑路由	农业银行	10%	开启	先开户后充值	手机号段	区域名单	模板5	3	朱学敏	2020-05-2 7 17:20:14
编辑路由	平安银行	0	禁用	先开户后充值	手机号段	商户名单	模板5	4	朱学敏	2020-05-2 7 17:20:14

图 5-8　银行路由配置

通过银行路由配置后，中国银行 A、交通银行 B、农业银行 C 的路由比例为 30%∶60%∶10%，假设通过渠道 A 路由并完成充值的用户数为 200，通过渠道 B 路由并完成充值的用户数为 250，通过渠道 C 路由并完成充值的用户数为 50，若业务系统再来一批（单个或若干）充值新用户，将会优先分配给哪个渠道？

渠道 A 的当前负荷为：$30 \div (30 + 60 + 10) - 200 \div (200 + 250 + 50) = 0.3 - 0.4 = -0.1$（繁忙状态）

渠道 B 的当前负荷为：$60 \div (30 + 60 + 10) - 250 \div (200 + 250 + 50) = 0.6 - 0.5 = 0.1$（空闲）

渠道 C 的当前负荷为：$10 \div (30 + 60 + 10) - 50 \div (200 + 250 +$

50) = 0.1 – 0.1 = 0（正常）

由于支付路由是将计算结果正负取值量化为状态，且与支付渠道的处理效率有关，因此以上述状态类推，新用户将会被分配给渠道 B。

在华创微课钱包充值过程中，用户选择充值面额、充值方式，提交订单并支付后完成充值。其实，在收银台选择充值方式环节，支付系统会根据路由规则调整银行渠道的排序，并默认为用户提供一个最优的银行渠道——交通银行，以此来保证支付成功率，同时降低通道费用，如图 5-9 所示。

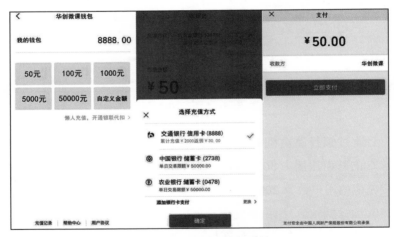

图 5-9　华创微课钱包充值

用户提交充值订单并支付后，就需要支付系统执行银行代扣。银行代扣主要包括银行直连、三方渠道、网银通道、银联等支付渠道。为了提高充值成功率，降低通道费用，支付路由一般会选择银行直连渠道进行代扣，如图 5-10 所示。

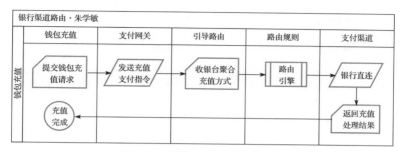

图 5-10　银行渠道路由业务流程

5.2.5　路由熔断

当支付系统中的某些服务发生故障，或支付渠道中的某条网关紧急关闭时，支付通道将无法继续提供支付服务，甚至整个支付系统将崩溃，所以我们要合理利用路由熔断机制降低系统风险并防止服务宕机。

比如互联网黑客通过机器人伪造虚拟手机号段进行大批量的开户，当手机号段命中支付风控规则的熔断条件时，支付系统触发自动熔断机制，采取暂停交易措施，自动熔断命中手机号段的所有流量。

此外，因监管政策调整、金融业务受限、支付系统维护等因素，支付渠道关闭的时候可以自由轮询并平稳切换到另一个支付渠道。

以银行路由熔断为例，我们将渠道服务质量、渠道费率、渠道限额、营销费用、交易掉单率、开户成功率、数据错误率、到账时效性等路由规则作为判断引擎，在状态轮询过程中，路由系统发现银行渠道的交易掉单率、数据错误率较高，触碰路由熔断机制，业务系统自动暂停或关闭当前银行渠道，并切换到另一个银行渠道，如图 5-11 所示。

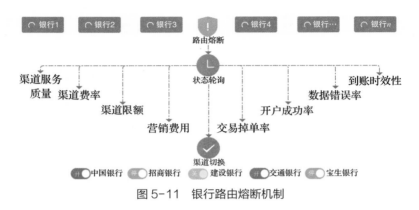

图 5-11　银行路由熔断机制

在聚合支付中设置路由熔断机制，可以解决支付网关路由异常的问题，增强路由系统的容错率，并自由切换支付渠道。

综上所述，路由熔断的根本目的是在支付渠道出问题的时候保证用户可以正常使用签约、认证、支付、撤销、退款、对账、代扣等支付功能，保证线上线下支付体验的一致性。

5.3　聚合支付的收银台设计

为了满足理财产品在不同使用场景、不同客户群体的充值入金、消费出金、收单记账、分账结算等支付需求，金融企业往往会对接多家支付通道实现聚合支付。聚合支付的核心功能之一是收银台，它可以帮助金融企业解决体外支付问题，且不用对接多个支付机构或商业银行。

收银台包括支付通道、支付方式和支付网关，通过路由支

付通道的不同支付方式，实现支付网关的聚合支付。比如用户在
App、H5、PC、小程序和 API 等业务端购买理财产品后，通过
路由支付通道的收银台来聚合微信、支付宝、云闪付、银行卡等
支付方式，然后支付网关基于用户自主选择的支付方式进行消费
支付和收款结算等，如图 5-12 所示。

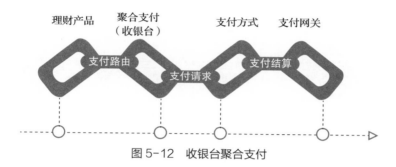

图 5-12　收银台聚合支付

随着金融企业多产品线发展，收银台面向平台用户、商家客
户、特约商户提供了不同的支付方式，比如 App 收银台、H5 收
银台、PC 收银台、小程序收银台、API 收银台和硬件收银台等，
可满足多角色、多场景的支付需求。

5.3.1　收银台支付流程

从角色和事项两个维度梳理收银台的业务逻辑，并将收银台
的信息流和资金流流程化，可帮助我们快速了解整个收银台的支
付流程，如图 5-13 所示。

1. 收银台信息流

收银台信息流的业务角色包括用户、理财平台、支付通道和

收银台等，功能属性包括选择理财产品、输入购买金额、选择支付方式、输入支付密码。我们还可按操作流程抽象地描述业务执行的次序，以及流转过程中传递的支付信息。

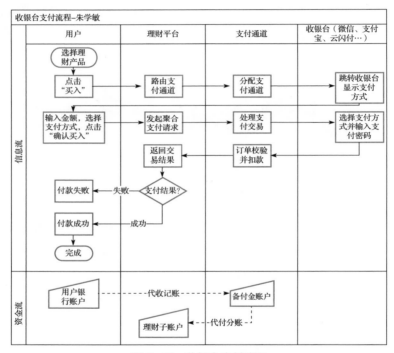

图 5-13　收银台支付流程

2. 收银台资金流

用户购买理财产品并支付成功后，支付系统会将银行账户资金代收到特约商户备付金账户，再根据分账指令，批量代付到分账接收方的理财子账户。

在业务端，用户在理财产品页操作购买，在收银台页输入购买金额和支付方式，在订单支付页输入支付密码，获得订单支付结果。在服务端，系统根据路由规则调用支付通道，收银台反显支付方式，检验订单提交参数，并将支付处理结果返给用户。

5.3.2　收银台功能设计

用户侧的充值入金、消费出金以及商家侧的收单代付、分账结算，都需要借助收银台进行订单支付。收银台最核心的 3 个功能是支付通道、支付方式和支付网关。

1. 收银台的支付通道设计

根据路由规则匹配可用的支付通道，比如通联支付、首信易支付、银盛支付、宝付支付、拉卡拉支付等，一般支付路由是按业务中台系统设计的路由比例选择支付通道，也可以优先选择默认的支付通道。

支付通道的选择对理财平台来说至关重要，因为我们一般会考虑通道支付的手续费、垫资结算的手续费、支付系统的稳定性、资金账户所限额度、通道对接改造程度等。根据业务发展需要，理财平台一般至少会对接两家支付通道，以便在当前通道关闭或崩溃时，随时自动切换到其他支付通道。

2. 收银台的支付方式选择

我们可通过支付通道聚合主流的支付方式，比如微信支付、支付宝支付、云闪付、银行卡支付、账户支付等。用户绑定支付账户 openid 后，系统默认选择用户最近一次购买理财产品时所使用的支付方式。

支付方式的选择是为了更好地满足不同用户群体的个性化需求，所以收银台会全量聚合支付方式。我们只需在业务中台系统配置可用的支付方式的业务贡献策略、优先排序策略、通道开关策略即可。

3. 收银台的支付网关处理

依托支付网关，我们可整合不同的资金交易业务，比如付款、收款、支付转账、账户余额、账户充值、账户提现、银行退款、银行对账、清分核算等。

支付网关整合不同银行或支付机构的支付通道接口，调用支付通道接口完成签约、支付、代扣、分账、结算、退款等操作，避免了支付通道之间资金交易的差异，如图 5-14 所示。

图 5-14　支付网关资金交易业务

理财平台用户选择支付方式，业务中台系统路由支付通道，收银台聚合多种支付方式，支付网关系统上送支付订单，其实都是基于收银台进行订单相关支付业务。在支付系统中，我们只需根据理财用户、平台商户、聚合收银台、支付渠道等业务角色，设计收银台的相关支付功能。

5.3.3 收银台支付案例

任何涉及线上资金交易的场景都离不开收银台，比如账户转账、红包返现、消费付款、钱包充值、生活缴费和投资理财等。以投资理财为例，买入或卖出等支付环节都离不开收银台。用户购买理财产品的支付流程如图 5-15 所示。

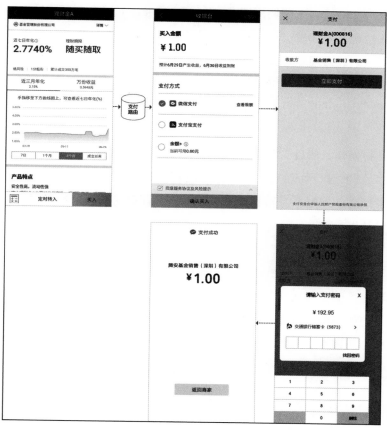

图 5-15 理财产品购买页面流程

1）用户在理财产品的详情页点击"买入"按钮后，系统根据支付路由规则分配支付机构，并显示支付机构聚合的支付方式。

2）用户在收银台页面输入买入金额并选择支付方式后，点击"确认买入"按钮时，系统首次会调用会员绑定支付账户接口，上送操作类型、支付账户类型、支付账户用户标识等信息，支付机构返回绑定微信、支付宝等平台的用户openid。绑定支付账户成功后，系统调用消费出金接口请求，上送商户订单号、购买金额、手续费、支付方式、商品类型、交易验证方式、订单过期时间、访问终端类型等信息至支付机构。

3）用户在支付页面，点击"立即支付"按钮唤起收银台（微信、支付宝等）的聚合支付。

4）用户选择扣款方式、输入支付密码并校验成功之后执行支付操作，然后支付机构提交订单给银联或网银处理。

5）银行处理支付订单并返回处理结果，收银台接收支付结果信息，理财平台落地订单处理（更新订单状态）并通知用户支付结果。

在理财业务端，收银台是关键的支付环节，解决了不同客户群体的不同支付方式的需求，也统一了不同商户的不同支付产品界面。但要想从0到1设计一个收银台，我们必须深入了解支付系统的签约、认证、支付、收单、分账、结算、对账、退款等业务，从根本上提升收银台的支付效率。

5.4　金融支付的清分体系

清分以订单交易为核心，是指对平台多级商户的订单金额的清分。清分的本质是订单交易后资金的再分配，即对交易资金进行二次结算。用户支付成功后，支付机构会进行收单记账，然后根据金融平台设置的清分规则进行金融平台、合作商户、个人用户之间的资金分配。由于清分是在支付机构内完成，因此清分过程不涉及资金结算，更多是从业务数据角度将订单资金拆分给不同清分对象。

5.4.1　清分场景

目前，清分已经被应用在企业融资、小额贷款、消费金融、电商零售、医疗美容、航空旅游、餐饮外卖、酒店预订、房屋中介、商场采购、智慧停车、园区缴费、物流快递、数字娱乐、员工发薪、油站加油、游戏充币等业务场景。

以企业融资为例，金融平台为有流动资金需求的企业提供融资服务，即企业填写贷款申请的基本信息，金融平台以助贷的形式帮助企业在商业银行完成二级商户入网和签约，并在预审批系统跑决策和授信模型；企业获得授信额度后，通过金融平台操作借款申请，并在线签订信贷合同；借款将被发放到企业在金融平台开立的虚拟账户；企业通过提现的方式将贷款提到对公账户；金融平台对企业收取融资服务费、提现手续费，然后根据"分润模式"将资金分配到清分对象的虚拟子账户。

面对交易规模较大、交易金额较小、交易频率较高的金融支付业务，很多未持有支付牌照的金融平台也从清分业务中获得收益。这时，金融平台面临两大风险：资金池风险和二次清分风险。

随着银行监管力度加大，对金融平台的多商户清分提出更高的要求——必须通过支付机构进行清分，规避二清问题，拥抱合规，并要求平台和商户资金隔离。

因此，在金融业务中进行清分时，我们必须确保清分的业务场景合规，且资金交易是在支付机构内完成的。

5.4.2 清分逻辑

清分是一个订单金额核对的过程。金融业务一般会有多个利益关联方，所以每一笔支付都要进行清分，算清楚每个清分对象的资金分配情况，即在充值、代付、聚合支付、代收、记账、清分等过程中，明确给谁清分，什么时间清分，怎么清分，清分多少，如图 5-16 所示。

1）**账户充值**：用户通过金融平台快捷充值 100 元后，资金会冻结在支付机构在银行开立的备付金账户。

2）**充值代付**：支付机构在充值金额基础上扣除手续费 0.5 元后，代付到用户在银行开立的账户。

3）**聚合支付**：用户在金融平台消费 100 元，通过收银台（微信、支付宝、云闪付等）进行支付，并向特约商户发起付款 100 元。

4）**代收记账**：支付机构在付款成功后的消费资金中扣除通道费 0.65 元后，将其作为待清分资金，并记录代收明细。

5）**清分指令**：支付机构根据清分规则发起清分指令，并记录合作商户、代理中介、金融平台的清分明细。

6）**多级清分**：支付机构将所有待清分资金代付到平台账户、合作商户等清分接收方，并记录代付明细。

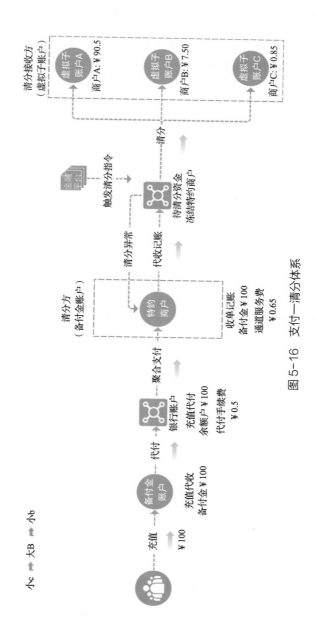

图5-16　支付—清分体系

7）清分异常：清分异常的金额会返回至特约商户账户下，以便下次清分时处理。

5.4.3 清分流程

清分是在用户侧 – 平台侧 – 商户侧完成业务订单的资金分配，即支付成功后触发自动清分，将订单资金从清分方（特约商户）单笔或批量代付到清分接收方（商户虚拟账户）。

在清分信息流部分，金融平台设定好清分规则，并上送清分规则到支付机构的分账系统；用户完成支付后，平台侧调用清分接口实时触发清分指令；支付机构扣除收单通道费后，按照指令进行清分，将特约商户的冻结金额分配到二级商户的虚拟账户中，并返回清分结果给金融平台，以便更新清分账单，如图 5-17 所示。

5.4.4 清分对象

对每笔订单金额进行清分时，我们可单次或多次清分给清分对象，这需要明确每个清分对象的资金清分情况。因此，对订单交易进行清分时，我们需要给特约商户的二级商户创建清分对象。

❑ 清分发起方：即发起清分的一方，一般指一级（签约）商户，如金融交易平台、金融服务提供商等。

❑ 清分执行方：即执行清分的一方，一般指特约商户，如支付机构、商业银行等。

❑ 清分接受方：即接受清分的一方，一般指二级（合作）商户，如上游企业、合作商家或个人用户等。

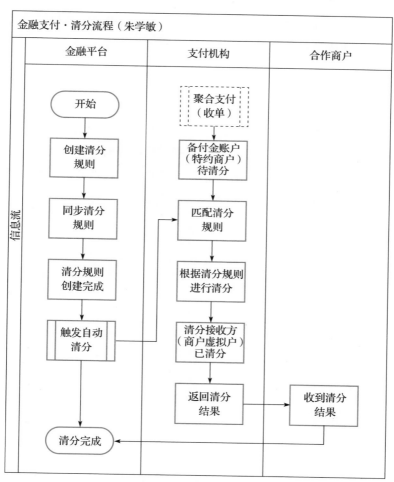

图 5-17 金融支付清分流程

5.4.5 清分方式

金融平台一般会基于支付机构提供多种清分方式。企业可根据自身的业务形态选择不同的清分方式，来满足合作商户按固定金额、按固定比率等不同场景下的清分需求。清分方式主要有以下两种。

1. 实时清分

用户在金融平台进行订单交易，通过支付机构的收银台完成支付后，三方支付会进行收单记账，然后根据清分规则进行订单清分，实时分配资金到相应的二级商户，如代理商户、渠道商户、贷款中介等，如图 5-18 所示。

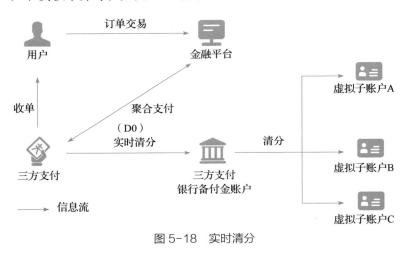

图 5-18　实时清分

其实，实时清分就是提前配置好清分规则，在用户支付时上送清分信息，支付机构根据清分指令，将结算资金清分到二级商户的虚拟子账户，而平台抽佣会清分到平台营销账户。

2. 延时清分

在用户支付时，支付机构若没有收到回调请求，将无法根据请求明确记录清分对象、清分金额，只有过一段时间后才能明确该订单的清分信息，如图 5-19 所示。

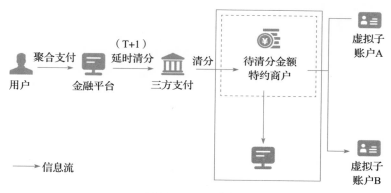

图 5-19　延时清分

其实，延时清分可以将多笔延迟订单组合进行多次清分，也可以在支付异常或用户退款时将订单金额原路退回给支付账户。

5.4.6　清分规则

在业务系统中配置清分规则，然后调用支付机构的清分接口，可实现实时清分。在金融平台上进行订单交易时，只需上送清分订单号、交易订单号、订单金额、清分规则编号，即可完成清分。

为了提高订单金额的分配效率，金融平台会根据业务情况预设清分规则，比如结合合作商户的需求设置业务场景、清分对象、清分算法、费用费率、费用科目、清分方式、状态等规则，系统收到支付、完成订单后，就实时发起清分请求，将资金清分给合作商户，如图 5-20 所示。

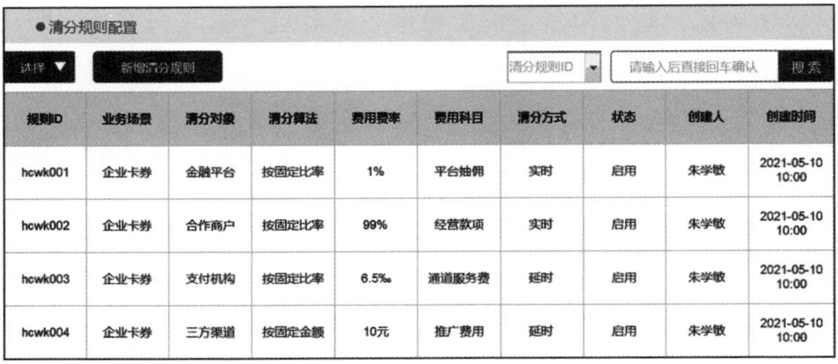

规则ID	业务场景	清分对象	清分算法	费用费率	费用科目	清分方式	状态	创建人	创建时间
hcwk001	企业卡券	金融平台	按固定比率	1%	平台抽佣	实时	启用	朱学敏	2021-05-10 10:00
hcwk002	企业卡券	合作商户	按固定比率	99%	经营款项	实时	启用	朱学敏	2021-05-10 10:00
hcwk003	企业卡券	支付机构	按固定比率	6.5‰	通道服务费	延时	启用	朱学敏	2021-05-10 10:00
hcwk004	企业卡券	三方渠道	按固定金额	10元	推广费用	延时	启用	朱学敏	2021-05-10 10:00

图 5-20　清分规则配置

假设“游善朱哥”在金融平台购买了华创微课的 2000 元企业卡券，通过云闪付支付完成后钱冻结在特约商户账户。金融平台 A、合作商户 B、支付机构 C 的清分规则如下：A 分 1% 平台抽佣，B 分 99% 融资费用，C 抽取 6.5‰ 通道服务费，三方渠道 D 从合作商户 B 中抽取每笔 10 元作为推广费用。

支付机构 C 通道服务费 = 2000×6.5‰ = 13 元

金融平台 A 抽佣费用 =（2000 − 2000×6.5‰）×1%

= 19.87 元（一级清分）

合作商户 B 经营款项 =（2000 − 2000×6.5‰）×99% − 10

= 1957.13 元（一级清分）

三方渠道 D 推广费用 = 10 元（二级清分）

将以上清分金额用会计要素表示出来，如下所示。

特约商户的账户明细：

+2000

−13

−19.87

−1957.13

−10

最终余额：0（0 元）

金融平台 A 的账户明细：

+20

−0.13

最终余额：19.87（0.13 元）

合作商户 B 的账户明细：

+1980

−12.87

−10

最终余额：1957.13（12.72 元）

推广渠道 C 的账户明细：

+10

最终余额：10（0.07 元）

支付机构 D 账户明细：

+13

最终余额：13（0.08 元）

以上账户最终余额之和为 2000（13 元）。下面根据用会计科

目表表示清分的具体内容，以便进行分类核算，如表 5-4 所示。

表 5-4　资金清分明细

特约商户	一级清分	一级清分	二级清分	通道费
+2 000	金融平台 A	合作商户 B		支付机构 D
−13		+1 980	推广渠道 C	+13
−19.87	+20	−12.87		最终余额：
−1 957.13	−0.13	−10	+10	13（0.08 元）
−10	最终余额：	最终余额：	最终余额：	
最终余额：	19.87（0.13 元）	1 957.13（12.72 元）	10（0.07 元）	
0（0 元）				
		以上账户最终余额之和：2 000（13 元）		

5.4.7　清分账单

清分账单包括商户号、订单号、清分流水、子订单号、清分机构、清分金额、结算状态、清分时间、访问终端类型、分账方式、备注等。金融平台可以根据业务需求配置清分账单的字段，如表 5-5 所示。

表 5-5　清分账单示例

商户号	订单号	清分流水	子订单号	清分机构	清分金额（元）	结算状态	清分时间
8973904	hcwk*037	629*32f9	88*38yu	云闪付	100	已结算	20-07-23 18:36:43
8973904	hcwk*697	629*32f7	88*a2f7	云闪付	200	未结算	20-07-23 18:36:43
8973904	hcwk*456	629*32f5	88*3dd5	云闪付	999	已结算	20-07-23 18:36:43
8973904	hcwk*993	629*32f3	88*4d95	云闪付	520	未结算	20-07-23 18:36:43

清分适用于用户的充值、消费、提现、转账等交易场景，可作为金融平台多订单、多商户资金分配的解决方案。但是在对接清分产品时，我们要了解金融业务的准入条件，以便实现平台与商户资金隔离，从而有效规避二清问题。

5.5　金融支付的结算体系

结算就是结算系统将清分系统产生的分账记录，按照结算周期和结算对象生成待结算单，然后发起结算申请，并调用银行或支付机构的代付接口，根据结算单向商户转账。

结算的本质是资金所属权的转移，即通过银行、支付机构完成 B 端商户或 C 端用户交易过程中的资金出款，将账户余额按设定的时间、周期，结算到商户或用户绑定的银行账户；涉及跨行的资金交易必须经过央行清算系统进行结算，如图 5-21 所示。简而言之，结算就是资金在支付账户之间的转移。

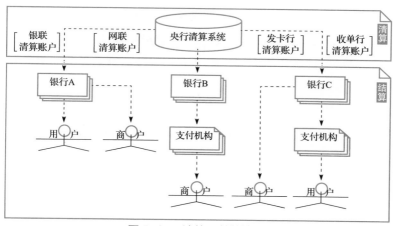

图 5-21　清算 - 结算体系

结算的核心是资金的代付或转代付。代付是指将合作商户在支付机构备付金账户的冻结金额，通过调用代付接口将资金下发给个人银行账户或企业对公账户。转代付是指先通过支付渠道的支付产品收款至企业账户，然后调用出款接口将资金下发给企业的对公账户。

5.5.1 结算逻辑

随着金融业务应用不断加深，第三方支付的结算业务量也越来越大，打造资金结算体系是必然趋势。结算是金融支付体系的最终环节，我们主要关注以下几个维度。

维度1：结算方式

在商品经济下，企业或个人用一定的形式来实现经济活动（商品交易、劳务供应等）中资金的代收或代付。在实际结算业务中，结算一般会有门槛限制，比如费用门槛（是否免费）、资金门槛（单笔、单日或单月限额多少起结算）、频次门槛（单日请求批次）等。金融平台可根据自身业务情况选择对应的结算方式。

按照支付形式的不同，结算方式可分为现金结算、转账结算、票据转让。现金结算是收付款双方直接以现金进行收付。转账结算是通过银行或网上支付平台将款项从付款单位账户转到收款单位账户。票据转让是以票据的给付表明债权、债务关系。

维度2：结算银行

将资金结算至企业用户的对公账户，一般是指提现到二级商户入网时绑定的对公账户，因此要关注支付机构支持哪些结算银行，以及银行的单笔限额或日累计限额等，如表5-6所示。

表 5-6　结算银行示例

银行编码	银行名称	单笔限额（元）	日累计限额（元）
ABC	农业银行	5 万	10 万
BOC	中国银行	5 万	50 万
ICBC	工商银行	5 万	20 万
CITIC	中信银行	5 000	5 万
CCB	建设银行	5 万	20 万
BCM	交通银行	2 万	10 万
BCS	长沙银行	2 万	5 万

在结算过程中，若单笔提现金额、单日交易累计金额超出最高限额，该笔结算交易会被银行拒绝，提现失败。此外，要特别注意对 B2B 提现有特殊结算银行需求的企业用户。

维度 3：结算周期

结算周期指每次提现的交易时间长度。金融业务交易中存在大量高频、小额的交易，出于结算成本、系统稳定、账款对账等因素的考虑，我们一般会在协议中约定一个结算周期。

按照交易时间的不同，结算周期可分为日结（自然日或工作日结一次账）、周结（每周结一次账）、半月结（每月 1 日或 16 日结一次账）、月结（每月 1 日结一次账）、旬结（上旬、中旬或月末结一次账）等。

维度 4：结算时间

支付机构结算时默认走银联、网银或人行大小额渠道，但当涉及同银行、跨银行、跨区域的金融交易时，由于不同银行的到账时间不一致，商户对营业款到账提出了时效性要求。同时，由于银联结算每天只有一个批次，而网联结算有两个批次，为了降低结算费用，商户可以根据银联或网联的结算批次配置提现时间。

按照到账时间不同，结算时效可分为 D+0 结算、T+1 结算，其中 D 代表的是自然日，T 代表着工作日。D+0 到账是在支付成功后，结算款通过银联或网银渠道进行实时代付，即在交易日当天到账，需要支付机构垫资。T+1 到账是在交易支付成功后，结算款通过人行大小额渠道完成收付，不需要垫资，并在下一个工作日代付到账，遇法定节假日则自动顺延到下一个交易日。

维度 5：结算费用

结算费用是支付机构为客户办理结算业务时收取的费用，即提现时所需要支付的手续费，这可以按笔从结算订单金额中扣（也可从平台营销账户余额中扣），或者按月线下结算。

按照费用科目不同，结算费用可分为提现手续费、垫资服务费。提现手续费是指通过支付渠道将资金代付到三方支付账户时收取的手续费，可按每笔 X 元或 $Y\%$ 比例来收取费用。垫资服务费是指实时结算时余额不足导致垫资结算，若通过支付机构垫资结算给商户，会收取垫资金额的 $Z\%$ 比例作为垫资服务费，这导致合作商户支付的手续费较高。

维度 6：结算处理

资金结算是依托资金结算系统、央行清算系统来完成的，可以实现行内、跨行结算业务的集中处理。

比如一笔订单结算，若跑批请求失败，要有快速处理的查询机制；若结算中无结果返回，要有超过一定时间后发出警告的预警机制；若结算失败，要有异步通知并返回失败原因的通知机制；若结算存在一定差错，要有资金轧账、平账后的补偿机制。

5.5.2 结算流程

资金结算是企业与企业、企业与个人之间的金融交易业务产生的资金代收或代付行为。对于金融企业而言，其一般要和支付机构、商业银行、二级商户等进行资金结算，更多是采取划拨转账或票据流通的形式进行结算。

在结算信息流部分，金融平台按照设定好的结算周期，自动执行定时任务跑批，一般支持任意时间点的结算，比如配置6:00、10:00、14:00、22:00、24:00 等，然后根据设置的结算规则发起自动提现指令，支付机构扣除提现手续费后，将剩余钱款结算给二级商户的对公账户，并返回结算结果给金融平台，以便更新结算账单并完成金融平台自有账务记账，如图 5-22 所示。

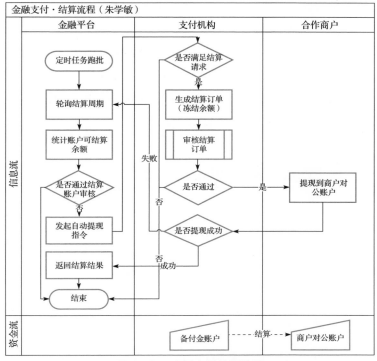

图 5-22　金融支付结算流程

在结算资金流部分，用户支付成功后，按照 D+0 或 T+1 规则将金融平台在支付机构的备付金账户上的资金结算给合作商户的对公账户。资金结算默认走银联、网银或人行大小额渠道，且资金仅可出款到合作商户绑定的银行卡账户。

5.5.3　结算规则

结算规则是支付结算业务的具体体现，是整个结算过程中必须遵循的基本准则，便于正确处理银行、支付机构、商户、用户之间的债权关系，客观上加速了资金周转和商品流通。

为了提高清分订单的结算效率，金融平台会根据业务情况设定结算规则，比如结合合作商户的需求设置结算渠道、提现时间、结算方式、结算类型等，如图 5-23 所示。设定好结算规则后，系统执行定时任务跑批并发起结算请求，将资金结算给合作商户。

图 5-23　结算规则配置

5.5.4　结算账单

系统根据结算规则将合作商户的清分账单生成结算账单。结算账单包括结算单号、结算金额、结算日期、结算用户、结算手续费、状态、结算周期、结算账户、访问终端类型、提现方式、备注等，如表 5-7 所示。

结算状态：未结算、结算成功、结算失败。

结算日期：商户结算日期小于等于当前日期。

结算周期：D+0、T+1，对时效有要求的商户可选择 D+0 结算。

结算账户：平台备付金账户、银行对公账户、代付接收方账户（二级商户虚拟户）。

结算手续费：一般是每笔 0.5 元，或者按每笔结算金额的 0.2‰。

提现状态：待提现、提现中、提现成功、提现失败。

表 5-7　结算流水账单示例

结算 ID	结算时间	结算金额（元）	手续费（元）	到账时间	结算周期	提现状态	结算账户
10011	21-06-30 21:10	75 000	0.5	21-06-30 21:10	T+1	提现成功	622**863 平安银行
10012	21-06-30 21:10	50 000	0.5	21-06-30 21:10	D+0	提现成功	683**617 交通银行
10013	21-06-30 21:10	10 000	0.5	21-06-30 21:10	D+0	提现成功	733**642 建设银行

结算账单包括当前商户的多笔清分账单，即结算账单和清分账单是 1 对 N 的关系。在资金结算时，结算系统会先获取清分账单数据，然后根据结算规则将多笔清分账单合并为一个结算账单，并打包成一个批次进行资金结算处理。

资金结算已经被应用在小额贷款、消费金融、企业融资、供应链金融、区块链金融等金融场景中。资金结算有利于金融平台的资金融通和商品流通，盘活了内部闲置资金，提高了资金使用效率。

5.6　金融支付的对账体系

对账就是核对账目，即为了保证账簿记录的真实性、正确性，对账簿和账户所记录的有关数据进行核对、检查。

对账具有普遍性，已经被应用在金融支付、消费金融、小额贷款、电商零售、现金管理、油卡充值、批量缴税、POS 刷卡、ATM 业务、外卖平台、酒店预订等场景中。

在金融业务（聚合支付、银联交易、人行往来、大小额支付、转账支出）交易中，金融企业与银行对账，实质上就是账实核对、账证核对、账账核对，主要涉及 C 端用户、B 端商户、金融平台、支付渠道在订单数据、账单数据、交易流水和资金流水方面的对账，主要体现在以下几个方面。

1）**用户侧对账**：C 端用户订单交易中，金融平台记录的订单数据与支付渠道返回的支付流水的核对，主要涉及用户订单数据的价格、交易时间、数量、交易金额、优惠金额、实付金额、交易状态等。

2）**商户侧对账**：B 端商户订单结算中，金融平台记录的账单数据与支付渠道返回的账单流水的核对，主要涉及商户的结算账户、订单号、费用类目、实付金额、结算金额、结算时间、提现状态、手续费、结算方式、结算周期等。

3）**平台侧对账**：在充值、消费、提现、转账等业务场景中，金融平台产生的订单数据与支付渠道产生的交易数据的核对，主要涉及平台备付金账户、平台营销账户、动账明细、日终账单等。

4）**渠道侧对账**：通过支付渠道进行代收、代付的支付信息，与支付渠道提供的日终对账文件（信息流文件、资金流文件）信息的核对，主要涉及特约商户的商户名称、交易日期、交易流水、借方发生额、贷方发生额、余额、交易凭证、费用科目等。

5.6.1 对账逻辑

对账就是在金融支付（充值、提现、转账、消费、退款）中进行信息流和资金流的核对，即在金融支付的信息流上，进行业务数据、交易数据的核对；在金融支付的资金流上，进行账单流水、资金流水的核对。

针对不同对账场景、不同对账主体，我们重点是确保平台对账、商户对账、渠道对账的账务数据和资金流水正确。对账作为金融支付的最后环节，我们主要关注以下几个维度。

维度 1：对账文件

大部分支付机构是次日 2:00 点左右生成对账文件，且对账文件一般存放在对账系统中。我们可通过手动或者程序连接 sftp 获取对账文件，文件格式一般是 xml、csv 或 txt。

维度 2：获取方式

我们首先要确定对账文件的获取方式，可以通过商户平台下载，也可以通过渠道接口下载。两者最大的区别是平台下载涉及申请流程，接口下载涉及系统对接。

维度 3：会计科目

会计科目是对账的基础。金融平台对账就是核对会计科目下的订单数量、交易金额、服务费用是否一致，以及支付机构的往来账目是否准确。

维度 4：对账维度

系统解析对账文件后按对账维度逐笔核对交易订单。对账维度主要涉及二级商户入网费、充值金额、充值收单费、消费金额、通道服务费、平台抽佣、提现金额、提现手续费、退款金额、退款手续费等。每笔代收、代付的金额或服务费必须与资金流水一致。

维度 5：任务调度

任务调度就是定时任务基于设定的对账时间（一般为当日22:00 至次日 6:00），按对账批次（对账文件全量覆盖）自动执行对账任务。

维度 6：对账预警

金融平台和支付机构两边的业务数据、资金流水不一致会导致差错账、单边账、挂账等的预警，以便实时修正。

5.6.2 对账流程

支付对账就是系统根据配置的对账规则发起对账任务，再获取支付机构的对账文件，并进行自动解析入库，然后与本地的账单数据进行核对，从而完成订单交易核对和资金流水核对。

在完成金融业务的聚合支付后，金融平台次日发起对账定时任务跑批，对账系统获取金融平台的对账单，并导入支付机构生成的对账文件，根据对账引擎路由数据源，试算交易订单和资金流水是否一致：若一致则对账成功；若不一致则对账失败，返回失败通知，并生成对账差异文件。支付机构完成差错处理和资金划拨后生成新的对账文件，且同步到金融平台的本地账户,并更新对账系统的交易流水,生成新的对账单,再次确认账单一致后,根据对账结果请求对账系统完成记账,如图 5-24 所示。

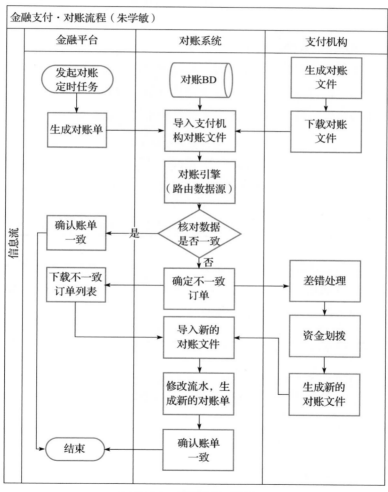

图 5-24 金融支付对账流程

5.6.3 对账账单

每一笔余额收支明细都需要记录到商户的资金账户和结算账户。我们可按总分类账簿对余额进行对账，主要考虑以下几个维度。

维度 1：日终余额核对

支付业务中的日终余额是日终结账时在前一天余额上累加当日代收、代付科目发生额，主要是确保借、贷方本期余额与所属明细分类账的借、贷方本期发生额之和相符，如表 5-8 所示。

表 5-8　日终余额核对示例

商户名称	商户 ID	对账机构	产品类型	本期余额（元）	对账日期
华创微课	Hcwk001	中国银行	基本账户存款	107 927.54	2021-06-29
华创微课	Hcwk001	中国银行	基本账户存款	88 435.59	2021-06-28
华创微课	Hcwk001	中国银行	基本账户存款	38 435.59	2021-06-27

然后，按照对账单生成凭证，即银行回单。我们可以凭借银行回单查询相关账户余额。若有交易账单明细不一致的情况，银行回单可以作为对账凭证，如图 5-25 所示。

账号-册序号/文书合同号		开户行	产品类型	币种	本期余额	账户名称
1		中国银行████支行	单位人民币活期基本账户存款	人民币	107,972.54	深圳市████████有限公司

说明：授信类产品的本期余额栏为正常本金余额逾期本金余额的合计，不包含欠息余额。

客户名称：深圳市████████有限公司　　客户号：████████
客户对账协议行：中国银行████支行　　对账协议号：████████
本期对账截至日期：20210930　　对账期号：001　　1010000022256████████00103

图 5-25　银行回单

维度 2：期末余额核对

期末余额 = 期初余额 + 本期增加发生额 − 本期减少发生额。

期末余额核对主要是确保平台账户的期末余额与支付机构的期末余额相符，如表 5-9 所示。

表 5-9 期末余额核对示例

对账月	商户名称	商户 ID	期末余额（元）	账单号	对账结果	操作
2021-06	华创微课	Hcwk001	107 927.54	212170▨▨▨▨0209	无差异	下载

维度 3：交易明细核对

交易明细核对是根据交易类型对费用科目的所属明细分类进行核对，关键是对交易日期、交易类型、交易流水、借贷关系、余额进行账账核对，主要是确保借、贷方账面余额与所属明细分类账的借、贷方余额之和相符，如表 5-10 所示。

表 5-10 交易明细核对示例

记账日期	交易类型	费用科目	交易流水	借方（元）	贷方（元）	余额（元）
210620	小额普通	研发服务费	10 795 860	0	99 491.95	107 927.54
210619	实时缴费	水电燃气费	12 164 649	1 024.75	0	8 435.59
210618	转账支出	备用金	13 404 489	50 000.00	0	7 410.84
210610	收费	转账手续费	12 304 474	10.00	0	57 400.84

5.6.4 对账处理

对账处理是对账系统根据会计科目进行不同金融业务的账务核对、总分核对、资金核对，一般会从支付机构的对账文件中解析出二级商户号、订单号、交易流水、交易类型、支付状态、应付金额、实付金额、借贷关系等关键字段，再与内部系统记录的订单数据进行勾兑，根本目的是修正金融平台内部系统中的不一致数据。

金融平台的对账主要涉及收单对账、分账对账、结算对账、退款对账、商户对账、银行对账等。对账处理的关键是确保账证相符、账账相符、账实相符。我们主要有以下几种账单处理方式。

（1）平衡账无须处理

平衡账即完成聚合支付后，把各个分类账户的金额与其汇总账户的金额通过平衡试算公式调整为相等，或者说交易账单和对账文件满足平衡试算公式。平衡账一般不需要处理，只需根据定时任务进行日结和试算平衡即可。

（2）差错账需要处理

差错账即完成聚合支付后，在记账过程中，由于会计核算方面出现重记、漏记、数字颠倒、数字错位、数字记错、科目记错、借贷方向记反等错误，交易双方的账单不一致。差错账的处理方式一般是资金轧差、隔日冲正，通过补单机制更正对账系统中出现的差错，并对差异表中的记录进行勾兑。

（3）单边账需要处理

单边账即完成聚合支付后，交易平台和用户只有一方账面发生相应变化。比如网络超时导致发卡行已扣款但收单行未入账，或发卡行未扣款但收单行已入账。单边账的处理方式一般是单边抹账，谁做了收单、记账，谁负责将不匹配的资金原路退回。

在金融行业中，只要涉及三方支付就会有对账需求。对账一般是企业从业务场景出发，结合实际对账需求，设计一套独立的对账系统，以满足日常金融业务的对账需求，根本目的是实现对账的降本增效。

5.7　本章小结

　　本章主要阐述了支付体系涉及的商户入网、聚合支付、通道路由、收单记账、分账结算、日终对账等金融业务。做支付就绕不开账户体系，我们介绍了账户体系相关账户系统、账户信息、账户类型、会计科目、记账处理、账务核算、账户管理等。我们还介绍了支付路由相关的路由引导、路由规则、路由引擎、路由渠道、路由熔断等。任何涉及线上交易的场景都离不开收银台。我们可通过路由到不同支付通道，实现收银台的聚合支付。

金融产品数字化运营

数字化运营已进入后链路时代,这是金融企业数字化转型的必经之路。依托数字技术、数据链接、数据整合与数据洞察,通过重塑客户、产品、活动、渠道等数字化运营环节,金融企业可拥有标准、自动、精细的运营方式。与此同时,聚焦目标客户,重视用户行为分析、用户画像分析,实现精准触达和智能展业,提升金融行业的运营效率,让数字运营有的放矢,有利于金融产品的品牌拓展。

6.1　商业银行数字化运营的 4 个维度

数字化运营是指通过数字工具、技术，对运营过程中的各个环节进行科学的分析，为数据使用者提供专业、准确的行业数据解决方案，从而达到优化运营效果、提高效率、降低运营成本的目的。

当前，我国商业银行的数字化能力建设整体处于初级发展阶段，需在各个环节推进数字化运营，以面对市场的不确定性。对于商业银行而言，数字化运营的关键在于重构商业模式、重塑产品形态、打通数据管理、发力数字驱动、复用爆品营销。

在商业银行数字化转型过程中，我们要搭建自己的数字化运营体系，即打通数据、权益、账户等形成数据产品体系，整合平台、产品、服务等形成数字资产管理，并借助数据分析模型来实现商业银行的批量获客和高效活客，提升金融产品的线上运营效率，如图 6-1 所示。

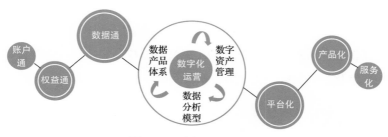

图 6-1　数字化运营体系

数字化运营不是孤立的数据主义，也不是单纯的数据分析，而是通过数字技术、数字工具与数据来管理产品或服务的各个环节，推进产品全流程数字化、智能化、标准化和精准化。实现数据智能驱动业务智能，业务智能赋能运营智能，并做出有效的运营决策，以便做好智能推荐、智能触达和智能展业，如图 6-2 所示。

图 6-2　数字化运营

数字化能使商业银行更加深入地洞察客户的需求和体验，基于客户行为洞察做出运营决策，从而提供满足客户需求的产品与服务。

对于产品经理而言，做到数字化运营的关键在于客户运营、产品运营、活动运营和渠道运营等方面的数字化转变，提升自己的数字化思维和数字化能力，如图 6-3 所示。

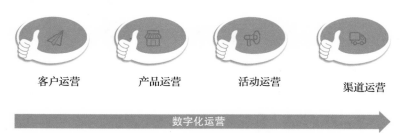

图 6-3　数字化运营的 4 个维度

6.1.1 数字化客户运营

数字化客户运营是指用数字技术驱动客户洞察及运营策略改进，包括敏捷设计、客群匹配、产品适配、渠道选择、智能决策、精准触达等。客户运营贯穿产品生命周期。我们要以客户需求为中心，根据运营策略制定运营目标，并完成运营过程的计划、组织、实施和控制，以达到预期的运营任务。

客户运营的关键是采取从线下到线上或线上与线下相结合的方式，围绕客户的拉新、促活、留存与转化等，深度连接客户，进行精细化运营。让运营与目标客户建立数字连接，让客户逐步从产品认知、价值认可向情感传播转变，从而提升客户体验和产品黏性，如图 6-4 所示。

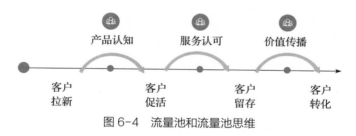

图 6-4 流量池和流量池思维

1. 贴合使用场景做客户拉新

产品冷启动首要面对的问题就是"拉新"。拉新不再是传统意义上的引导客户下载 App 并注册成为客户，而是通过提供贴合客户使用场景或低门槛使用的企业服务或 SaaS 产品，以"静默注册平台"的形式吸引客户。此外，要想颠覆传统拉新，要基于数字技术实现线上投放、社群营销、媒体推广等。做客户经营要从线上化的"客户思维"转向数字化的"客群思维"。

2. 利用激励策略做客户促活

促活即促进客户活跃，在客户生命周期对沉寂客户、流失客户做挽回，并利用一定的运营策略激励客户活跃。以贷款测额活动为例，客户测额后可获得贷款额度，邀请好友测额即可获得返现券，使用券时引导申请贷款并支用授信额度，贷款成功后即可返现。促活也就是通过一系列活动让不活跃的客户活跃起来，尽可能升级为活跃客户，并提高客户的黏性。

3. 提供增值服务做客户留存

客户留存是指在某段时间内新增的并且经过一段时间后仍然继续使用该应用的客户，而留存率就是留存客户占当时新增总客户的比例。在 RARRA 模型中，我们把客户留存放到首位，会关注客户增长中的日留存、周留存、月留存等运营指标。基于留存指标落实到产品工作每个环节的 OKR，我们可以建立客户流失预警机制，找到即将流失的客户，通过不断迭代产品来满足客户需求，并为客户提供持续的价值或服务。

4. 调整关键路径做客户转化

转化是指完成预期任务的目标客户，转化率是指完成转化目标的客户占总体客户的比例。对于商业银行而言，其更多是对注册、申请、授信、提款、还款、复贷等进行量化，从而调整关键路径，达到对引流客户转化的目的。当前，流量红利渐失，客户增长比例下降，因此我们要选择正确的目标客户、关键的转化路径、合适的推广渠道、最优的产品策略来转化客户。

随着客户行为线上化，数字化客户运营已成为商业银行面对的首要问题。

企业融资客户运营示例如图 6-5 所示。

图 6-5 企业融资客户运营示例

❑ 通过客户行为收集关键事件和访问路径的埋点数据，了解满足客户需求的核心数据指标。

❑ 通过客户标签构建情景化的客户分群或客户画像，实现客户的分层经营或智能展业。

❑ 通过数据建模完成数据分析和行为预测。预测客户下一步行动可深度连接客户。

❑ 通过智能决策制定激励体系或提醒机制，实现企业融资客户的还款提醒和智能催收。

6.1.2 数字化产品运营

一切用于连接客户和产品，并产生产品价值和商业价值的手段，都叫产品运营。数字化产品运营即针对现有产品功能进行数字化改造、升级，监测产品数据，基于数据制定产品优化策略，以提升产品运营指标。

我们可以从使用场景、访问路径、客户体验和产品策略这几个方面进行数字化产品运营升级，重点是完善数据指标，优化运营手段，提成产品体验等，如图 6-6 所示。

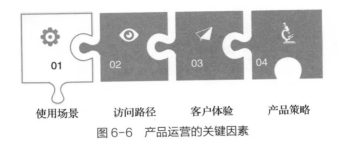

使用场景　　　访问路径　　　客户体验　　　产品策略

图 6-6　产品运营的关键因素

1. 目标客户的使用场景

使用场景是指一个产品被使用的时候，客户最可能所处的场景，包括时间、空间、设备支持、社交及客户情绪等。我们要挖掘更多从客户使用场景出发而产生的需求，从而扩大产品的目标客户群。

2. 目标页面的访问路径

访问路径是指客户在打开一个目标页面时，存在的多种打开方式。我们可以设置条件对页面进行分组，构建网页预取模型，提取客户浏览页面的路径中蕴含的信息。通过模型对客户页面访问路径的分析，我们能够了解客户习惯，预测客户下一步操作，为页面设计提供支撑。

3. 关键操作的客户体验

客户体验是一种纯主观的在客户使用产品过程中建立起来的操作习惯、使用想法等。我们可基于客户满意度、净推荐值、客户费力度等指标来评估客户体验，全渠道、多触点采集客户反馈，采用自动预警并及时修复机制，以此提升客户体验，降低流失率。

4. 循序渐进的产品策略

产品策略是指企业明确能提供什么样的产品和服务满足消费者的需求后，对产品进行的全局性谋划。对于产品经理而言，其要结合战略规划、产品定位、产品规划、市场分析、竞品研究等制定具体的策略。

智能匹配贷款产品运营示例如图 6-7 所示。

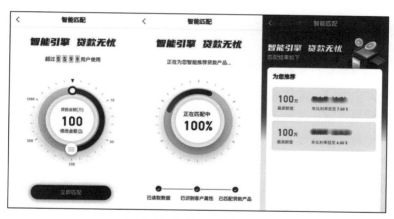

图 6-7　智能匹配贷款产品

- ❑ 收集客户的行为数据和交易数据，分析有贷款需求的客户，根据不同使用场景给客户打标签，基于数据建模构建"千人千面"的标签画像。
- ❑ 用人工智能技术智能采集、自动读取智能匹配时在多级页面录入的数据，从而简化前端页面，缩减操作路径，降低客户流失率。

❑ 客户体验在企业实现商业持续增长中的地位越来越重要。
利用数字技术和数据模型快速做出精准预测，并精准匹
配贷款产品，可有效地提升客户体验。

❑ 通过机器学习和模型训练，增强客户与智能产品的互动，
并不断优化产品策略，提升匹配的精准度，从而实现客
户个性化推荐。

金融产品运营的核心是把产品盘活，即从全局角度看待产品
运营效果，并通过数据分析来验证产品策略是否有效。

6.1.3　数字化活动运营

活动运营要避免自嗨式内容营销。在了解自家产品特性的前
提下，围绕一个活动或一系列活动，针对客户定制需求提供数字
化营销策略，帮助企业打造多场景下的活动营销闭环，并实现用
数据驱动业务增长。

当前，下沉市场需求大，活动运营是企业实现数字化的有
效手段之一。通过数字化活动运营，我们可确保内容生产、数
据响应、客户转化、价值追踪等的策略落地。活动运营关键在
于方案选择、活动策略、客户触达、效果分析几个环节，如
图 6-8 所示。

方案选择　　活动策略　　客户触达　　效果分析

图 6-8　活动运营的关键因素

1. 基于 ROI 最优做方案选择

方案选择是产品决策最关键的环节。产品经理需要基于现有的人力资源和约束条件，从产品规划、数据分析、产品经验等方面确定方案选择标准。其实，对于不同的产品与场景，无论基于方案 A 还是方案 B 执行，都有其合理的一面。我们要做的就是通过 A/B 测试方法，选择一个 ROI 最优的方案来实现既定目标。

2. 根据产品形态做活动策略

活动策略就是在某一个活动周期内，为了实现客户增长、产品变现等目标而采取的各种措施。面对策划越来越难、预算越来越少，制定活动运营策略时一定要注重客户的参与度及互动性。产品经理要根据不同的产品形态做差异化营销，避免活动方案同质化，并快速完成数字化活动运营。

3. 多渠道多维度做客户触达

客户触达就是基于目标、场景、对象和渠道等方式，接触到客户，或和客户产生联系。产品经理要以客户为核心，通过业务模型、策略配置等进行多维度分析，通过产品本身、站内信、消息推送、短信营销等多渠道触达客户，帮助企业实现客户增长。

4. 针对关键指标做效果分析

效果分析就是对整个活动进行数据分析和效果评估并做出科学的判断。评估效果主要是分析目标和指标的实现程度，所以一定要对关键指标进行量化。关键指标一定是围绕活动运营 OKR 而定的。对关键指标进行分析可找出指导活动运营的决策。

贷款测额活动运营示例如下。

- ❑ 设定一个明确的可量化目标，可以是达成公司品牌曝光，可以是找到核心客户群体，可以是完成拉新、促活与转化，可以是提升客户贡献价值，可以是增加平台与客户的黏性等。比如新注册客户增长 30%，贷款申请转化率提升 25%，活跃客户提升 10% 等。

- ❑ 基于活动目标制定运营策略，确认目标客户定位、描述目标客户特征、构建客户角色卡片、分析客户使用场景等。

- ❑ 制定递进式的线上活动方案，如新手福利（首次完成测额送 1000 元返现券）、邀请有礼（分享测额链接给好友，好友注册并完成测额后即可激活返现券并送 SaaS 服务）、贷款返现（申请 50 万元以上的贷款并放款成功后即可获得 1000 元返现）。

- ❑ 建立客户筛选和分级策略，进行一次有目的的客户拉新、留存与转化等运营效果分析。关键在于构思活动中的每一个环节，分析每一步的客户流失情况，找出漏点，提升转化率。

基于数据采集与模型进行决策，可实现活动运营数字化，加速金融产品创新的探索。

6.1.4　数字化渠道运营

渠道运营首要解决的是获客问题，重点是如何借助数字技术打破流量壁垒。我们可以通过流量池和流量思维来激发渠道活力，让数字化渠道运营成为现实，如图 6-9 所示。

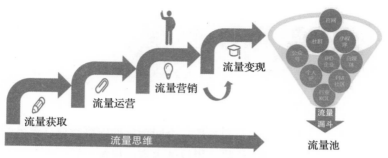

图 6-9 流量池和流量池思维

- ❑ **建立私域和公域流量池**。我们可通过私域流量、公域流量、行业 KOL、个人 IP 和媒体流等建立流量池，来获取金融客户，帮助金融企业走出获客和活客成本越来越高的困境。

- ❑ **整合线上、线下流量思维**。整合线下、线上渠道，制定运营 OKR，利用流量思维进行多渠道的流量获取、流量运营、流量营销和流量变现，以提高商业银行的获客效率，降低渠道运营的获客成本和沉没成本。

在流量碎片化时代，渠道流量主要来源于客户直接访问、关键词搜索引擎、第三方付费推广等。打造渠道运营体系需要强大的渠道对接与策略规则配置能力，基于线上、线下整合的数字化渠道建设，以场景来连接渠道，从而提高渠道运营的效率。

渠道运营人员需要在了解自家产品特性和渠道转化情况的基础上，做好内容投放、渠道推广、批量获客、流量分析，形成一个匹配活动目标客户群体的渠道链条，并从追求线上化"品效协同"转向追求数字化"长效 ROI"，如图 6-10 所示。

图6-10　渠道运营的关键因素

1. 实现不同客户和场景的内容投放

依托数字技术实现不同客户、不同场景的内容投放，充分利用各个内容投放渠道的优势。投放的内容应根据不同的渠道进行调整。通过制定金融产品运营策略，完成不同渠道内容投放，商业银行可以获取更多的目标客户流量，进而变现。

2. 选择体量大和性价比高的渠道推广

将推广信息有效地送达目标客户，从而实现渠道引流和转化。引流推广渠道并找到有效的流量入口，已经成为商业银行迫在眉睫的问题。商业银行应积极开拓新的流量渠道，优先选择体量大、性价比高的渠道作为获取流量的主要入口，整合渠道资源，打通各个渠道，获取全面的流量支持，实现对各个渠道的有效管理。

3. 基于老带新模型批量获客

对于商业银行而言，得渠道者得客户，渠道是批量获客的运营利器之一。批量获客的关键是构建一个成熟的老带新获客体系，借助事件中心来营销客户。在数字化时代，商业银行应运用数字技术，通过网点、公私联动、线上线下等运营方式，实现数字化批量获客。

4. 基于渠道的OKR进行流量分析

对有关网站访问数据进行统计和分析，可以从中发现客户规律或活动中可能存在的问题，以便及时掌握渠道运营效果，优化渠道运营策略。我们可以制定渠道流量分析的 OKR，比如 PV、UV、点击率、跳出率、转化率、平均访问时长等，通过数据分析量化客户价值，并驱动渠道做出有效的策略优化。

数字化时代，渠道没有好坏高低之分，关键看客户或业务的转化率。线上、线下渠道已是商业银行客户流量入口之争。我们需要让金融产品、渠道运营和客户服务建立联系，从而连接各金融平台，打造渠道客户的 KOL，完成渠道运营的 ROL。

商业银行做融资的数字化渠道运营示例如图 6-11 所示。

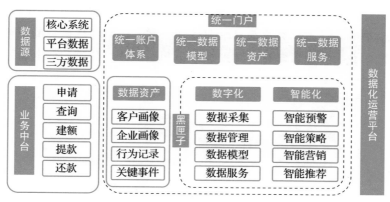

图 6-11　数字化运营平台

- ❑ **模式转化**：从传统的 B2C 模式转向 C2B 模式，基于企业画像、客户画像、客群细分、行为数据、交易记录等，精准识别客户需求，实现数据驱动业务。

- ❑ **数据整合**：通过开放超级 API 或 H5 进行数据方、场景方、平台方的全端数据交换、资源交互、流程连接，打通企业数据流与业务流，让产生的数据价值最大化。

❑ **统一门户**：通过统一账户体系、统一数据模型、统一数据资产、统一数据服务，来构建数据引擎，实现智能化客户资产和数据管理。

❑ **搭建中台**：要想让数字融资的申请、查询、建额及提还款等业务数字化，就需要一个强大的业务中台。通过数字化模型支持，商业银行可实现从业务、管理到运营的数字化。

企业数字化的本质是让企业数据产生商业价值，通过多种数据应用场景的业务价值，挖掘客户行为的数据价值，提高数据资产的使用价值。企业需基于 AARRR 模型、漏斗模型、RFM模型等，让目标客户与金融业务强关联，进而实现运营的策略数字化、营销数字化、管理数字化和生产数字化等，如图 6-12所示。

图 6-12　数字化运营目的

目前，数字化运营已进入后链路时代，数字化与运营的结合越来越紧密，将助力商业银行的数字化转型与升级。商业银行在逐步尝试搭建自己的数字化运营体系，帮助产品经理更好地聚焦目标客户，服务千万级互联网 B 端客群。在产品生命周期内，通过数字技术和数字化能力在线上实现客户精准触达和智能展业，重点是重塑商业模式，构建服务生态，打造"四通一平"，提升客户价值并聚焦客群经营。

6.2　金融用户 6 种行为分析

从流量营销到数据驱动，很多产品的数字化运营都是围绕用户来进行的，关键在于用户行为分析。用户行为分析是对用户在使用产品过程中产生的行为及行为背后的数据进行分析。

在产品运营过程中，我们应对用户行为数据进行收集、存储、跟踪、建模、分析与应用，深度还原用户使用场景、操作规律、访问路径及行为特点等，从中找到实现用户自增长的"病毒因子"、群体特征与目标用户，用数据驱动业务迭代，对产品决策做出改进，以便快速实现精细化运营。

在数字化时代下，对用户行为数据进行分析，是金融企业精细化运营的手段之一。我们可以借助页面点击、行为事件、行为路径、用户分群、转化漏斗、渠道质量等数据分析方法，对用户行为数据进行定性和定量分析，如图 6-13 所示。

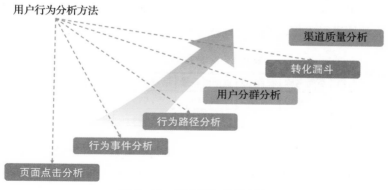

图 6-13　用户行为分析方法

6.2.1 页面点击分析

页面点击分析是指了解用户在网站页面中各元素上的点击情况。以可视化方式分析用户在指定页面、所有页面、页面分组的点击数据，有利于评估用户与产品交互背后的深层关系，挖掘用户的核心需求。

以企业融资为例，我们要了解客户征信授权、征信报告上传的点击情况时，可对当前页面上的"查询进度"区域、"征信复核、报告上传"内容进行埋点（如表 6-1 所示），然后对自动采集到的用户在网站页面的点击行为、页面浏览情况进行分析，以便后续做点击转化分析。

表 6-1　企业融资页面埋点

页面名称	页面 ID	区域 ID	区域名称	内容 ID	内容名称	页面类型	业务归属
企业融资	QYRZ	JDCX	进度查询	ZXSQ	征信授权	列表页	创新金融
企业融资	QYRZ	JDCX	进度查询	BGSC	报告上传	列表页	创新金融

分析企业融资的关键指标，比如页面浏览量、活跃设备数、活跃用户数、跳出数、跳出率、平均访问时长等，可帮助我们对页面整体进行优化，了解产品黏性和客户流失情况，如表 6-2 所示。

表 6-2　企业融资页面分析

统计日期	页面名称	页面 ID	页面浏览量	活跃设备数	跳出数	平均访问时长
2021-3-14	企业融资	QYRZ	14 316	1 098	195	0:00:08
2021-3-15	企业融资	QYRZ	12 948	1 158	204	0:00:02

依次查看内容的点击数据，比如点击次数、点击设备数、点击转化率等，可帮助我们对内容编排进行优化，了解用户的活跃度和转化情况，如表 6-3 所示。

表6-3 企业融资内容分析

统计日期	区域 ID	区域名称	内容 ID	内容名称	点击次数	点击设备数
2021-3-14	JDCX	进度查询	ZXSQ	征信授权	1 623	1 035
2021-3-14	JDCX	进度查询	BGSC	报告上传	5 540	3 018

通过对页面点击进行数据分析，我们可优化网站的页面呈现和内容质量，从而有效提升内容的曝光率或点击率。

6.2.2 行为事件分析

行为事件分析是对用户操作产品的一系列行为进行分析，并根据运营关键指标对用户特定事件进行分析，通过追踪或记录用户行为事件，快速了解事件的走向和用户操作的完成情况。

以电子票据为例，用户极速贴现操作为：首先，注册平台并浏览票据专区；然后，在线对公开户、签约电子票据；最后，申请极速贴现。整个过程可以定义为一个完整的行为事件。我们需创建一个极速贴现的行为事件，并自定义贴现相关的数据指标、统计维度，研究与贴现发生关联的所有因素，分析其对贴现申请的影响程度，如图6-14所示。

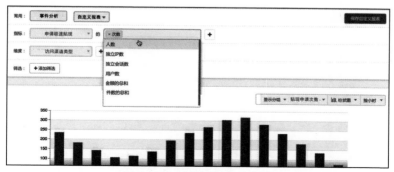

图6-14 电子票据事件分析

　　金融企业可以借助事件分析来追踪或记录用户行为，针对某一具体行为设置全量数据埋点，并进行深度下钻分析，从中找出用户行为规律，并制定有针对性的运营策略。

6.2.3　行为路径分析

　　行为路径分析就是分析用户在产品使用过程中的访问路径。通过对行为路径进行数据分析，我们可以了解用户在平台上的整体流向情况，比如访问了哪些页面，使用了哪些功能，每个页面的跳出数和转化率等。

　　以电子票据为例，10 000人访问了票据专区，7500人开通了企业对公电子账户，3700人完成电子票据签约，1200人申请了极速贴现，如图6-15所示。从全局视角分析用户行为路径时，我们会发现用户实际行为路径与期望行为路径有一定的偏差。这个偏差就是产品可能存在的问题，我们要及时对产品进行优化，找到缩短路径的空间。

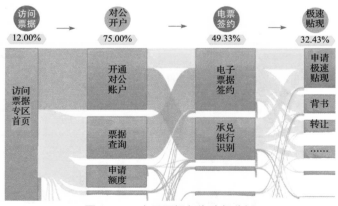

图6-15　电子票据行为路径分析

不管是产品冷启动，还是日常活动运营，做行为路径分析首先要梳理用户行为轨迹。先将页面访问量化，通过分析用户的页面访问行为轨迹数据，验证访问路径是否和预期指标一致。轨迹反映的是用户特征，这些特征可以量化为页面浏览量、活跃设备数、平均访问时长、跳出率等指标，对产品运营有重要的参考价值。

从页面访问到用户转化，我们要对页面进行多维度分析，即了解用户在每个页面的流出和流入，追踪用户行为路径，发现路径问题，优化访问路径，提升产品体验。

6.2.4　用户分群分析

用户分群是金融企业精细化运营、数字化运营的必然选择。根据业务性质、用户偏好和行为特征，我们可制定分群策略及规则，实现用户分群运营。

做到用户分群，我们首先需要找到特征变量，根据特征变量将用户分为若干个具有相同用户属性、规律特性的用户群体，并运用大数据、机器学习等技术，针对不同的用户群体做对应的运营策略。

我们可基于 RFM 模型对金融企业进行用户分群，把最近贷款时间 R、贷款频次 F、贷款金额 M 作为衡量客户价值的数据指标，然后把贷款"时间近、频次高、金额大"的客户定义为重要价值客户，把贷款"时间久、频次高、金额大"的客户定义为重要保持客户，把贷款"时间近、频次低、金额大"的客户定义为重要发展客户，把贷款"时间久、频次低、金额大"的客户定义为重要挽留客户，如图 6-16 所示。对于这四类优质客户，我们可以制定个性化服务和运营策略，进行差异化营销。

图 6-16　RFM 模型及用户分群

用户分群为我们做数据分析提供了一种思路与方法。根据用户行为进行分群，通过用户数据建立预测模型，可以指导金融产品经理做出更为客观与理性的决策，并推动用户运营智能化。

6.2.5　转化漏斗分析

转化漏斗分析是流程式的数据分析，能够科学地反映用户行为状态以及从起点到终点各阶段用户转化率情况。

转化漏斗分析的核心在于量化数字化运营过程中各个节点的转化效率。比如在日常活动运营中，通过确定各个环节的流失率，分析用户怎么流失、为什么流失、在哪里流失，找到需要改进的环节，并重点关注，采取有效的措施来提升整体转化率。

以贷款测额为例，我们监控从用户选择贷款测额工具到完成额度测算过程中各个环节的数据，并分析一些关键节点的转化率。假如有 17 695 人访问了贷款测额页面，其中在测额入口环节的转化率为 100%，在测额引导环节的转化率为 78.14%，在测额录入环节的转化率为 67.39%，在测额结果环节的转化率为

56.31%，如表 6-4 所示。

表 6-4 贷款测额转化数据

贷款测额	累计数	2021/1/10	2021/1/11	2021/1/12	2021/1/13	2021/1/14	转化率
第 1 步贷款测额入口	17 695	3 526	3 510	3 613	3 521	3 525	100%
第 2 步贷款测额引导	13 828	2 719	2 750	2 767	2 773	2 819	78.14%
第 3 步贷款测额录入	11 924	2 406	2 434	2 318	2 410	2 356	67.39%
第 4 步贷款测额结果	9 964	2 015	1 988	1 968	2 079	1 914	56.31%

我们对贷款测额数据进行分析，比较贷款测额各个环节的转化率，并将数据可视化，就能绘制漏斗的大致轮廓。通过漏斗分析观察业务数据变化，可以发现贷款测额中哪些环节没有达到预期指标，从而确定哪些环节需要优化，如图 6-17 所示。

图 6-17 贷款测额漏斗分析

经过对比发现，整体转化率远低于预期的 75%。我们采取 A/B 测试的运营策略：一是邀请好友测额即可获得积分，积分可以抽奖或兑换虚拟产品，转化率提升了 8% ；二是邀请好友测额即可获得免费的企业 SaaS 服务，比如发票验真、工商查询、税务登记、法律咨询等。经过数据对比，贷款测额的转化率提升了25%。

漏斗分析是将一个完整的服务流程拆分成一个个环节，然后用转化率与流失率来量化每一个环节。因此，漏斗分析是金融企业实现精细化运营的重要分析模型，可以高效地反映用户行为状态，并验证整个流程的设计是否合理。

6.2.6　渠道质量分析

渠道质量是指商品和服务从生产者向消费者转移过程中具体通道或路径的优劣程度。渠道质量涉及渠道的规模、渠道关系的稳定性、渠道合作、渠道冲突、渠道信任和渠道承诺等内容。

当前，金融企业面临渠道流量贵、用户留存难的问题。为了识别优质渠道，减少不必要的投放成本，我们可以用一些关键质量指标（转化率）、数量指标（用户数）来综合评估各个渠道的质量，进而衡量渠道带来的用户的质量。我们可基于渠道质量、数量指标体系将渠道分为优质渠道（高质量、高数量）、潜力渠道（高质量、低数量）、混杂渠道（低质量、高数量）和垃圾渠道（低质量、低数量）（如图 6-18 所示），从中选择优质渠道作为目标合作渠道，然后对渠道进行阶段性策略调整和运营效果优化。

以企业贷款渠道投放为例，我们给贷款产品、访问用户加上渠道标识，并做好不同渠道的埋点，并从数据库提取不同渠道的注册用户数、日活跃用户数、日使用时长、贷款用户数、留存率、网站成交金额、内容消费率等数据，基于数据构建渠道评估模型，对渠道进行评分。从表 6-5 可知，渠道 B 得分最高，贷款转化率和用户活跃度都是最高的，应该优先合作。渠道 A 得分次之，注册用户数最多，但贷款转化率和活跃度较低，可做备选方案。

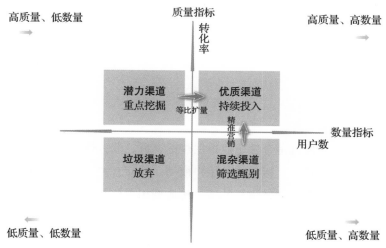

图 6-18　渠道四象限

表 6-5　渠道质量评估得分

渠道名称	总得分	注册用户数	日活跃用户数	日使用时长	贷款用户数
渠道 A	87	88 732	8 937	0:11:56	1 378
渠道 B	94	72 766	12 099	0:14:56	3 189
渠道 C	66	9 110	762	0:12:15	12
渠道 D	79	32 294	5 324	0:06:12	237

渠道四象限方法是判断渠道质量的有效方式之一。但想要更精确地判断渠道质量，我们需引入更多行之有效的筛选维度。

6.3 企业融资用户画像分析

金融企业数字化运营过程中，用户画像是帮助企业明确目标客群、分析商业趋势、辅助产品设计、驱动用户增长的最直接方法。

用户画像数据产品化后，才能方便业务方使用。用户画像一旦形成，就可以让数据价值最大化，帮助我们完成精细化运营，提高运营的工作效率。

6.3.1 了解用户画像

用户画像就是金融企业根据目标客群、业务性质和服务内容等信息，构建一个标签化的用户模型。简而言之，用户画像是指用大量的数据来描述用户特征，将典型用户信息标签化。用户画像主要包括以下两种。

1）客户画像：描述目标企业中决策层或管理层的角色（股东、部门负责人）的投资回报率、市场情况、定制需求等，比如数字融资中额度授信的客户画像。

2）企业画像：描述目标企业的基本信息、经营范围、经营数据、资产负债、发展情况、战略目标等，比如票据融资中商票贴现的企业画像。

对于金融企业而言，构建用户画像是十分重要的。比如我们会通过人脸识别技术构建"千人千面"的用户画像，并对目标用户做个性化推荐和精细化运营，如图 6-19 所示。

图 6-19 金融用户画像示例

使用"用户画像"这种方法对金融产品或服务的目标人群做特征刻画，本质是洞察用户画像的 PERSONA，如图 6-20 所示。

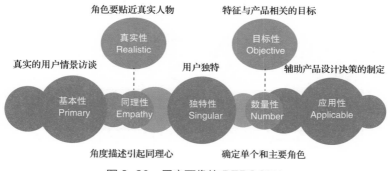

图 6-20 用户画像的 PERSONA

1）基本性（Primary）：做真实的用户情景访谈，确保访谈结果更加贴近用户的实际使用场景。

2）同理性（Empathy）：角色描述要引起用户的同理心，了解用户行为动机、能力和触发点。

3）真实性（Realistic）：角色要贴近生活和真实人物，以便对用户特征的描述更有代表性。

4）独特性（Singular）：选择的用户独特，即具有代表性，从而更好地做个性化客群研究。

5）目标性（Objective）：用户的关键特征与产品目标相关，或与用户需求有因果关系。

6）数量性（Number）：确定单个角色和主要角色，从而描述个体差异特征和客群的共性特征。

7）应用性（Applicable）：基于用户画像分析，辅助产品功能设计决策的制定，确保功能的可拓展性。

对于金融产品经理而言，掌握用户画像的搭建方法关键在于掌握用户画像业务架构，如图 6-21 所示。我们要深入了解用户画像在数据收集、标签建模、构建画像及画像应用的底层逻辑。

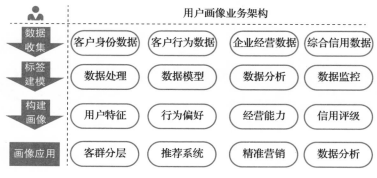

图 6-21　用户画像业务架构

6.3.2　用户数据收集

数据收集是用户画像分析中十分重要的一环，关键在于如何从数据源中提取有效数据。数据源包括网络日志数据、用户行为数据、网站交易数据等，如图 6-22 所示。

图 6-22 数据源

　　我们在收集数据时首先要明确其使用者是谁。我们可根据产品链上的使用角色或企业目标群体的使用目的确定数据收集的对象，如图 6-23 所示。

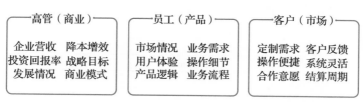

图 6-23 数据收集的对象

　　1）企业高管更关注商业层的企业营收、降本增效、投资回报率、战略目标、发展情况、商业模式等。

　　2）公司员工更关注产品层的市场情况、业务需求、用户体验、操作细节、产品逻辑、业务流程等。

　　3）合作客户更关注市场层的定制需求、客户反馈、操作便捷、系统灵活、合作意愿、结算周期等。

　　用户数据分为静态信息数据和动态信息数据。对于金融企业而言，我们更多是根据产品和运营的 OKR 去收集身份数据、信用数据、经营数据和行为数据等，如图 6-24 所示。

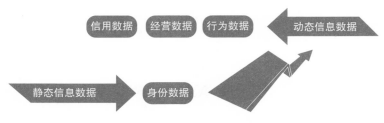

图 6-24　数据收集的类型

以企业融资为例，我们通过在平台中设置埋点的方式收集数据，即通过数据入库和日志缓存，记录小微企业在操作融资申请时的埋点字段，如表 6-6 所示。

表 6-6　企业融资埋点字段

一级字段	二级字段	字段解释
融资信息 LoanInfo	userId	用户 ID
	mobileNo	手机号
	businessName	企业名称
	loanTime	贷款时间
	registeredCapital	注册资本
	userType	用户类型
	totalLiabilities	负债总额
	loanBalance	贷款余额
	creditInquiry	查征次数

在企业融资过程中，我们主要收集企业主的身份数据、行为数据、经营数据、信用数据，如图 6-25 所示。

❑ **身份数据**：客户姓名、企业名称、纳税编号、注册地址、经营范围、企业类型、注册资本、关联股东、联系方式等。

❑ **行为数据**：活跃用户、新增人数、点赞人数、评论内容、产品偏好、浏览频次、消费类别、访问时长、浏览路径等。

- **经营数据**：企业规模、资产总额、运营状况、净利润比、实缴金额、负债总额、销售收入、投资成本、融资情况等。
- **信用数据**：还款记录、历史贷款、贷款余额、授信额度、信用贷款、抵押贷款、查征次数、逾期信息、借款合同等。

身份数据　行为数据　经营数据　信用数据

客户姓名 企业名称　活跃用户 新增人数　企业规模 资产总额　还款记录 历史贷款
纳税编号 注册地址　点赞人数 评论内容　运营状况 净利润比　贷款余额 授信额度
经营范围 企业类型　产品偏好 浏览频次　实缴金额 负债总额　信用贷款 抵押贷款
注册资本 关联股东　消费类别 访问时长　销售收入 投资成本　查征次数 逾期信息
联系方式……　浏览路径……　融资情况……　借款合同……

图 6-25　企业融资数据收集

在产品生命周期中，数据收集是一个持续的过程，我们通过数据集市构建多维度、多指标、多层次的用户画像来满足特定部门或目标客群的不同需求。比如在引入期会收集静态数据、了解客户目标、优化产品功能等，在成长期会收集动态数据、聚焦产品服务、实现精细运营等，在成熟期会维护用户数据、丰富用户画像、寻找产品创新等，在衰退期会整合数据资产、寻找新增长点、寻找新突破口等，如图 6-26 所示。

对收集的数据进行存储、清洗、分析与监控，可以帮助我们深度还原用户的使用场景、操作规律、访问路径及行为特点等，从而找到实现用户增长的"病毒因子"。

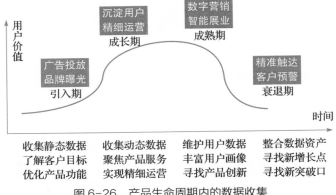

图 6-26　产品生命周期内的数据收集

6.3.3　用户标签建模

标签建模是建立用户画像体系中最核心的方法。标签建模就是通过对用户的原始数据进行处理、建模分析和算法预测，从而得到事实标签、模型标签与预测标签（如图 6-27 所示），即给用户行为打上标签，得到基于数据的标签体系。

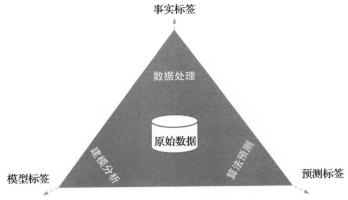

图 6-27　用户标签建模

企业融资中用户标签建模示例如图 6-28 所示。

图 6-28 企业融资中用户标签建模

- ❏ **原始数据**：包括用户身份数据、用户行为数据、消费交易数据、其他综合数据等。

- ❏ **事实标签**：包括贷款授信额度、贷款申请次数、最近申请时间、场景消费类目等。

- ❏ **模型标签**：包括用户行为偏好、消费趋势预测、用户忠诚预测、贷款风险预测等。

- ❏ **策略标签**：包括客户分群管理、细分用户价值、发展优质客户、挽留潜力客户等。

用户标签通过建模后形成标签体系，被应用于价格驱动、推荐驱动、爆品驱动和体验驱动等场景，如图 6-29 所示。

- ❏ **价格驱动**：用靶点价格来精准平衡供需、利润、基差和比价，挖掘价格导向性客户，可向上驱动产品赋予用户和服务的价值。

- ❏ **推荐驱动**：借助信息流推荐机制，充分挖掘用户感兴趣的内容，进而对客户进行个性化推荐和商机营销，有利于驱动用户增长。

❑ **爆品驱动**：找到与用户需求相匹配的产品或服务，借助爆品驱动模式，用内容支撑流媒体推广产品，进而打造引爆市场的产品。

❑ **体验驱动**：从用户体验视角把握不同触点的使用场景和页面交互，简化操作路径，减少学习操作成本，进而沉淀和转化用户。

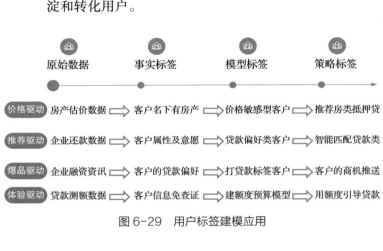

图6-29　用户标签建模应用

以房产估值为例，我们通过客户房产相关数据，初步预测客户名下有房产，基于估价模型评价客户是典型的价格敏感型用户，并给客户推荐以房子做抵质押的相关贷款产品。

标签建模流程包括金融文本挖掘、标签权重计算、机器语言学习、预测算法选择等。比如在金融文本挖掘中，TF-IDF算法用来检索信息与挖掘数据，产生用户偏好标签，并评估一个词义（标签）对于一个词库中的其中一份文件的重要程度。词义的重要程度与它在文件中出现的次数成正比，但与它在词库中出现的频率成反比，如图6-30所示。

$$词频（Term Frequency）=\frac{词义在金融文本中出现的次数}{金融文本的总词数}$$

$$逆文本频率指数（Inverse Document Frequency）=Log\left(\frac{金融文本总数}{出现该词语的文本数+1}\right)$$

词频–逆文件频率（TF-IDF）=TF*IDF

图 6-30　TF-IDF 算法公式

企业融资资讯 TF-IDF 分析示例如表 6-7 所示。假定该文长度为 1000 个词，"申请"和"提款"分别出现了 20 次、8 次。搜索企业资讯网站发现，包含"的"字的词义共有 100 000 个（假定为词库总数），包含"申请"的词义共有 12 000 个，包含"提款"的词义为 20 个。

表 6-7　企业融资资讯 TF-IDF 分析

关键词	TF	IDF	TF-IDF
申请	0.02	0.920 7	0.018 4
提款	0.008	3.677	0.029 4

用户标签权重不是单纯地靠技术与算法去计算，关键是用户标签要贴合业务场景，如图 6-31 所示。行为类型权重是指因不同行为反映出用户对产品的喜爱程度不同，所以其权重也不同。时间衰减即用户的历史行为和当前行为的相关性会随着时间推移不断减弱。行为次数即用户在同一天中同一行为出现的次数。

图 6-31　用户标签权重计算

以企业融资标签权重为例，在用户完成产品浏览、贷款申请和企业提款的过程中，我们可对用户的每一次操作行为、业务行为进行记录并打上相应的标签，并对不同用户行为对最终结果的贡献程度进行差异化分析，如图 6-32 所示。

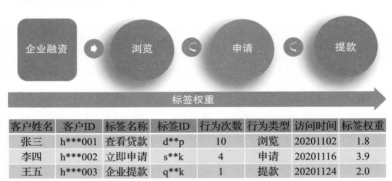

客户姓名	客户ID	标签名称	标签ID	行为次数	行为类型	访问时间	标签权重
张三	h***001	查看贷款	d**p	10	浏览	20201102	1.8
李四	h***002	立即申请	s**k	4	申请	20201116	3.9
王五	h***003	企业提款	q**k	1	提款	20201124	2.0

图 6-32　企业融资标签权重计算

6.3.4　构建用户画像

不同企业对用户画像有着不同的理解和需求。金融企业在搭建数字化平台的时候，要结合金融行业特点、自身产品数据、业务底层逻辑等来构建用户画像，并通过用户画像来显示数字化运营能力，如图 6-33 所示。

用户画像作为一种分析产品目标、洞察用户动机与赋能金融业务的有效工具，被应用在经营策略、广告投放、自动化营销和经营数据分析等领域，如图 6-34 所示。

以金融企业主的用户画像为例，其记录了用户身份属性、职业标签、消费习惯、行为偏好、经营数据和信用数据等，如图 6-35 所示。

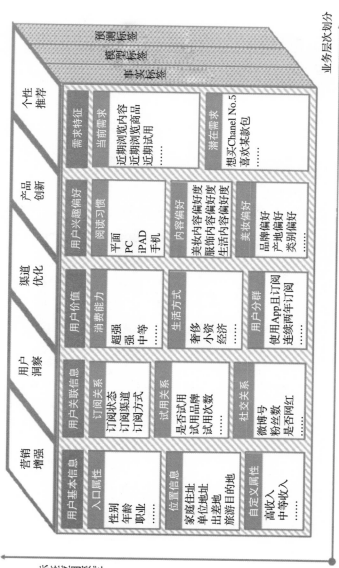

图6-33　用户画像

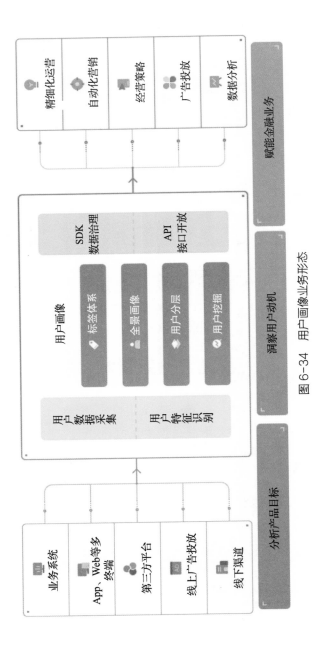

图6-34 用户画像业务形态

身份属性：30岁，女，已婚，有1个小孩，家住深圳福田，有1个房产证，2台轿车 **车龄合适** **有房有车**

职业标签：年薪百万，企业高管，金融行业商务人士，经常出差参加企业商务联盟活动 **高收入** **出行住宿** **人脉关系**

消费习惯：喜欢超前消费，近30天消费57次，消费金额89万元，最近一次消费是1天前 **借款消费** **购买力强**

行为偏好：金融理财，汽车供应链，手机数码，家装家居，社会公益，文化娱乐 **理财投资** **公益人士**

经营数据：企业规模500人，资产总额2亿元，负债总额4千万元，Pre轮融资2千万元 **资金周转** **企业融资**

信用数据：3笔已还完贷款记录，累计提款额度1千万元，征信查询4次，厂房曾被抵押贷款 **贷款需求** **履约能力**

图6-35 金融用户画像示例

基于特定的"人群"，捕捉正确的"场景"，找到对的"标签"，并定制个性化"服务"

6.3.5　用户画像应用

用户画像是一个复杂的系统，主要应用场景有智能客服、智能营销、智能推荐、信息流广告投放、智能贷款路由、特定人群分析、数据资产管理、数据经营分析等，如图 6-36 所示。

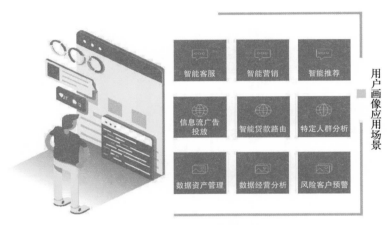

图 6-36　用户画像应用场景

华创微课信息流智能推荐系统如图 6-37 所示。

图 6-37　信息流智能推荐系统

❑ 通过企业官网、小程序、社交媒体和沙龙活动等渠道，进行多触点的数据采集。

❑ 对财税、产融、贷款、理财和行业等信息流进行处理，智能挖掘用户线索。

❑ 找到用户的基本属性、消费特征和行为信息等，按权重给用户打上动态用户标签。

❑ 用户画像系统为用户提供智能匹配，通过标签快速推荐个性化的资讯内容。

用户画像是帮助我们做好数字化运营的一个重要环节，关键在于其是否足够精确。企业融资中的用户画像包括用户概况画像、流量趋势画像、页面点击画像、行为分析画像、用户来源画像、广告营销画像等。

对于金融产品经理而言，以用户画像分析金融需要建立在数字化运营基础上，有助于更好地聚焦目标客户、分析业务场景、辅助产品设计、制定运营策略和完善产品形态。

6.4 小企业金融热力图分析

热力图是金融类网站、H5 或 App 运营的页面分析利器，可帮助产品经理分析用户行为，深入了解用户在页面上的操作习惯和行为路径，提升用户体验，进而提升页面的转化效果。

数据分析是金融产品经理必备技能之一，掌握一定的数据分析知识，工作效率会更高。热力图分析是数据分析的重要手段之一。

6.4.1　热力图基本原理

热力图是指将用户在网站或 App 上的点击与浏览行为以图的形式展现出来。简而言之,热力图就是将用户行为可视化展示。热力图本质上是一个数值矩阵,通过离散数值、权重算法与分析模型等技术手段,将用户行为频度以色块的形式展现出来。图上每一个色块都是一个数值。热力图通过可视化的效果呈现,帮助产品经理深入分析用户对内容及功能的访问情况、操作习惯、行为偏好等。根据用户在网站、H5 或 App 上的点击、滚动等行为,我们可将热力图分为点击热力图、移动热力图、滚动热力图、链接热力图等。

1. 点击热力图

数极客点击热力图示例如图 6-38 所示。点击热力图统计用户的点击行为。通过点击频度生成的热力图,我们可以直观了解用户对功能模块、页面内容的喜好。

点击热力图可以帮助金融产品经理进行网站首屏优化,以便于产品经理聚焦页面排版和内容质量,通过网站深度 A/B 测试,验证页面的整体效果。

2. 移动热力图

移动热力图记录用户鼠标移动、停留等行为,以便于了解用户对哪个区域比较感兴趣。

移动热力图可以帮助金融产品经理分析操作功能或优化网站,比如通过视觉元素和功能服务的呈现来提高首屏页面的曝光率。

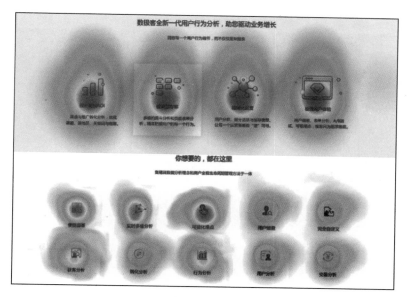

图 6-38 数极客点击热力图

3. 滚动热力图

滚动热力图显示了用户上下滚动页面的数据，可识别用户看到的页面比例。通过页面比例，金融产品经理可了解抵达某区域的留存比例，该数值越低，说明访客关注越少。

滚动热力图可帮助金融产品经理更好地了解用户行为偏好，或辅助设计页面与调整内容等。

4. 链接热力图

数极客链接热力图示例如图 6-39 所示。链接热力图聚焦链接元素的点击热度，可直观地展示用户点击页面元素的点击量、点击率等。

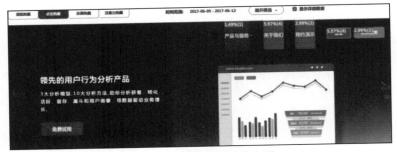

图6-39　数极客链接热力图

链接热力图可帮助金融产品经理检查网站链接设置是否合理，或分析链接的 A/B 测试效果，以便进一步制定优化策略。

6.4.2　如何绘制热力图

热力图是数据分析的常用方法。常用的绘制热力图软件有 R，Excel，MATLAB，GraphPad，Python 的 Matplitlib、Seaborn 和 pyHeatMap 等。

用 Excel 绘制热力图是通过条件、色阶来展示数据的差异，便于快速了解网站和落地页的访问情况。以华创微课商户支付为例，我们先获取绘制热力图的原始数据矩阵，选中表达数据，调整数据的条件格式和自定义色阶，如图6-40所示。

华创微课	HC01	HC02	HC03	HC04	HC05	HC06
WK01	6.36730754	18.19034214	42.48760687	57.22496967	78.79174023	17.9072184
WK02	59.64426097	39.2019321	89.45579053	91.92181533	49.14734597	0.632466093
WK03	91.7272215	2.979413051	81.14149961	94.58025271	59.51112971	5.265405663
WK04	28.74463982	36.63632516	85.84369416	56.52196921	69.03922289	56.47030729
WK05	38.22150839	14.5275044	57.09921556	69.87354459	76.652725	6.551575191
WK06	26.77324449	2.24541329	8.266074757	92.02063815	92.31154815	21.43972705
WK07	7.833380004	47.64303639	72.14540034	56.78742628	50.63533549	69.32666403
WK08	24.71258894	17.72959831	81.92943666	82.49247091	90.42910811	98.92894995
WK09	15.72165092	92.50005144	52.31230282	64.65148528	20.55606448	36.65805502
WK10	54.87845985	25.02392441	28.37335214	81.21023667	86.72944817	71.65015376

图6-40　Excel原始数据矩阵

然后把数据矩阵中的文字隐藏掉，就形成了热力图，如图 6-41 所示。通过热力图，我们能直观地观察到商户支付的变化趋势，从中发现更多用户规律，以便采取下一步优化措施。

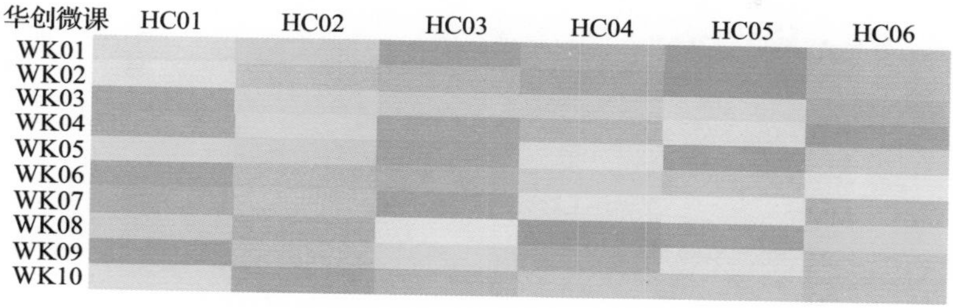

图 6-41 用 Excel 绘制的热力图

用 Python 绘制热力图是通过色差、亮度来展示数据的差异，直观易理解，便于快速识别高频功能。以华创微课用户类型为例，我们要分析互联网从业人员的行业属性权重，首先获取原始数据矩阵，然后自定义数据参数、颜色参数、颜色刻度条参数，设置矩阵小块形状等，如图 6-42 所示。

使用 Python 的 pyHeatMap 模块进行数值计算，将互联网从业人员行业属性密集度可视化，并绘制成热力图，如图 6-43 所示。

6.4.3 热力图应用场景

热力图因其丰富的色彩变化和生动饱满的信息表达，被应用在各种数据分析场景，主要应用场景有事件分析、页面分析、活跃分析、留存分析、漏斗分析、路径分析等。

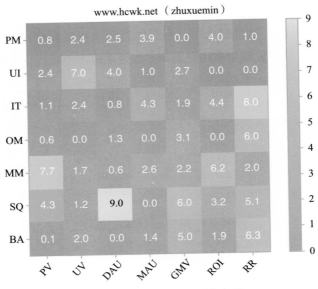

图 6-42　Python 原始数据矩阵

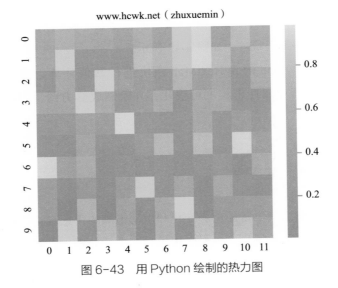

图 6-43　用 Python 绘制的热力图

对于金融产品经理而言，热力图的作用主要体现在以下几个方面。

1）**产品运营**：基于热力图进行功能界面、交互设计等优化，发现问题并快速迭代产品，提高着陆页转化率。

2）**用户运营**：基于热力图进行用户触点、用户路径等优化，通过运营与用户建立连接，降低网站的跳出率。

3）**内容运营**：基于热力图进行产品卖点、文案内容等优化，深度洞察用户点击偏好，提升用户整体留存率。

4）**渠道运营**：基于热力图进行广告投放、品牌宣传等优化，解决获客问题，激发渠道用户活跃度。

6.4.4　热力图案例分析

以小企业金融落地页为例，华创数字银行上线了一些金融公司的贷款业务，使用热力图进一步了解贷款业务的点击率和跳出率，分析用户行为轨迹。

首先，设置需要分析的小企业金融落地页的区域或内容，比如自定义圈选小企业金融的贷款业务、流动资金贷款、固定资金贷款等，如图 6-44 所示。

然后，基于页面埋点收集网站访问数据。网站通常关注的数据指标有新增用户数、用户留存率、页面浏览次数、内容点击次数、转化率等，比如小企业金融的用户数、页面浏览次数、内容点击等，如图 6-45 所示。

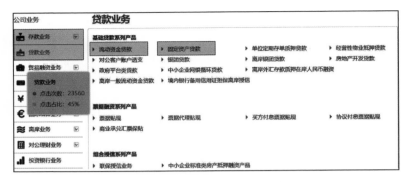

图 6-44　小企业金融圈选内容

序号	热图区域	热图名称	热图名称	页面浏览次数	点击占比	操作
1	贷款业务	基础贷款	流动资金贷款	23 560	45.01%	详情　配置埋点　埋点信息　编辑　删除
2	贷款业务	基础贷款	固定资金贷款	2 312	4.41%	详情　配置埋点　埋点信息　编辑　删除
3	贷款业务	票据融资	票据贴现	5 344	10.21%	详情　配置埋点　埋点信息　编辑　删除

图 6-45　小企业金融数据指标

最后，获取目标图像，对图像进行高斯滤波、灰度处理、二值化、开运算、轮廓提取，计算中心点位，绘制热力图等。

1）**获取目标图像。**用 Python 获取指定的小企业金融贷款业务图像，如图 6-46 所示。获取图像时，我们可借助 PIL 库。PIL（Python Imaging Library）是 Python 的一个强大、方便的图像处理库。此外，我们也可借助 Matplotlib、OpenCV 等库来完成。

2）**对图像进行高斯滤波。**用 Python 实现高斯滤波是提取图片特征常用的方法，可以让处理后的图像看起来更模糊，如图 6-47 所示。

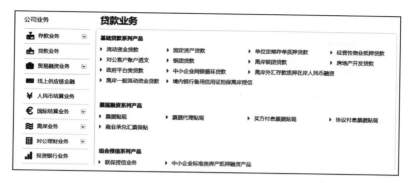

图 6-46　小企业金融贷款业务图像

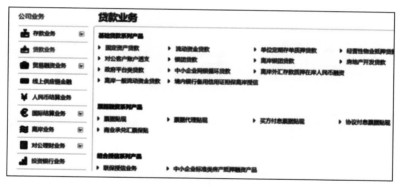

图 6-47　小企业金融贷款业务图像高斯滤波

　　3）对图像进行灰度处理。用 Python 处理图像灰度值，是图像处理中最为重要的环节之一，包括特征提取、图像 OCR、图片降噪、图片加噪等，如图 6-48 所示。

　　4）对图像进行二值化。用 Python 对图像二值化，就是将图像上像素点的灰度值设置为 0 或 255，使得整个图像只有黑和白的视觉效果，如图 6-49 所示。

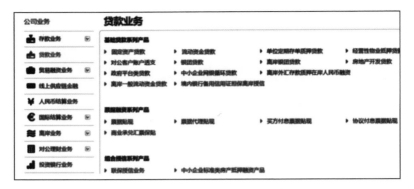

图 6-48　小企业金融贷款业务图像灰度处理

图 6-49　小企业金融贷款业务图像二值化

5）对图像进行开运算。用 Python 对图像开运算，就是将图像腐蚀后进行膨胀处理，去除噪声，并保持原有形状，如图 6-50 所示。

6）提取轮廓并计算坐标。用 Python 实现轮廓提取时，我们需找到图像主题轮廓，用指定颜色对源图像进行轮廓标记，计算轮廓中的坐标，如图 6-51 所示。

图 6-50 小企业金融贷款业务图像开运算

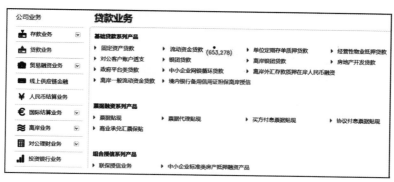

图 6-51 小企业金融贷款业务图像轮廓提取及计算坐标

7）绘制热力图。用 Python 绘制热力图时，我们需借助 pyHeatMap 库，将识别结果得到的坐标值 Data（Data = [[$x1$, $y1$] [$x2$, $y2$] …]）传入 Apply_heatmap (image, data) 来绘制热力图，然后将热力图加权叠加到原图上，就得到小企业金融贷款业务的热力图，如图 6-52 所示。

从图 6-52 中可以直观地看到贷款业务页面上每一个区域的访客兴趣焦点，并以高亮的形式显示访客感兴趣的页面区域，为小企业金融网页的优化与调整提供了参考依据。

图 6-52　小企业金融贷款业务热力图

用热力图把用户的点击、浏览、滚屏、停留等行为数据可视化，方便我们分析用户行为，了解用户的关注点，进而提升用户体验，提高转化率，实现精细化运营。

6.5　本章小结

本章主要阐述数字化运营的工具、技术、方法、规则，从客户运营、产品运营、活动运营、渠道运营 4 个维度描述商业银行的数字化运营。数字化运营就要洞察用户行为，从页面点击、行为事件、行为路径、用户分群、转化漏斗、渠道质量、热力图等方面进行分析。用户画像主要是按照数据收集、标签建模、构建画像等步骤来构建的。在产品生命周期内，通过数字技术和数字化能力对客户进行线上精准触达和智能展业，从而提升客户价值并聚焦客群经营。

|第 7 章| CHAPTER7

金融产品精准化营销

从传统营销到数字化营销，精准化营销赋能企业打通全链路渠道营销触点，打造一体化品牌营销闭环。产品冷启动阶段的种子用户，助力金融企业高效运营海量用户；让用户上瘾的钩子产品，助力金融行业快速获客；以营销 ROI 为导向的商机事件，助力金融平台实现业务增长。

7.1 寻找爆点：金融产品营销洞察

在金融产品营销的过程中，"爆点"是用户最能被打动的关键点。对爆点进行差异化营销，将优质内容或服务输出，可达到获客或活客的目的，进而让用户为内容付费，为产品买单。

面对庞大的贷款客户，金融企业致力于寻找爆点，并基于"人货场"制定"千人千面"的营销策略。不同客户群体的营销侧重点也有所不同。爆品要求产品经理具备爆品思维，并能针对当前金融产品去设计爆点，主要体现在以下几方面。

1）**品效合一**：注重品牌和效果的转化，在做营销活动的时候，既要看到品牌宣传的流量，又要带动用户转化。

2）**品效协同**：注重"品 + 效"协同投放，重点是以更合适的方式触达用户，实现品牌推广、营销的长尾效应。

3）**IP 营销**：关注具备市场价值的 IP。一个有内容的 IP 营销，可以连接金融行业的不同细分领域，让产品营销变为内容变现。

4）**长效 ROI**：关注用户生命周期，借助营销把用户导入金融企业私域，进行用户行为的精细化管理，并驱动长效营销。

7.1.1 营销 4 个痛点

随着金融市场的不断发展，金融行业的竞争也日益激烈，有效开展金融产品营销是金融企业提高竞争力的首要选择。但是，在金融产品营销过程中，金融企业寻找爆点面临着以下 4 个痛点。

1）**营销客户缺乏有效洞察**：营销客户没有真正地洞察用户需求并为用户创造价值，反而给用户徒增学习成本和操作压力。

只有进行有效的营销洞察，才能识别目标客户，并做出正确的营销决策。

2）**营销活动易受用户抵触**：营销活动没有从使用场景出发，规则或门槛让任务完成受阻，让用户产生逆反心理和抵触情绪。因此，与用户共情，进行一次有效的沟通，可减少用户对产品的抵触心理。

3）**营销行为触碰安全问题**：营销活动方没有保护好数据，导致大量用户隐私数据被泄露或倒卖，且存在欺诈或误导行为。因此，我们需搭建数据安全体系，以便为用户提供个人信息保护或数据安全管理。

4）**营销渠道增加获客成本**：营销渠道没有打通，导致同行竞争，获取客户流量愈发困难，获取客户成本不断飙升。因此，通过建立渠道营销体系来精准获客，可降低获客成本。

简而言之，用户在体验产品或服务过程中原本的期望没有得到有效满足，最终导致企业业绩增长放缓、订单量难以提升、营收不再平衡、利润空间缩减。

7.1.2　营销2个目标

营销洞察的关键是设定清晰的营销目标，基于产品定位、用户需求、竞争对手、使用习惯，做出正确的营销决策。

比如依托智能推荐引擎，连接借款用户与金融企业，智能匹配目标客户、贷款产品、营销话术、MGM工具，达到精准营销的目的，并量化营销目标。

1）**定量营销目标**：通过用户洞察，汇聚有真实贷款需求的用户，帮助金融机构找到优质的目标用户，增加客流量；通过曝光提升品牌知名度，增加贷款订单量。

2）定性营销目标：通过引入更精准的流量，向有贷款需求的用户做营销活动，提高线上运营效率，在深化自己的品牌效益的同时，充分发挥信贷人员的经验和判断能力，提高贷款申请的准入条件，以便筛选更优质的目标贷款客户。

7.1.3 营销 4 个模型

对产品不同阶段的潜在客户或用户进行全渠道营销，通过精准触达实现智能展业，并提升转化率。这关键需要知道客户生命周期模型。

1. 4P 营销理论

4P 营销理论是产品（Product）、价格（Price）、渠道（Place）、促销（Promotion）这 4 个基本策略的组合，如图 7-1 所示。

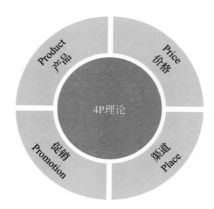

图 7-1 4P 营销理论

1）**产品**：产品是品牌的载体，但产品必须有独特的卖点，即把产品的功能诉求放在第一位，以满足消费者的需求与欲望。

2）**价格**：根据不同的市场定位，制定不同的价格策略。产品定价、价格策略是企业根据品牌战略制定的。

3）**渠道**：企业将产品的所有权从制造商移转到客户渠道所选择的策略，即企业并不直接面对消费者，而是通过经销商的销售网络建立联系。

4）**促销**：企业需要制定品牌宣传、整合广告、客户公关与销售推广等策略，且策略是根据产品生命周期不断调整的。

2. 波特五力模型

波特五力模型是指供应商的议价能力、购买者的议价能力、同行业内的竞争能力、新进入者的威胁能力、替代品的替代能力，如图 7-2 所示。

1）**供应商的议价能力**：供应商通过提高投入要素价格与降低单位价值质量来影响行业中现有企业的盈利能力与产品竞争力。该能力高低一般取决于供应商的数量、规模、集中度、材料稀缺性等。

2）**购买者的议价能力**：购买者通过压价与要求提供较高的产品或服务质量来影响行业中现有企业的盈利能力。该能力高低一般取决于购买者的数量、人数、价格敏感性、是否有替代品等。

3）**同行业内的竞争能力**：竞争对手以在产品、价格和服务等方面具有的优势来冲击现有市场的能力。该能力高低一般取决于竞争对手的数量、离开行业的成本、行业增长速度和规模、客户忠诚度、资源整合的威胁。

4）新进入者的威胁能力：新进入者通过给行业带来新生产技术、新资源等来获得市场份额，导致行业中现有企业盈利水平降低。该能力高低一般取决于新进入者的资本需要、品牌溢价、产品差异化、规模经济等。

5）替代品的替代能力：企业通过提供具有相似功能的产品或能被用户接受的替代品来满足客户相同的需要。该能力高低一般取决于替代品的数量、性能、改变成本、转化成本等。

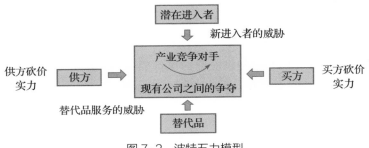

图 7-2　波特五力模型

3. AISAS 消费者行为分析模型

AISAS 消费者行为分析模型由引起注意（Attention）、提起兴趣（Interest）、信息搜寻（Search）、购买行动（Action）、与人分享（Share）5 个要素构成，如图 7-3 所示。

1）引起注意：通过自媒体、信息流、竞价、DSP、品牌广告、纸媒等方式，使广告触达用户，从而引起用户的注意。

2）提起兴趣：从广告中挖掘满足用户需求的内容，从而让用户对产品感兴趣。

3）信息搜寻：目标用户对产品有一定的兴趣后就会产生搜

索行为，然后去搜索产品的口碑和评价，以便进一步对比。

4）购买行动：在收集了足够多的信息之后，用户对满意的产品最终做出购买决定，为内容付费或为产品买单。

5）与人分享：用户购买后通常会在互联网上进行分享，向朋友去推荐产品，达到口碑传播效果。

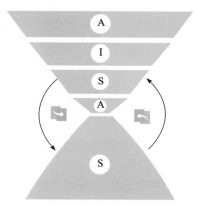

图 7-3　AISAS 消费者行为分析模型

4. STP 市场营销模型

STP 市场营销战略模型由市场细分（Segmenting）、目标市场（Targeting）和市场定位（Positioning）构成，如图 7-4 所示。

1）市场细分：营销者通过市场调研，依据消费者的需求、欲望、购买行为和购买习惯等方面的差异，将市场中的某一产品或服务进行细分。

2）目标市场：根据市场细分，选择目标市场，明确以哪一类产品或服务进入一个或多个细分市场，并达到满足用户某种需求的目的。

3）市场定位：根据目标市场中同类产品竞争状况，或顾客对该产品的重视程度，对关键特征及卖点进行包装，来获得顾客认同，并明确竞争地位。

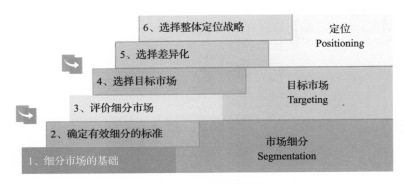

图 7-4　STP 市场营销模型

以金融企业的 STP 市场营销为例，首先根据不同用户的金融服务需求，寻找合理的金融市场，并将金融市场细分为贷款、理财、货币、基金、债券等子市场，对若干子市场确定有效的细分标准；然后，选择其中一个或多个细分金融市场，去评估每个细分市场的机会点，进而选择目标市场；最后，针对每个目标细分市场可能的定位，选择差异化、最合适的定位作为金融产品规划的战略方向，如图 7-5 所示。

7.1.4　营销 6 个方案

从爆品功能到爆品平台，金融企业都是以用户的网需为"爆点"，在不同场景下运用不同的营销方案，具体如下。

图 7-5　金融企业的 STP 市场营销

1）**KOL 营销**。通过行业 KOL 聚集有共同兴趣爱好的人，以兴趣爱好为私域流量的爆点，实现规模效应，以小众用户影响大众群体，进而达到口碑曝光和品牌扩散的目的。

2）**互动营销**。基于互动双方的利益共同点，提供多样化场景营销活动，在互动过程中植入品牌软广作为爆点，将用户引流至线上并持续互动，达到互助推广的营销效果。

3）**老带新营销**。通过存量客户的转介绍，实现对新客户的联动营销，从而获取新的客户。因此，老带新既可增信又可提升转化率。

4）**事件营销**。借助具有新闻价值、社会影响以及名人效应的热门事件或话题进行营销，通过自媒体曝光，捕捉用户的兴趣点，即找出事件线索，进行商机营销，从而达成产品促销的目的。

5）**渠道营销**。针对渠道特点，采取市场推广、网络营销等手段，通过数据分析调整营销策略，打通全渠道营销触点，以达到在终端提高品牌触达率，进而提升渠道 CPA 或 CPS 转化效果。

6）**智能营销**。通过将数字技术应用到产品营销中，实现智能化、自动化的爆点营销，为用户提供精准的商品推荐、人群匹配等，以达到精准触达、智能展业的营销创新目的。

以贷款广告智能营销为例，金融企业利用贷款标签定位目标客户。若客户使用百度搜索了"贷款"相关词条，智能系统将向其推荐与贷款相关的票据贴现、数字贷、纳税贷、房抵贷等产品，从而实现贷款广告的精准营销，如图 7-6 所示。

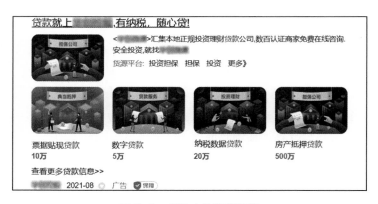

图 7-6　贷款广告智能营销

7.1.5　营销 3 个成效

以客户为中心的金融产品营销是通过制定正确的营销策略，

给不同目标客群推荐合适的贷款产品，所以要考虑营销方案的合理性，即获得爆点营销的最大化投资回报率（ROI）。

在金融产品爆点营销中，关键是要明确爆点、表达爆点、落地爆点、量化爆点。以贷款测额为例，贷款测额简化了贷款流程，提升了贷款效率，因此我们将贷款测额作为金融产品营销的"爆点"，主要从以下 4 个方面着手营销。

1. 明确贷款测额

因个人周转或企业经营而产生流动资金需求，急需通过贷款测额的方式预估授信额度是否满足资金需求，以便产生进一步的贷款行为。贷款测额是在贷款申请进件后，试算出预授信额度，并以此为基础确定不同时期流动资金贷款。因此，贷款测额可明确为一个爆点——解决流动资金需求问题，从而引起用户持续关注。

2. 表达贷款测额

贷款测额的关键是确保借款人的借款用途合理，保持良好信用记录，以降低银行资产负债率。在明确贷款测额为爆点后，金融企业就要让用户获得预期与实际相符的预授信额度，即贷款测额要合理表达用户的贷款诉求。其实，贷款测额主要是通过获取的企业主的净资产、总资产、流动比率、存货、应收账款、预付账款、销售利润、资产负债、客户信用、贷款用户、偿还能力等数据构建授信模型，然后跑决策量化用户的负债（$D_0 \sim D_m$）、权益（$E_0 \sim E_m$）、资产负债率（$R_0 \sim R_m$）和财务杠杆（$L_0 \sim L_m$）进行额度试算，如图 7-7 所示。

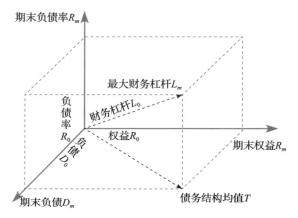

银行可接受最大财务杠杆为L_m，最大资产负债率为R_m，则新增加的负债限额为：

$$C=D_m-D_0=L_mE_m-L_0E_0$$

若在此期间客户的权益没有变化，即$E_m=E_0$，则

$C=(L_0-L_0)\times E_0$。其中：$L_0=\dfrac{R_0}{1-R_0}$，$L_m=\dfrac{R_m}{1-R_m}$

可得：

$$C=\left(\dfrac{R_m}{1-R_m}-\dfrac{R_0}{1-R_0}\right)\times E_0,\ D_m=\left(\dfrac{R_m}{1-R_m}-\dfrac{R_0}{1-R_0}\right)\times E_0+D_0$$

以银行债务结构平均值T来表示，则客户贷款额度参考值为：

$$L=\left[\left(\dfrac{R_m}{1-R_m}-\dfrac{R_0}{1-R_0}\right)\times E_0+D_0\right]\times T$$

图 7-7　贷款测额试算

3. 落地贷款测额

落地贷款测额终究要回归到金融产品营销方案的执行。以贷款测额领红包为例，首先，通过合作渠道投放广告给有贷款需求的目标客户；然后，通过私域流量邀请好友测额；好友点击邀请链接进行贷款测额，根据测额规则输入企业名称、勾选"我的名下有房产"，点击"立即测算"，系统就会自动试算（试算

结果为最高可贷金额 2 985 000 元）；最后通过"领取 800 元红包"激励用户进行贷款申请，完成贷款进件后即可解锁红包，如图 7-8 所示。

图 7-8　贷款测额领取红包

4. 量化贷款测额

精准营销是以效果为导向，所以要量化贷款测额的营销效果。通过领取红包的形式激励用户贷款测额，根本目的是获得以下 3 个营销 ROI。

1）**广告投放触达率**。贷款测额通过精准营销获得总曝光 56.2 万次，触达超 37.6 万人次，展现量提升幅度达 66.9%，触达用户中目标客群比非触达用户高 2 倍，提升了推广效果，且触达人群更精准。

2）**贷款申请进件率**。贷款测额通过商机营销获得总线索量 45 120 条，贷款测额点击数达 16 278 次，点击率为 36.1%，完成贷款申请人数为 2797，提升 6.2% 线索转化率，进件率平均提升 17.2%，提高了贷款申请规模。

3）**额度授信放款率**。通过授信额度的方式，放款数量达 839 人次，放款金额达 6712 万元，放款率提升 30%，放款成本降低 50%。

贷款测额是以红包为噱头，基于用户画像与长尾客户进行精准触达和智能展业，实现了从测额引流到贷款下单的营销闭环。

爆点让营销更简单，助力金融企业获客。爆点营销就是找到产品的增长因子，通过精准营销形成独家爆品，提高企业的经营效率。

7.2 打造爆品：种子用户营销方案

在金融产品冷启动过程中，是培养初始用户还是种子用户？估计有些金融产品经理不太理解两者的区别。带着这个疑惑，请思考以下几个问题：

❑ 你理解的初始用户是什么？初始用户就是种子用户吗？

❑ 初始用户如何过渡到种子用户？你理解的种子用户是什么？

❑ 种子用户到底有什么用？种子用户应该如何营销？

7.2.1 种子用户 6 点价值

初始用户就是在产品引入期沉淀的第一批用户，这个时期更多是追求用户数量的增加，而忽视了用户质量的提升，导致我们无法基于初始用户的反馈，去合理优化功能不完善的产品。初始用户过渡到种子用户，需要具备能老带新、敢于尝试不同的玩法等特点。

种子用户是在产品最初形态或探索阶段，积极参与业务模式创新，持续提出功能优化建议，并增加平台活跃度和黏性的用户。种子用户可以验证产品业务模式或用户增长假设，从而更好地从 0 到 1 打造产品 MVP。

种子用户具备活跃度高、贡献大、传播度广的能力。比如知乎的 KOL 推荐、锤子的营销造势都是利用或积累种子用户来激励裂变、拉新，并做好产品的优化与升级，以给企业积累更多的口碑。

种子用户的本质是初始用户的目标转化和价值提升。种子期的产品没有任何品牌或口碑可言，所以我们要基于种子用户的 6 点价值去挖掘目标用户。

1. 种子用户可以验证功能设计的合理性

基于产品逻辑和业务流程去验证功能是否合理，收集种子用户的使用体验和问题反馈去优化金融产品的功能。比如做一个贷款测额工具，在投放市场前，用种子用户来验证测额模型设计是否合理，通过收集种子用户大量的数据去跑模型和额度试算，验证测额结果是否接近真实用户贷款额度，并进一步优化测额工具。

2. 种子用户可以验证内容建设的合理性

基于内容创作和专区建设去验证金融圈子是否设置合理，收集种子用户的贡献价值和活跃程度去优化金融产品的内容。比如做一个金融专区，在沉淀用户前，提供理财、贷款、保险类产品，辅以贷款测额、智能投顾、保险评测等工具，链接金融行业相关的资讯与视频，用种子用户去验证内容，并进一步优化专区建设。

3. 种子用户可以验证品牌传播的扩散性

基于品牌效应和传播价值去验证方案是否能快速扩散，利用有个人 IP 或行业 KOL 的种子用户去扩大产品口碑营销的影响力。比如做一个财税 SaaS，在提供服务前，用种子用户去验证发票验真、代理记账和财务报税等企业服务是否是刚需或高频需求，并进一步优化财税服务。

4. 种子用户可以验证活动营销的扩散性

基于活动运营和市场营销去验证策略是否合理，利用有持续价值输出或特殊贡献的种子用户去扩散活动效果。比如做一个企业捞金活动，在活动投放前，通过活动分享机制，利用种子用户对活动进行口碑营销和饥饿营销，并进一步优化捞金活动。

5. 种子用户可以验证社群裂变的有效性

基于社群运营和用户裂变去验证流量是否有效转化，利用有影响力或最活跃的种子用户去链接可以变现的私域流量池。比如做一个金融产品圈子，利用有金融经验和知名度高的种子用户，通过老带新邀请机制，实现目标用户的病毒式增长，并进一步优化产品圈子。

6. 种子用户可以验证数据治理的有效性

基于数据管理和方案治理去验证流程设计是否有效，利用懂得数据方案和数据分析的种子用户对数据资产进行有效管理。比如做一个用户数据凭证，对有企业工商信息、经营数据和资产负债的种子用户授权将数据凭证使用到企业融资中，实现申请或授信时自动反显数据，并进一步优化数据凭证。

简而言之，种子用户的价值在于具备产品创新能力，敢于挑战新事物，并积极拥抱变化，有利于打造爆品。

7.2.2　种子用户 4 个格局

种子用户能够在产品使用过程中快速发现产品存在的问题，

便于加速产品迭代周期。在新产品上线后，我们要一直寻找符合产品定位的种子用户。

其实，只要愿意体验金融产品，并给出反馈建议的目标用户群体，都可以成为种子用户。但是，种子用户需要有一定的产品格局，即在做金融产品的基础上，知政策、看市场、会业务、懂客户，如图 7-9 所示。

图 7-9　种子用户的 4 个格局

- **知政策**：要懂当地的法律法规和监管政策，避免业务走向灰色产业或触碰红线。比如数据类的金融聚合、SaaS 聚合等，我们要结合银监管理办法或法规，去调整产品策略或运营方案。

- **看市场**：市场现状、发展情况影响产品定位和商业模式，因此我们一定要随时调整产品策略来获得市场机会。比如在做市场推广、渠道选择时，要确保产品与市场匹配，把渠道 ROI 做到盈利的状态。

- **会业务**：典型的金融营销理念是"业务最大"，即以业务为导向，用业务驱动产品，让需求快速落地。比如以战略类的产品形态、商业模式等，去打造最小可行性版本，并验证营销方案的可行性。

❑ **懂客户**：维护和平台发生密切关联或产生附加价值的用户，用同理心去了解用户，挖掘用户的需求。比如基于用户画像、用户行为等，圈定人群进行增值服务，以便精准营销和智能展业。

7.2.3 种子用户 3 个模型

挖掘种子用户是获取第一批忠实用户，即从初始用户中选择一些热衷金融产品的用户和关键意见领袖作为目标用户，再从中挑选可以创造商业价值、具备行业权威的种子用户。

其实，从初始用户过渡到种子用户，就是把目标转化和价值提升细化为一些具体的活跃度、转化率、贡献等数据指标，并将其作为挖掘种子用户的 3 个模型，如图 7-10 所示。

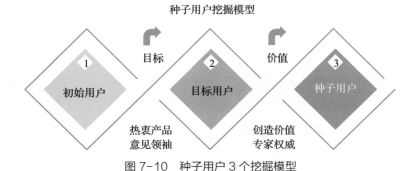

图 7-10　种子用户 3 个挖掘模型

1）**挖掘初始用户的活跃度**。通过试探用户的初始行为，找到用户热度区域，进而提升产品黏性，以有效促进用户活跃。

2）**挖掘目标用户的转化率**。确定用户的特征，深度挖掘用户行为，用数据标准来判断客户群体、目标页面、关键路径的转化。

3）**挖掘种子用户的贡献**。找到具备裂变能力的种子用户，引导其使用产品和贡献内容，以帮助我们推广产品。

获取种子用户的关键在于从初始用户中找到符合指标的目标用户。获取种子用户的常见方法有竞争挖掘、精准邀请、意见领袖、流量平台、病毒传播、地推引流等，如图 7-11 所示。

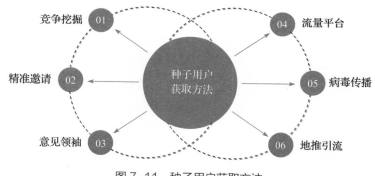

图 7-11　种子用户获取方法

以金融产品 MVP 为例，我们会通过 A/B 测试、数据分析和效果预测，选择一些高频、刚需或效率高的 SaaS 服务投放到流量平台，提供给带"企业主"属性的目标客群，从中获取有贷款或理财业务转化可能的种子用户，令其在不断使用产品中成为沉淀用户。有了种子用户后，我们就要去分组管理种子用户，并做出更有效的爆品营销方案，如对金融企业做行业细分，打造企业专区进行针对性营销，并提供与其经营相关的产品或服务。企业主在使用过程中成为意见领袖，不断地对产品提出优化建议，并形成老带新分享机制，设置一套裂变营销机制去病毒式传播和拉新用户，通过积极贡献获取更多价值。

打造爆品营销，要考虑种子用户的数量和质量。在产品上线前，聚焦于具体功能或单个产品，让种子用户积极提出问题和建议，在用户转化和促活上追求量的提升；在产品上线后，聚焦于业务模式或产业生态，让种子用户主动分享、邀请好友，在用户裂变和增长上追求质的飞跃。对于打造金融爆品来说，种子用户的质量比数量重要，因为它会影响用户对产品形态的认知。

7.2.4 种子用户 4 个策略

打造爆款有利于提升金融产品的核心竞争力，但由于金融用户基数少，获取种子用户还需要一些营销策略，主要体现在重服务、轻体验、高赋能、低耦合，如图 7-12 所示。

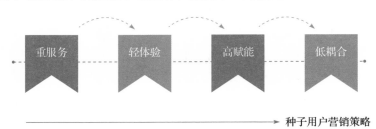

图 7-12　种子用户的营销策略

- ❑ **重服务**：给种子用户提供免费服务和增值服务，设置获取用户行为数据的埋点，制定打造爆品的用户画像，去饥饿营销客户，实现智能展业。
- ❑ **轻体验**：确保产品的主要功能可以使用，产品架构清晰，业务流程通畅，或数据结果无误，确保种子用户的降本增效，弱化功能操作上的体验营销。

❑ **高赋能**：数据赋能找到种子用户，链接贷款、理财、支付等金融场景，基于场景还原、场景重构等植入营销，再将场景输出转化为可变现价值。

❑ **低耦合**：弱化渠道合作的 H5 对接形式，打造模块化、组件化的开放 API 或 SDK 的营销中台，实现前后端功能解耦，让种子用户操作无感知，形成口碑营销。

此外，我们要重视种子用户的反馈，建立长期的互动关系，合作外部生态，匹配内部资源，并为种子用户提供优质的内容或服务，让营销策略快速落地，从而催生种子用户裂变。

7.3 引爆市场：钩子营销策略

在客户营销中，钩子是金融企业比较常见的一种玩法。一切有利于目标用户沉淀、商业模式变现或产品竞争力提升的手段、工具或策略都可以定义为"钩子"。

"钩子"是金融企业实现获客和活客的高频入口，也是金融企业制定运营策略的营销"暗器"。很多金融企业会结合核心业务的使用场景，做好金融活动营销，赋予钩子产品一些营销策略。

对于金融市场营销而言，钩子产品更多是刚需之外的产品。在营销用户使用产品的过程中，通过提供更多的附加价值或激励服务来挖掘用户的其他行为动机，从而更加直接地触达用户的核心需求。

在金融行业，很多做企业经营贷款、个人消费贷款的商业银行都在尝试提供一些与主营业务相匹配的钩子产品，比如金融产品、金融工具、金融服务、金融活动、金融事件、金融平台等，都可以在引爆市场中发挥"营销钩子"的作用。

7.3.1 为什么要做钩子产品：4 个理由

在金融平台中，投放钩子产品很普遍。那么，钩子产品可以是什么呢？常见的金融类钩子产品有企业信用、工商查询、发票验证、数字凭证、资产负债视图、财务记账、积分抽奖、每日签到、邀请好友、现金红包、加息卡券、贷款工具、智能投顾、承兑试算、还款日历与消息推送等。

金融产品要拥有留住用户的钩子，好的钩子不仅可以满足用户需求，还能引爆金融市场。所以选对钩子产品很重要，它将影响后续的产品体验和用户增长。

以贷款工具为例，我们把智能匹配作为钩子产品，按照用户特征属性维度，通过标签建立用户画像系统，基于算法预测为用户匹配合适的贷款产品，比如为可以正常纳税的企业推荐纳税贷，为可以开具增值税发票的企业推荐发票贷，为有经营厂房的企业推荐房抵贷。此外，我们可以基于用户浏览记录、收藏记录和申请记录，精准推荐贷款产品，从而触发用户进一步的贷款行为。

在整个智能匹配过程中，我们不需要投入太多的资源去引导用户就可帮助用户找到想要的且符合申请准入的贷款产品。智能匹配作为钩子产品，减少了用户选择贷款产品的烦琐操作和高昂学习成本，进而提高了贷款产品浏览量或申请点击通过率。

都说金融产品本身就是最好的营销，那为什么要做钩子产品？其实，最根本的目的是通过"试点"让用户上瘾，以实现金融平台的批量获客和用户转化，具体体现在 4 个方面，如图 7-13 所示。

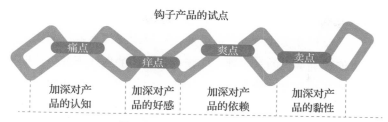

图 7-13 钩子产品的"试点"

1. 钩子产品可以作为解决用户需求的痛点

面对服务量基数庞大、各环节难以打通的金融行业，没有一个完整的金融产品营销体系能解决用户痛点。比如有贷款需求的用户，却无法从贷款超市快速找到合适的贷款产品，要一个个地去申请才知道是否符合贷款准入条件。金融企业用贷款路由作为钩子产品，链接金融产品的全链路申请过程，路由符合用户贷款准入的贷款产品。通过营销形成价值前置的搜索因子，从根本上解决用户的真正痛点，进而加深用户对产品的认知。

2. 钩子产品可以作为刺激用户欲望的痒点

通过营销策略勾起用户的热情，进而刺激用户更深层次的欲望。比如在日常经营中有流动资金需求的企业，通过数字融资获得了一笔授信额度，但是给的额度往往比较低，不能满足高额资金需求。商业银行用企业额度作为钩子产品，引导用户补充相关信息后，即可提升额度。通过营销形成价值升级的互动因子，从根本上刺激了用户欲望，进而加深用户对产品的好感。

3. 钩子产品可以作为即时满足需求的爽点

通过精准触达去营销用户，进而实现智能展业，需要一个纯线上的数字服务体系，让用户需求能够得到即时满足。比如有票据贴现需求的客户必须到线下的银行网点临柜开企业电子账户，整个贴现流程其实就断点了。商业银行可用视频面签作为钩子产品，智能识别客户的真实性，实现远程签约的纯线上开户。通过营销形成价值预留的口碑因子，从根本上满足了用户即时需求，进而加深用户对产品的依赖。

4. 钩子产品可以作为引起用户共鸣的卖点

面对金融产品与生俱来的服务价值，很多金融产品特性都是与用户需求相关的，需要金融产品具备前所未有或与众不同的差异化卖点。比如基于纳税数据推出的数字贷，最快当天放款 20 万元，解决了企业经营融资难的问题，让用户对流动资金需求有了共鸣，从而引导下一步转化，可刺激用户快速借贷或复贷。金融企业用贷款比价作为钩子产品，把贷款产品属性参数化、数据化，以比对更符合用户需求的产品。通过营销形成价值转化的裂变因子，从根本上引起了用户共鸣的卖点，进而加深用户对产品的黏性。

这些钩子产品像一些激励策略，用信息来刺激用户，从而促成行动，其实都是抓住了用户的痛点、痒点、爽点和卖点，从而让用户上瘾。我们要做的就是不断打造营销钩子，把用户钩向产品。

7.3.2 如何做好钩子产品：3 个关键点

钩子产品的本质是在数字化营销过程中，通过提供更多的套路式运营决策来改善产品体验或提高用户增长率，进而实现平台用户沉淀或商业价值变现。

那么问题来了，为什么你做了钩子产品，但效果甚微？如何从产品体验角度去理解钩子产品？如何从用户增长角度去理解钩子产品？如何从数字化营销角度理解钩子产品的本质及商业价值？答案如下：

1）从产品体验角度而言，我们要用同理心去洞察用户，通过钩子产品的服务与价值获得品牌曝光，提升平台口碑，加深用户对产品的认知。

2）从用户增长角度而言，我们要对内拓展获客思路，对外连接已转化用户。快速转化第一批种子用户，促进用户活跃，增加用户黏性，为平台带来更多增量和机会。

3）从数字营销角度而言，我们要通过爆款引流来触达用户，附加权益提升用户黏性，以低成本的产品试错来实现高频获客与用户转化。

7.3.3 钩子产品让用户上瘾：7个方面

不是所有的钩子产品都能起到让用户上瘾的效果。如果选择的钩子产品不够好，或与用户需求不符，反而会产生适得其反的效果。

因此，钩子产品如何让用户上瘾，是金融企业在客户营销过程中需要解决的问题。我们可以利用人性弱点来设计引爆市场的钩子产品。

1. 刺激用户"傲慢"心理的钩子产品

基于用户傲慢的表现，设计突出个人成就、洞察用户人性的钩子产品，比如虚拟管理人员、虚拟荣誉墙、特殊贡献勋章等。以特殊贡献勋章为例，金融企业为了刺激出借人投资，对有特殊贡献的用户以虚拟勋章量化并进行单独展示，且赋予一定的平台权益。

2.刺激用户"贪婪"心理的钩子产品

基于用户贪婪的表现，设计占小便宜、猎奇的钩子产品，比如达标抽奖、返现红包、消费积分、折扣优惠券等。以投资达标抽奖为例，出借人投资理财产品满额达标后，即可获得抽奖机会，抽奖后会消耗次数，并可以获得一定价值的相关赠品。

3.刺激用户"欲望"心理的钩子产品

基于用户欲望的表现，设计吸引用户的钩子产品，比如明星语音提示、网红活动海报、模特视频说教等。

4.激起用户"愤怒"情绪的钩子产品

基于用户愤怒的表现，设计流程烦琐、功能逻辑缺陷的钩子产品，比如避免用户双重注册、减少首页高频弹窗等。以企业融资为例，传统的企业主申请贷款产品时，既要注册个人账户，又要完成企业创建并认证，让用户在反感中逐步流失。我们可以通过数字证授权获得企业信息并反显，并调用银行系统简化企业认证，用户扫描邀请码即可加入企业组织，然后完成后续的贷款申请。

5.激起用户"妒忌"心理的钩子产品

基于用户妒忌的表现，设计用户区别对比、客群分层经营的钩子产品，比如人气客户、名企背书、行业认证等。以银行人气客户为例，按存款金额和使用场景对客户分类，比如累计在途投资金额 50 万元以上的用户，可以享受个性化定制理财服务。

6.满足用户"懒惰"心理的钩子产品

基于用户懒惰的表现，设计减少学习成本，简化操作路径的钩子产品，比如人脸识别、无感支付、智能测额等。以贷款智能测额为例，基于身份数据、行为数据、交易数据和信用数据跑授信模型，用户不需要录入大量数据，只需勾选授信数字凭证，并点击立即测额，系统就会自动进行额度试算。

7. 满足用户"虚荣"心理的钩子产品

基于用户虚荣的表现，设计可以让用户炫耀或满足虚荣心的钩子产品，比如理财会员等级、邀请好友点赞、分享年度数据等。以理财会员等级为例，基于消费金额将用户分为普通会员、白银会员、黄金会员、白金会员、黑金会员、钻石会员等，会员等级越高，尊享的权益就越多，从而让用户得到极大满足。

结合用户上瘾与逃逸指数（UAEI）可知，钩子产品丰富度与用户行为触达度呈正态分布，上瘾指数与之呈正相关，逃逸指数与之呈负相关。我们要做的就是在引爆市场中找到增加用户上瘾和减少用户逃逸的平衡点，用低价、高频的钩子产品去撬动这个点，如图 7-14 所示。

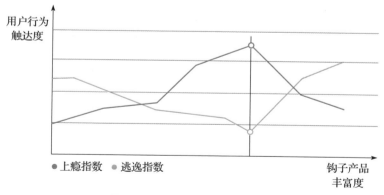

图 7-14 用户上瘾与逃逸指数

其实，在用户选择面前，一切的公司营销策略都变成次要的了。能给用户带来价值的钩子产品就可以获得用户的支持，并在让用户上瘾过程中，使产品赢得市场并快速发展。

对于金融产品经理而言，其要做的就是深入研究让用户上瘾的钩子策略，包括产品策略、运营策略、营销策略等。比如用产品策略做行业品牌钩子，让用户养成使用产品的习惯；用运营策略做老带新钩子，让潜在客户转为忠实客户；用营销策略做事件营销钩子，让用户为增值服务持续买单。

因此，要想引爆市场，我们就应该让金融产品自带钩子因子，将用户上瘾与用户逃逸的应对策略衔接在一起，一方面要用爆款产品让用户持续上瘾，另一方面要用价值预留减少用户逃逸成本。

7.4 本章小结

本章主要阐述寻找爆点、打造爆品、引爆市场的精准化营销策略。在寻找爆点时应洞察金融产品营销的 4 个痛点、2 个目标、4 个模型、6 个方案、3 个成效。打造爆品营销就要获取种子用户的 6 点价值、4 个格局、3 个模型、4 点策略。通过钩子产品可以让用户上瘾，进而引爆市场。

第8章 | CHAPTER8

金融产品平台化经营

　　企业经营之道实质上就是探索和实践企业发展的规律,基于"互联网+金融+场景+技术"的经营战略,乐观地思考、悲观地计划、愉快地执行。从金融企业的聚合平台、聚合服务,金融业务的支付融资一体化、金融平台的"四通一平",到金融行业的特色专区建设,都是经营者在践行企业经营之道。

8.1　金融企业的数字化经营

数字化经营是金融企业数字化转型过程中加速行业调整、实现资源优化、助推服务升级的关键环节。

当前，我国约有 7000 万个小微企业，如何通过数字化转型实现降本增效和协同管理，是小微企业在数字化经营的过程中需要思考的问题。与此同时，数字经济已进入下半场，小微企业应谋求数字化经营的智能化、精准化和高效化。

随着数字技术的发展，互联网、大数据、云计算、人工智能、区块链等技术全面赋能金融行业，从银行、保险、信托、证券、资管、信用卡、贷款、理财到支付等，都在尝试数字化转型，并加速重塑商业模式和金融产品创新。

8.1.1　数字化转型的 3 个痛点

数字化转型是金融行业的必然选择。数字化赋能金融业务，让做消费贷款或数字融资的金融企业快速发展。利用数字技术实现数字化运营，将企业服务与数字化经营相结合，是金融企业数字化转型成功的关键。

然而，在尝试数字化转型时，金融企业面临着一些数字化经营和数据管理的问题，其中很多问题因无法量化而难以得到解决，成为企业数字化转型的痛点，如图 8-1 所示。

痛点一：数据和信息不对称，无法做好资源整合。

企业经营者在获取用户信息和数据的过程中，会遇到不同程度的信息孤立、数据孤立情况，无法做资源整合。信息孤立导致信息不对称，无法把控贷前准入，进而带来申请欺诈风险。数据孤立导致数据碎片化，无法进行有效授信，进而带来信用欺诈风险。

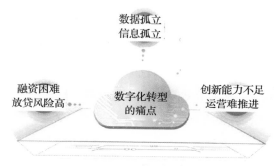

图8-1　数字化转型3个痛点

解决企业融资的放贷风险问题，关键是解决信息不对称问题。我们可以利用数字技术做好资源整合，实现数据共享和信息互通，进而确保数据的有效性和信息的准确性。

痛点二：企业融资困难重重，放贷风险居高不下。

融资对于企业来说一直是难题。规模小、资产少、实力弱、抗风险能力低的金融企业，面临客户债务偿付能力下降、放贷资金回收成本虚高、企业流动资金周转困难的风险。加上融资需求得不到满足，金融企业发展困境重重。

企业融资的本质就是经营风险。金融企业解决融资难题，首先要重视自身融资风险，因此可积极对接商业银行，强化与上下游企业的联系，优化贷款流程，提高审批效率，延长还款期限，降低贷款利率，提供高效的金融服务，增强自身资产的流动性，从而渡过融资难关。

痛点三：金融创新能力不足，线上运营难以推进。

小微企业对金融模式进行的创新，更多是对信贷系统自动化、信息化的完善和优化，并没有从根本上解决金融监管要求的数据真实、风险可控等问题。在线上运营过程中，企业融资的不确定因素和风险把握不当会导致运营难以推进。

对于金融创新不足带来的经营风险，金融企业可基于标签建模、用户画像、精准触达与智能展业等，制定一套风险管理与安全预警机制，从而有效地降低违约风险，确保信贷业务的合理增长。

8.1.2 数字化经营的 3 个打法

大部分金融企业互联网化程度较高，但仍有部分线下业务难以转至线上。比如传统商业银行的对外客户服务都是线下运营，主要原因是其缺乏数字化经营能力。因此我们需要增强数字化经营能力，提高客户触达、智能决策、敏捷设计与业务经营数字化的水平，从而快速实现线上运营的降本增效。

金融只是工具，企业经营才是目的。面对数字化转型给金融企业发展带来的问题与挑战，我们需对自身有清楚的认知，采取有效的打法来实现自救，如图 8-2 所示。

图 8-2　数字化经营的 3 个打法

打法一：引流到消费场景，促进业务发展场景化。

都说场景在前，金融在后。以工资代发、电商交易、医疗医保、在线教育、汽车美容、海外旅游为场景的企业在新冠疫情期间的贷款需求都被抑制了，导致金融企业不放贷，平台客户不借钱。

因此，金融企业尝试重构各行业的消费场景，建立一个横向进行场景扩张、纵向进行业务深化的场景金融，将金融融入场景，强化数字化场景的应用，比如建立银企协同工具，建立客户闭环管理体系等，从而实现金融与消费的无缝对接。

打法二：对接经营数据，加速业务交易线上化。

数字化经营不是纯粹的数字罗列和数据展示，而是要让数据变成资产，让资产产生价值。随着数据的重要性越来越明显，我们可利用资产抵押、经营数据和应收账款进行融资，为中小企业提供数据贷和流水贷，通过数字化赋能打造线上化的金融交易平台，实现金融业务的下沉。

比如中国银行推出的"疾控贷"及"助企贷"，满足了不同企业的融资需求，为贷款即将到期的企业提供数字化金融服务。另外，以获客导流或渠道助贷的形式，运用大数据、云计算、人工智能及区块链等技术，进一步推进金融交易线上化，从而实现对企业经营数据的深度挖掘。

打法三：构建金融生态，加速业务管理智能化。

由于客户需求的多元化与企业经营的数字化，未来的金融生态将呈现更多的可能性，但核心是金融业务能够满足小微企业的融资需求，比如小米金融依托"产业＋科技＋金融"的方式打造业务生态闭环，比如平安银行借助医疗健康、金融服务、住房服务、汽车服务、城市服务五大生态打造金融科技闭环。

我们可基于企业贷超、消费借款或数字融资等业务，通过科技赋能线上化金融、金融驱动数字化经营的方式，实现经营数据的多向赋能，从而构建科技与金融融合的智能化金融生态。

8.1.3　精益数字化转型的 5 个关键

金融企业数字化转型要做到精益，关键在于打造金融平台的"四通一平"。

1. 打通金融账户体系

依托 CRM 认证系统、ERP 管理系统、大数据金融平台，建立一本账和一账通，既满足金融企业多主体、多账务的要求，又实现账户的统一，并建立统一的客户视图。

账户中心封装一个认证接口，提供给金融平台调用，支持"一个身份，处处通行"，对外联合登录标识，对内统一登录入口。在打通账户体系过程中，建立分层的用户体系、账户体系，从而挖掘客户的潜在需求，实现交叉营销，提升客户黏性。

2. 打通金融数据链路

通过数据收集、数据清洗、数据建模、数据分析，建立数据集市，映射金融平台集市、关联数字平台集市，实现金融平台与数字平台的数据互通。

用数据资产构建经营策略，实现数据中台的各种应用，比如数字分、数字证、数字保管箱等。对金融客户做服务经营，对金融场景做内容输出。

3.打通金融产品矩阵

加速金融产品数字化创新，打造金融产品工厂，实现产品参数化配置，从产品属性、流程节点、业务字段、操作功能到业务数据都可配置，确保产品功能可复用。

依赖业务中台，聚合金融产品，实现产品联盟。统一产品，不做定制化的产品输出，避免重复造轮子，实现金融企业的降本增效。

4.打通金融用户权益

针对不同金融产品的交易行为，匹配差异化权益，将权益做成钩子产品，打通用户的使用场景。如个人匹配折扣优惠、阶梯财富、专属顾问、免息提额等，企业匹配企业培训、优先审批、工商查询、财税报账等。

5.统一金融服务平台

统一账务中心、营销中心、数据中心、产品中心，打通金融行业线上、线下交易模式，整合金融企业上下游产业链资源，帮助企业构建"1个账户+N个平台服务"的经营管理平台。

"四通一平"可促进金融企业创新，实现更多金融业务的线上化、自动化和智能化，并推进金融企业的数字化转型。我们将围绕"账户通"强化金融账户体系共通，围绕"数据通"推进信息平台数据共享，围绕"产品通"促进联盟产品资源共用，围绕"权益通"提高渠道运营效益。

金融企业数字化经营从概念到落地，关键是精益数字化转型，打造一个数字化、信息化、智能化、线上化的转型路线图，通过数据捕捉客户商机，让金融业务和数字技术相结合，从而更好地在智慧经营中获取新客、盘活老客、驱动经营。

8.2　金融小数据的聚合服务

在数据的江湖里，虽说小数据是微波涟漪，但可以一叶落而知天下秋。在数字经济时代，小数据正在改变着我们的生活，很多金融企业将战略目标投向小数据。它们以小数据为战略，收集用户数据，满足用户需求，注重用户体验，践行用户思维，这些本质是在重构用户关系。

小数据是指将人的行为定义为多个可以量化的数据，通过对比样本比较小的数据，将仅与自己有关的数据可视化，通过观察或分析得出结论，为平台经营决策或精准营销提供依据，进而预测金融行业变化和客群消费倾向。

金融企业在数字化经营过程中，通过平台沉淀了大量的用户数据，并将不同业务属性的数据巧妙地结合起来形成数据集市。数据集市中的小数据不再像大数据一样，将群体用户画像标签化，而是将特征用户行为数据化。

小数据注重个体的特征差异、个体的行为事实、个体的体验感受。小数据最典型的应用就是场景聚合、服务聚合和数据聚合，如图 8-3 所示。

图 8-3　小数据的聚合服务

8.2.1 金融场景聚合

在互联网时代，根据用户的使用场合和需求差异，场景可细分为生活、购物、旅游、医疗、教育、出行、运动、社交、租房、汽修等。通过场景的特殊属性，我们将平台、用户、服务（产品）形成链路，并提供场景化金融。

金融行业越来越垂直细分，互联网金融、供应链金融、区块链金融、大数据金融、跨境金融、消费金融、贸易金融、物流金融、汽车金融等都是通过场景聚合来定义利益相关者的功能及需求的。基于数字技术落地金融场景，我们可提升平台的金融服务能力，并掌握用户的潜在金融需求，如图8-4所示。

金融的核心在于场景。从消费终端到智能场景，金融企业要做的就是把金融和场景的需求结合起来，并通过数字技术来打造场景聚合的金融服务利器。场景集合可帮助金融产品经理更好地洞察用户动机，挖掘用户核心需求，从而批量沉淀客户，获得用户转化。

8.2.2 金融服务聚合

服务聚合是指链接金融企业、金融中介机构、金融监管部门等，提供电子支付、资金结算、数字融资、信用卡、信用贷款、基金信托、证券买卖和商业保险等金融服务。

我们可以以 SaaS 的形式实现金融服务聚合，主要包括信息检验、人脸比对、智能风控、金融反欺诈、账号识别等。服务聚合不是简单的 SaaS 服务堆积，关键在于基于场景整合金融入口，提升金融服务效能。

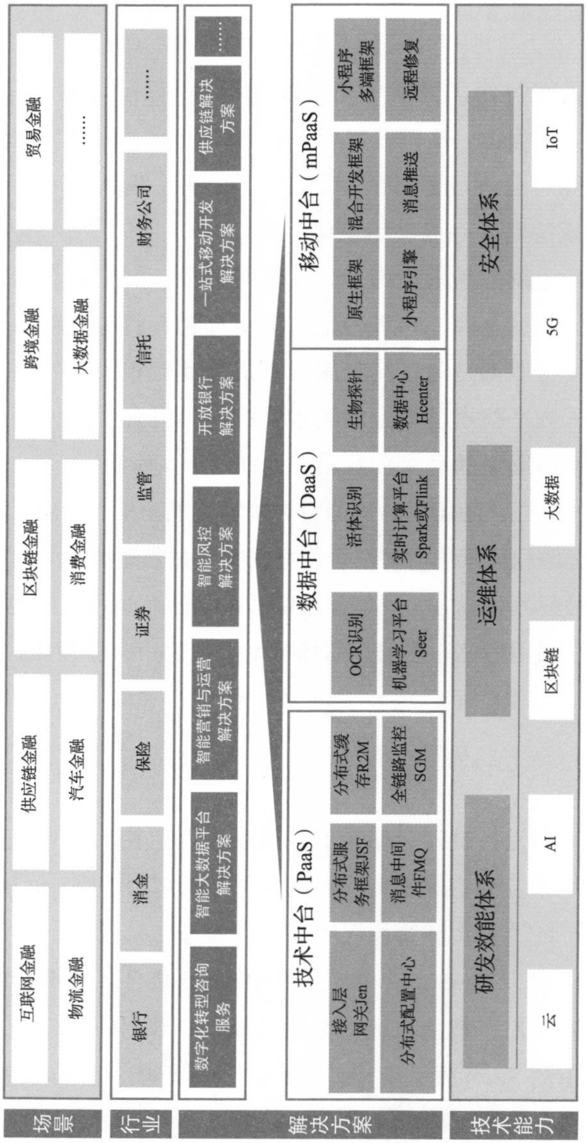

图 8-4　金融场景聚合全景图

以企业认证为例，我们在收集企业影像资料、企业法人身份证件等数据时，可通过授权身份数字证，实现企业主信息的自动输入，并通过融资授信系统的信息检验，避免烦琐的录入过程，如图 8-5 所示。

图 8-5　企业融资申请授信

通过小数据实现金融聚合，为打造金融服务聚合找到一个合理的切入点，改变了传统金融机构"单打独斗"完成信贷业务全流程的服务模式，简化了授信流程，提高了融资效率。

基于金融服务聚合，我们可以重塑金融业务模式，实现金融平台的方案配置、运营策划、权益采购、商机营销、获客转化和效果监控等。

8.2.3　金融数据聚合

数据聚合是指合并不同数据源的数据，用数据驱动企业经营或产业发展，面向不同行业的企业客户提供大数据服务的解决方案。数据聚合主要包括数据服务和数据应用，即通过数据服务预测整个行业变化，通过数据应用预测未来的消费倾向。

小数据是指面向目标用户而形成的结构化数据，但要聚焦数据的正确性、真实性和有效性。因此，针对小数据，我们需要建立共同标准，赋予它被大家所认可的机制，从而形成一个具有共同约束效力的数字凭证。

在数字时代，数据变得越来越重要，可成为资产，产生价值。在建立数字凭证的整个流程中，我们可以通过数据采集，严格甄别数据的来源，从而确保数据更精准；通过数据输入，建立卡片化数据凭证，从而提升数据的实用性；通过凭证输出，实现数据资产的加载和反显，从而确保数据可流转，如图 8-6 所示。

图 8-6　数字凭证建立流程

数据的使用离不开场景，即在真实场景下提供数据聚合服务。比如我们通过提供场景化的 SaaS，来收集用户的表情、动作、语言、姿态、情绪等个人特征，这些小数据往往是用户最真实的信息反馈，有助于我们找到用户的痛点，并形成具有个人属性的数据聚合系统。数据聚合主要包括数字名片、数字保管箱、数字证、数字分、联合增信等。

对于金融行业而言，小数据的最大潜能就是数据聚合。数据聚合可以改善企业经营，通过战略分析和趋势预测，提供金融问题解决方案；可以实现金融创新，通过智能投顾、快速放贷，驱动产业金融发展；可以进行风险控制，通过反欺诈策略、风险监测，解决金融欺诈问题；可以实现精准营销，通过客户画像和产品定价，实现平台批量获客等，如图 8-7 所示。

金融数据聚合应用场景				
风险控制				
运营数据监控并上报				
精准营销				
产品定价	客户画像	批量获客	智能触达	商机营销
改善经营				
业务报表分析		舆情信息监控		
金融创新				
反欺诈	金融创新	智能投顾	快速放贷	信用评估	风险预测

图 8-7　数字聚合的作用

　　以个人消费贷款为例，我们将用户在金融平台沉淀的个人信息、浏览记录、消费明细、评价内容和交易数据，通过聚合模式量化为金融小数据，并整合形成身份数字证、行为数字证和交易数字证。在提升额度的过程中，企业主通过点击"去授权"，上传个人相关数字证，来获得数据授信，从而提升授信额度，如图 8-8 所示。

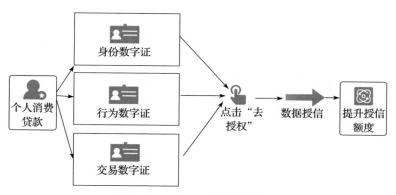

图 8-8　企业主提额授信数字证

其实，个人贷款、企业融资都和数据聚合挂钩。对于个人而言，数据聚合的好处在于深度挖掘个人产生的身份数据、行为数据、消费数据、交易数据等；对于企业而言，数据聚合的好处在于深度挖掘企业的工商数据、税务数据、信用数据、经营数据等，其实本质都是解决银行、企业、用户的信息不对称问题。

我们需要将特定数据量化为特征，并整合成数字资产，针对目标用户进行数据洞察，以便更加精准地提供数据聚合服务。

在数字驱动时代，用好金融小数据可实现数据的资产流通、价值转化和数据流转。有数据嗅觉的金融企业将获得更多市场机会，有数据思维的产品经理将获得更多职场选择。

8.3 金融 SaaS 经营模式

金融企业在数字经营过程中，以标准化、协同化、组件化、平台化、微服务化的金融云平台，加速轻量级的 SaaS 布局。金融 SaaS 其实是在解决企业客户为什么要用我们的产品（方案获客），及如何让客户继续使用我们的产品（价值获客）的问题。

基于"金融 +SaaS+ 开放"的经营模式，连接核心企业、商业银行、融资企业和三方物流等节点，将金融企业的基础业务组件化、核心产品服务化、关键数据实用化。借助金融 SaaS 服务架构，优化节点的核心组件层、数据服务层、业务平台层、外联服务层、服务接入层，以便结合金融场景落地 SaaS，如图 8-9 所示。

面向金融企业的 SaaS 产品有核心交易系统、业务运营系统、数据分析系统、渠道路由系统、资产管理系统、资金管理系统、权限管理系统、贷后管理系统、风控决策系统等。金融 SaaS 其实是在践行"金融 +SaaS+ 开放"的理念，赋能金融企业数字化经营，实现数字金融、平台金融、产业金融。

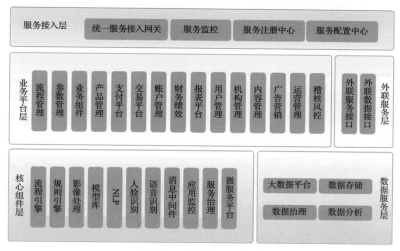

图 8-9　金融 SaaS 架构

8.3.1　业务组件插线板

业务组件是利用前后台分离、微服务理念，将关系密切的功能模块进行业务逻辑拆分，以便更好地实现模块解耦。对功能模块进行解耦，关键是让业务与功能、业务与模块之间实现组件化拆分与重组，这样才能让业务组件具有高复用度。

业务组件的核心在于组件之间通过高内聚、低耦合的方式进行连接，以保证系统在版本迭代中的可用性、稳定性、高扩展性、低耦合性。

根据业务属性，我们可以将组件分为展示型组件、容器型组件、交互型组件、功能型组件等。常见的业务组件有表格组件、报表组件、图表组件、用户界面组件、支付组件、搜索组件、分享组件等。

业务组件化是数字化经营的热门话题。组件化可以将复杂的系统按业务属性拆分为若干个子系统，通过开放超级接口提供插线板能力，以便构建业务中台，提高系统运行效率。

以金融理财为例，我们将业务划分为商户进件、账户充值、购买基金、聚合支付、收单记账、订单分账、资金结算、财务对账等，对业务组件进行解耦设计，让业务之间相对独立、减少依赖，避免重复造轮子，提高运营效率，如图 8-10 所示。金融企业可依据自身需求，定制可插拔扩展体系，既可让不同企业客户使用业务系统，又能确保业务数据完全独立，从而支撑系统运行的基础模块，提升架构设计的效能。

金融产品经理需要具备组件化思维，即从用户需求和使用场景出发，能够沉淀通用业务能力，拆解页面结构所需组件，并看业务是否达到组件化的标准。

8.3.2　产品服务驾驶舱

在数字化经营过程中，产品服务驾驶舱为金融企业提供了有效的决策支持、经营分析、运营监控和指标可视化等服务。其面向目标用户和使用场景，搭建一站式金融服务平台，服务商业银行和金融机构，帮助银行、证券和保险等金融行业走向数字化、智能化。

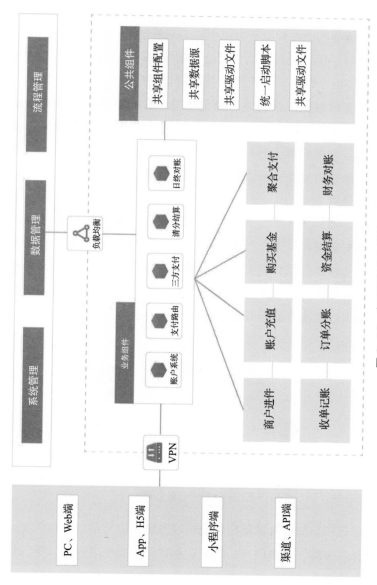

图8-10 金融理财业务组件

驾驶舱承载了金融客户需要了解的产品服务的关键要素，并打破了传统的产品和服务绑定模式。其通过丰富产品货架、链接超级接口、聚合金融产品，打造云端 SaaS（如云签约、云缴费、云支付、云采购、云融资等），实现流量用户到平台客户的转化。

云签约包括远程面签、身份核验、合同签署等，云缴费包括代理记账、发票验真、税务申报等，云支付包括聚合支付、收单记账、分账结算、日终对账等，云采购包括采购服务、设备估值、融资租赁等，云融资包括贷款申请、进度查询、提还款、LPR 转换等。

以云缴税为例，金融企业联合业务、风险团队打造财税管理一体的数字化服务，提供面向互联网用户的企业财务、企业税务、企业政务等聚合服务。从园区物业缴税、国地缴税、代开电子发票、非税收入代缴到办理车房购置税等，实现缴税业务线上办理，可以提高产品服务的效能，如图 8-11 所示。

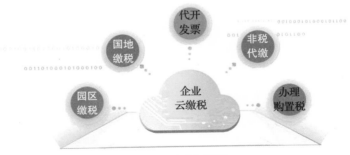

图 8-11　企业云缴税

打造产品服务驾驶舱的关键是输出统一服务接口，比如统一数据标准、统一金融门户、统一产品视图、统一进件入口等，可以帮助金融企业打通各个系统数据，打破信息不对称，保障数据统计口径，有效提升企业经营效率。

8.3.3　经营数据仪表盘

　　数据仪表盘作为金融企业数字化经营的重要组成部分，从多种数据源获取实时数据，实现关键业务指标可视化展示。数据仪表盘为决策支持、数据治理、业务管理提供有效的数据支撑，也为未来制定经营战略、产品规划提供了可靠的数据依据。

　　仪表盘可以帮助金融企业监控经营的各项指标，借助文本、地图、坐标、柱状图、面积图、环状图等多种数据综合展现，以便产品经理了解数据的变动趋势，对关键业务进行分析，对数据进行追踪，对绩效统计进行评审，对交易风险进行预警，如图 8-12 所示。

图 8-12　金融企业经营数据仪表盘

　　以华创微课财务分析为例，其用仪表盘展示营业收入、营业成本、净利润、货币资金、存货、现金净流入、应收、应付、费用等，这样关键指标一目了然，也便于进行趋势分析，如图 8-13 所示。

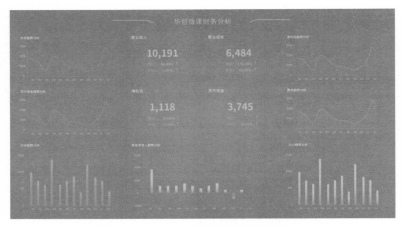

图 8-13　华创微课财务分析

构建金融企业的数据仪表盘，关键是完成基础数据采集、渠道数据接入、数据集市管理、报表数据开发、业务数据分析、智能业务建模、模型自动运行、数据应用场景构建等全过程，如图 8-14 所示。

图 8-14　数据仪表盘构建过程

仪表盘指标可视化就是对企业中不同业务角色关注的指标进行展示。运营人员可能会关注页面访问数、独立访客数、注册用户数、活跃率、留存率等指标。市场人员可能会关注成交总额、成交数量、人均付费、付费率、复购率、客单价、毛利率等指标。推广人员可能会关注下载量、转发率、核心环节的转化、闪退率、访问时长、活跃率、转化率等指标。

从业务组件插线板、产品服务驾驶舱到经营数据仪表盘，其实都是在尝试金融企业与 SaaS 之间的经营模式，即对接 B2C、C2B 等平台类金融企业，通过批量获客加速客户转化，通过场景经营提升客户价值。

科技赋能 SaaS，SaaS 反哺金融。SaaS 可为金融企业提供数据决策支持、业务运营指导、智能风控预警等。因此，对于金融产品经理而言，提升 SaaS 应用能力迫在眉睫。

8.4 企业经营贷款还款方式

在数字化经营过程中，为了扩大生产规模或解决资金链紧张问题，大部分小微企业会考虑贷款。我国小微企业数量众多，蕴含着庞大的信贷需求，导致很多金融机构和商业银行以各种形式进入小微企业信贷市场。

据华创创投 2020 年统计，我国小微企业的融资余额在逐步增长，从 2015 年的 23.46 万亿元，增长到 2019 年 6 月末的 35.63 万亿元，整体增幅 51.88%，同比增长 6.39%，如图 8-15 所示。

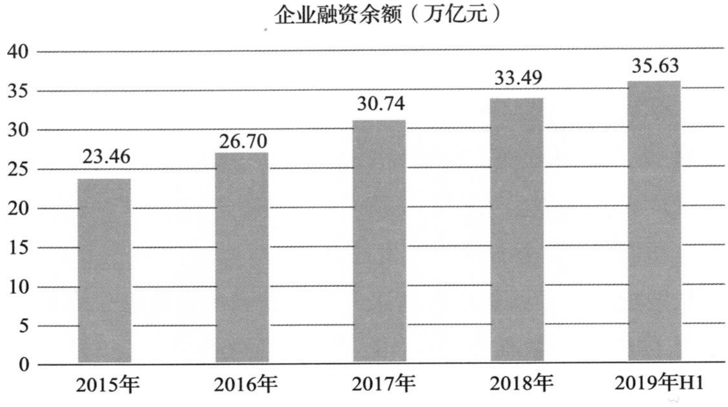

企业融资余额（万亿元）

图 8-15　小微企业融资余额统计

　　企业经营过程中可能会遇到流动资金周转困难的情况，在向银行或金融机构贷款时，贷款产品的可贷额度、年化利率、借款期限、还款方式、审批时效等参数是借款人关心的重点。在充分利用贷款资金的前提下，选择合适的还款方式，并最大限度地降低利息，对企业借款人而言很重要。

　　因此，金融产品经理要充分考虑如何设计一个贷款计算器（在贷款试算时合理呈现对应还款方式的优点），以便借款人快速选择还款方式。企业经营贷款的还款方式主要有等额本息、等额本金、先息后本、利随本清等。

8.4.1　等额本息

　　等额本息还款是指借款人在贷款期内每月以相等的金额偿还贷款本息，即每期还款的本金和利息相加总额相等。等额本息的计算公式为：

还款总额＝本金 × 期限 × 年化利率 /12×

$$\frac{〔（1＋年化利率/12）^{期限}〕}{〔（1＋年化利率/12）^{期限}－1〕}$$

利息总额＝本金 × 期限 × 年化利率 /12×

$$\frac{〔（1＋年化利率/12）^{期限}〕}{〔（1＋年化利率/12）^{期限}－1〕}－本金$$

当期应还＝本金 × 年化利率 /12×

$$\frac{〔（1＋年化利率/12）^{期限}〕}{〔（1＋年化利率/12）^{期限}－1〕}$$

应还本金＝本金 × 年化利率 /12×

$$\frac{（1＋年化利率/12）^{（期数－1）}}{〔（1＋年化利率/12）^{期限}－1〕}$$

应还利息＝本金 × 年化利率 /12×

$$\frac{〔（1＋年化利率/12）期限－（1＋年化利率/12）^{（期数－1）}〕}{〔（1＋年化利率/12）^{期限}－1〕}$$

应还本金＝本金 × 年化利率 /12×

$$\frac{（1＋年化利率/12）^{（期数－1）}}{〔（1＋年化利率/12）^{期限}－1〕}$$

本金金额＝本金－本金 × 年化利率 /12×

$$\frac{〔（1＋年化利率/12）^{期数}－1〕}{〔（1＋年化利率/12）^{期限}－1〕×年化利率/12}$$

以企业融资申请 10 000 元、期限 12 个月、年化利率 6.00%、还款方式为等额本息为例，每月还款 860.66 元，利息金额 327.97 元，结果如表 8-1 所示，其中：

还款总额 $= 10\,000 \times 12 \times 6\%/12 \times [(1 + 6\%/12)^{12}] \div [(1 + 6\%/12)^{12} - 1] = 10\,327.97$ 元

利息总额 $= 10\,000 \times 12 \times 6\%/12 \times [(1 + 6\%/12)^{12}] \div [(1 + 6\%/12)^{12} - 1] - 10\,000 = 327.97$ 元

当期应还 $= 10\,000 \times 6\%/12 \times [(1 + 6\%/12)^{12}] \div [(1 + 6\%/12)^{12} - 1] = 860.66$ 元

首期应还本金 $= 10\,000 \times 6\%/12 \times [(1 + 6\%/12)^{(1-1)}] \div [(1 + 6\%/12)^{12} - 1] = 810.67$ 元

首期应还利息 $= 10\,000 \times 6\%/12 \times [(1 + 6\%/12)^{12} - (1 + 6\%/12)^{(1-1)}] \div [(1 + 6\%/12)^{12} - 1] = 50$ 元

本金余额 $= 10\,000 - (10\,000 \times 6\%/12) \times [(1 + 6\%/12)^{(1-1)}] \div [(1 + 6\%/12)^{12} - 1] \div 6\%/12 = 9189.34$ 元

表 8-1　等额本息还款试算　　　　（单位：元）

期数	当期应还	应还本金	应还利息	本金余额
1	860.66	810.67	50.00	9 189.34
2	860.66	814.72	45.95	8 374.52
3	860.66	818.80	41.87	7 555.83
4	860.66	822.89	37.78	6 732.94
5	860.66	827.00	33.66	5 905.94
6	860.66	831.14	29.53	5 074.81
7	860.66	835.30	25.37	4 239.52
8	860.66	839.47	21.20	3 400.05
9	860.66	843.67	17.00	2 556.39
10	860.66	847.89	12.78	1 708.50
11	860.66	852.13	8.54	856.38
12	860.66	856.39	4.28	00.00
总计	10 327.97	10 000.00	327.97	—

等额本息的剩余本金和月还利息是缓慢减少的，前期所还

的本金较少，后期所还的本金较多。但是，由于利息不会随本金的偿还而减少，还款总利息相对较高，适合营收稳定的企业，如图 8-16 所示。

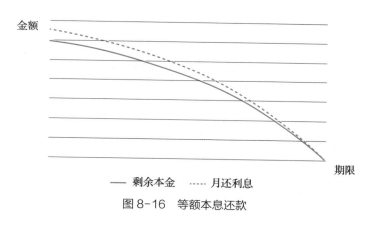

图 8-16　等额本息还款

8.4.2　等额本金

等额本金还款是指借款人每月等额偿还本金，贷款利息随本金逐月递减，还款额也逐月递减，即每期还的本金相等，每月付款及每月贷款余额定额减少。等额本金的计算公式为：

还款总额 = 〔(本金 ÷ 期限 + 本金 × 年化利率 /12) + 本金 ÷ 期限 ×
　　　　　(1 + 年化利率 /12)〕 ÷ 2 × 期限

利息总额 = 〔(本金 ÷ 期限 + 本金 × 年化利率 /12) + 本金 ÷ 期限 ×
　　　　　(1 + 年化利率 /12)〕 ÷ 2 × 期限 – 本金

当期应还 = 本金 ÷ 期限 + (本金 – 累计归还本金) × 年化利率 /12
　　　　 = 本金 ÷ 期限 + 〔本金 – (本金 ÷ 期限) × (期数 –1)〕 ×
　　　　　年化利率 /12

应还本金 ＝ 本金 ÷ 期限

应还利息 ＝（本金 － 累计归还本金）× 年化利率 /12

    ＝（本金 －（本金 ÷ 期限）×（期数 －1））× 年化利率 /12

本金余额 ＝ 本金 －（本金 ÷ 期限）× 期数

  以企业融资申请 10 000 元、期限 12 个月、年化利率 6.00%、还款方式为等额本金为例，首月还款 883.33 元，之后每月递减 4.16 元，还款总额 10 325 元，利息总额 325 元，结果如表 8-2 所示，其中：

还款总额 ＝ {（10 000 ÷ 12 ＋ 10 000 × 6%/12）＋ [10 000 ÷ 12 ×

    （1 ＋ 6%/12）]} ÷ 2 × 12 ＝ 10 325 元

利息总额 ＝ {（10 000 ÷ 12＋10 000 × 6%/12）＋ [10 000 ÷ 12 ×

    （1 ＋ 6%/12）]} ÷ 2 × 12 － 10 000 ＝ 325 元

当期应还 ＝ 10 000 ÷ 12 ＋ [10 000 －（10 000 ÷ 12）×（1 － 1）] × 6%/12

    ≈ 883.33 元

应还本金 ＝ 10 000 ÷ 12 ≈ 833.33 元

应还利息 ＝ [10 000 －（10 000 ÷ 12）×（1 － 1）] × 6%/12 ＝ 50 元

本金余额 ＝ 10 000 －（10 000 ÷ 12）× 1 ＝ 9166.67 元

表 8-2　等额本金还款试算　　　　（单位：元）

期数	当期应还	应还本金	应还利息	本金余额
1	883.33	833.33	50.00	9 166.67
2	879.17	833.33	45.83	8 333.33
3	875.00	833.33	41.67	7 500.00
4	870.83	833.33	37.50	6 666.67
5	866.67	833.33	33.33	5 833.33
6	862.50	833.33	29.17	5 000.00
7	858.33	833.33	25.00	4 166.67

（续）

期数	当期应还	应还本金	应还利息	本金余额
8	854.17	833.33	20.83	3 333.33
9	850.00	833.33	16.67	2 500.00
10	845.83	833.33	12.50	1 666.67
11	841.67	833.33	8.33	833.33
12	837.50	833.33	4.17	00.00
总计	10 325.00	10 000.00	325.00	—

等额本金的剩余本金和月还利息都是逐步递减的，相对等额本息而言，还款的利息较少，但因为前期偿还的本金较多，因此借款人前期还款压力较大，后期压力会越来越小，适合经营良好的企业，如图 8-17 所示。

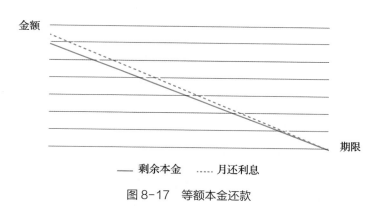

图 8-17　等额本金还款

8.4.3　先息后本

先息后本还款是指每期先还利息，最后再还所有本金，即按月付息，到期还本。先息后本的计算公式为：

还款总额 = 本金 × (1 + 期限 × 年化利率 /12)

利息总额 = 本金 × 期限 × 年化利率 /12

当期应还(非末期)=(本金 × (年化利率 /12)),当期应还(末期)

= 本金 × (1 +(年化利率 /12))

应还本金(非末期)= 0.00,应还本金(末期)= 本金

应还利息 = 本金 × (年化利率 /12)

本金余额(非末期)= 本金,本金余额(末期)= 0.00

以企业融资申请 10 000 元、期限 12 个月、年化利率 6.00%、还款方式为先息后本为例,每月还款利息 50 元,最后一期还款本金加利息 10 050 元,还款总额 10 600 元,利息总额 600 元,结果如表 8-3 所示,其中:

还款总额 = 10 000 × (1+12 × 6.00%/12)=10 600 元

利息总额 = 10 000 × 12 × 6.00%/12=600 元

当期应还(非末期)= 10 000 × (6.00%/12)=50,当期应还(末期)

= 10 000 × (1+(6.00%/12)]=10 050 元

应还本金(非末期)= 0.00 元,应还本金(末期)= 10 000 元

应还利息 = 10 000 × 6%/12=50 元

本金余额(非末期)= 10 000,本金余额(末期)= 0.00 元

表 8-3　先息后本还款试算　　　(单位:元)

期数	当期应还	应还本金	应还利息	本金余额
1	50.00	0.00	50.00	10 000.00
2	50.00	0.00	50.00	10 000.00
3	50.00	0.00	50.00	10 000.00
4	50.00	0.00	50.00	10 000.00
5	50.00	0.00	50.00	10 000.00
6	50.00	0.00	50.00	10 000.00

（续）

期数	当期应还	应还本金	应还利息	本金余额
7	50.00	0.00	50.00	10 000.00
8	50.00	0.00	50.00	10 000.00
9	50.00	0.00	50.00	10 000.00
10	50.00	0.00	50.00	10 000.00
11	50.00	0.00	50.00	10 000.00
12	10 050.00	10 000.00	50.00	00.00
总计	10 600.00	10 000.00	600.00	—

先息后本的剩余本金和月还款额末期突增，即前期只还利息比较轻松，还款压力较小，但要还的利息最多，最后一期还款金额陡增，经济压力会很大，一般只适用于企业需要流动资金周转的情况，如图 8-18 所示。

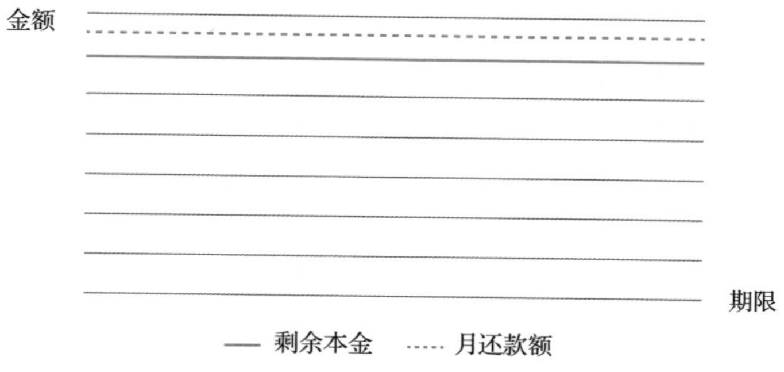

—— 剩余本金 ····· 月还款额

图 8-18 先息后本还款

8.4.4 利随本清

利随本清还款是指借款人在借款到期日一次性还清借款本金和利息，即不用每个月都还款，到期后一次性还本付息。利随本清计算公式为：

还款总额 ＝ 贷款本金 ＋ 贷款本金 × 贷款期限 × 年化利率 /12

利息总额 ＝ 贷款本金 × 贷款期限 × 年化利率 /12

当期应还 ＝ 贷款本金 ＋ 贷款本金 × 贷款期限 × 年化利率 /12

应还本金 ＝ 贷款本金

应还利息 ＝ 贷款本金 × 贷款期限 ×（年化利率 /12）

本金余额 ＝ 0.00

以企业融资申请 10 000 元、期限 12 个月、年化利率 6.00%、还款方式为利随本清为例，最后一期一次性还款 10 600 元，还款总额 10 600 元，利息总额 600 元，结果如表 8-4 所示，其中：

还款总额 ＝ 10 000 ＋ 10 000×12×6.00%/12 ＝ 10 600 元

利息总额 ＝ 10 000×12×6.00%/12 ＝ 600 元

当期应还 ＝ 10 000 ＋ 10 000×12×6.00%/12 ＝ 10 600 元

应还本金 ＝ 10 000 元

应还利息 ＝ 10 000×6%/12×12 ＝ 600 元

应还余额 ＝ 0.00 元

表 8-4　利随本清还款试算　　　（单位：元）

期数	当期应还	应还本金	应还利息	本金余额
1	10 600.00	10 000.00	600.00	0.00
总计	10 600.00	10 000.00	600.00	—

利随本清的剩余本金和月还款额前期为零，末期突增，贷款到期时要一次性把本金和利息归还，对金融机构而言逾期风险大，一般只适合企业短期的资金需求缺口情况，如图 8-19 所示。

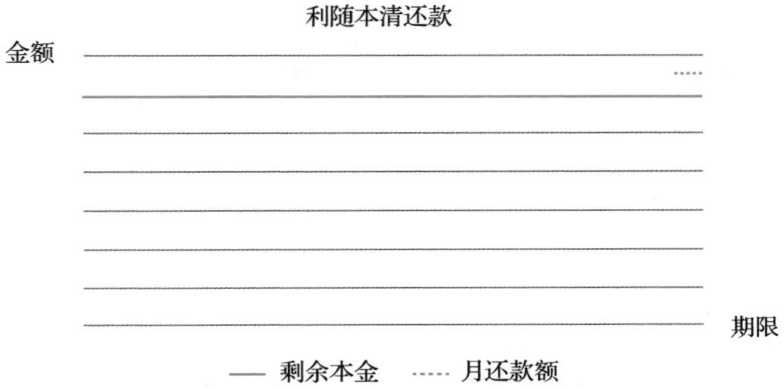

利随本清还款

金额

—— 剩余本金 ····· 月还款额

图 8-19 利随本清还款

其实，还款方式也是需要灵活运用的。除以上还款方式外，还有循环还款、阶段性等额本息等。循环还款是指一年一循环，即按月付息，每年还一次本金，几年一循环，依此类推。从目前来看，金融机构或商业银行最常用的还款方式主要有两种：等额本息和等额本金。小微企业贷款要结合自身的经营情况选择适合自己的还款方式。

8.5 数企融资：建行"惠懂你"

商业银行为小微企业推出的融资产品，可以满足不同小微企业在多场景下的金融服务需求，已经成为解决企业经营资金需求的重要引擎。在践行普惠金融的战略规划下，建行的服务对象囊括大、中、小微型企业用户。

以建行"惠懂你"为例，我们从市场、产品、运营和数据四个维度做拆解，了解建行"惠懂你"背后的产品观。我们会对建行"惠懂你"进行数据分析和产品调研，研究产品的侧重点及特色功能，挖掘用户在金融方面的潜在需求。

8.5.1 "惠懂你"市场趋势

建行"惠懂你"以"获客、活客、留存"为抓手，利用数字技术进行经营模式转型、业务流程优化、专属产品创新、服务能力提升等。它运用数字技术和金融科技，推出"互联网获客＋全线上信贷业务流程"的新模式，重塑小微金融模式，为践行普惠金融赋能，让融资服务触手可及。

截至 2018 年 7 月末，建行小微企业贷款余额 1.46 万亿元，贷款客户 75 万个，累计为超过 160 万户小微企业提供 7.4 万亿元信贷资金支持。市场贷款需求巨大，为普惠金融迎来了前所未有的发展机遇。

借助波特五力模型和 PEST 分析法，建行分析市场趋势，判断小微企业的金融需求是否有市场，并采取合理的商业战略来布局普惠金融。此外，根据竞争对手的情况，调整营销策略，以保持自身产品在市场上的稳定性。

8.5.2 "惠懂你"产品形态

产品形态是指能够解决用户需求、定位明确的产品最终呈现在用户面前的状况。产品形态包括产品所传达的业务形态、业务逻辑、业务流程等。我们会深入了解三者之间的流转关系、交互动作和判断逻辑。

建行"惠懂你"以"建行普惠，懂你所需"为价值主张，将融资服务与小微企业生产经营场景有机结合，提供小微快贷、平台快贷、裕农快贷、交易快贷等融资产品，如表 8-5 所示。建行"惠懂你"的业务形态多样，且战略规划和产品定位契合度比较高。其特色产品"小微快贷"帮助小微企业解决了经营流动资金需求的痛点。

表 8-5 建行"惠懂你"业务形态

贷款大类	贷款产品	额度（元）	年利率	贷款期限	产品类型	备注
小微快贷	信用快贷	5 000～300 万	4.50% 起	最长 12 个月	企业信用贷	持有建行金融资产或诚信纳税
	抵押快贷	1 万～500 万	5.45% 起	最长 12 个月	企业房抵贷	拥有房产或在建行有个人住房贷款
	质押快贷	1 万～500 万	3.42% 起	最长 12 个月	企业质押贷	持有建行个人或企业金融资产
平台快贷	云电贷	1 万～200 万	4.50% 起	最长 12 个月	企业或个体信用贷	用电、缴费良好企业
	科技云贷	1 万～200 万	4.50% 起	最长 12 个月	企业信用贷	至少拥有 1 项知识产权
	政采云贷	1 万～200 万	4.50% 起	最长 12 个月	企业信用贷	获得政府采购中标通知的企业
裕农快贷	农信云贷	1 万～100 万	4.75% 起	最长 12 个月	农业经营主信用贷	新型农业经营主信用贷款
	地压云贷	1 万～300 万	4.50% 起	最长 12 个月	农业经营主抵押贷	农村土地经营权抵押贷款
交易快贷	交易快贷	单户最高1 000 万	5.00% 起	最长 12 个月	企业信用贷	持有建行认可的电子商业承兑汇票

建行"惠懂你"集成了贷款测额、贷款申请、预约开户、授

信建额、下单支用、贷后还款等功能，如图 8-20 所示。它是线上、线下联合运营模式，具有开放式获客、一站式办理、智能化风控等特点。客户可以通过建行"惠懂你"预约服务，自主选择办理预约的时间和网点。

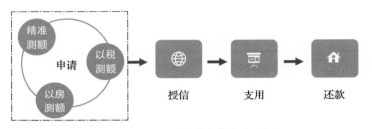

图 8-20　建行"惠懂你"业务逻辑

业务流程就是将产品的业务逻辑流程化，抽象地描述业务执行的次序，以及业务流转过程中传递的信息。从建行"惠懂你"的业务流程中，我们可以了解到企业贷款业务中融资申请、进件审批、授信签约、额度支用、定期还款等整个处理过程，从中分析出流程设计的合理性，快速发现业务逻辑的不足之处，以便及时简化烦琐的操作流程，优化复杂的关键节点，如图 8-21 所示。

8.5.3　"惠懂你"运营策略

以建行"惠懂你"的迭代路径为例，其在近一年中进行了17 次版本迭代。高频迭代客观地反映了千万量级的 App 也是一个"反馈 – 优化 – 迭代"循环的过程，如表 8-6 所示。通过了解竞品的迭代路径，金融产品经理可深层次挖掘用户需求，优化自身产品和营销推广策略。

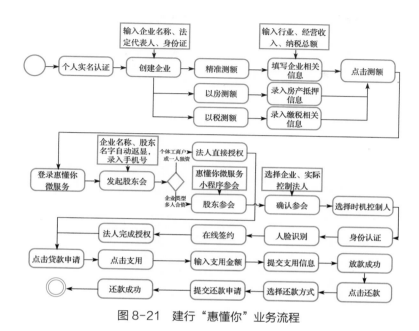

图 8-21 建行"惠懂你"业务流程

表 8-6 建行"惠懂你"迭代路径

版本号	更新日期	更新说明
1.9.0	2020-01-15	新增"2019 年度账单服务";新增"贷款合同文本查询"功能;优化"系统提示"功能
1.8.0	2019-12-20	新增"上线裂变营销"功能;新增"我的股东会"功能
1.7.0	2019-12-11	首页新增"消息中心";提升应用的稳定性
1.6.0	2019-11-04	新增重庆地区"智慧税服"功能;新增四川地区"智慧工商"功能
1.5.0	2019-10-21	优化隐私协议显示方式;解决已知问题
1.4.0	2019-09-29	优化股东会;优化"消息提醒"功能
1.3.0	2019-09-02	热门产品新增个体工商户经营快贷申请入口;优化部分信贷产品流程
1.2.0	2019-08-20	首页新增热门产品展示区;新增贷款产品、优化贷款流程;优化"账户预约服务"功能;新增"预约开户联动一键注册"功能

（续）

版本号	更新日期	更新说明
1.1.7	2019-07-31	首页新增热门产品展示区；新增贷款产品、优化贷款流程；优化"账户预约服务"功能；新增"预约开户联动一键注册"功能；解决部分机型出现的崩溃问题
1.1.6	2019-07-30	首页新增热门产品展示区；新增贷款产品、优化贷款流程；优化"账户预约服务"功能；新增"预约开户联动一键注册"功能
1.1.5	2019-07-11	新增"智能助理"功能，包括交互输入、猜你想问、热门关键词、贷款百科、使用攻略、日程提醒、调查问卷、参与有礼等功能模块，提供"最懂你"的客户服务体验；解决已知问题
1.1.4	2019-07-10	新增"智能助理"功能，包括交互输入、猜你想问、热门关键词、贷款百科、使用攻略、日程提醒、调查问卷、参与有礼等功能模块，提供"最懂你"的客户服务体验
1.1.3	2019-06-06	新增"质押快贷""云电贷"产品；优化"测额"功能、优化在线股东会

运营策略是获客、活客的重要方式，关键是把获客与活客之间的链路彻底打通。我们可以复用竞品的打法，对平台用户进行差异化运营，从中获得金融产品的用户增长玩法。

8.5.4 "惠懂你"数据表现

建行"惠懂你"App 的下载情况如图 8-22 所示。千万级的App 下载量客观地反映了庞大的用户体量，客流量基数较大，获客成本低，有很大的发展空间。此外，数据分析可以帮助我们深刻地理解用户行为，并做好产品的优化和运营。

对建行"惠懂你"近一年的下载总量进行统计，并展现历史下载量趋势的一些规律，分析影响下载量的市场因素，如图 8-23 所示。

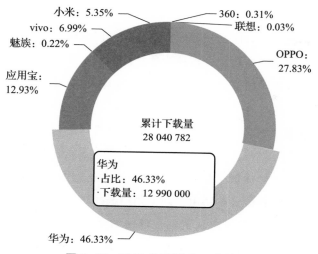

图 8-22　建行"惠懂你"下载情况

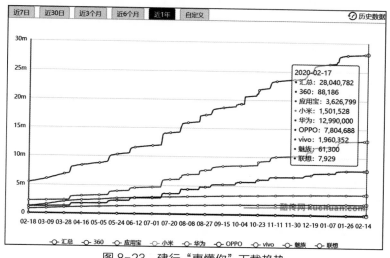

图 8-23　建行"惠懂你"下载趋势

接着分析建行"惠懂你"整体评分的分布情况。对比竞品的评论和打分，我们可以初步预测自己的 App 在用户心中所处的位置，以便采取下一步策略对产品进行功能优化或版本迭代。

最后深入了解建行"惠懂你"应用的评论内容，发现影响用户体验的问题。抽取和分析评论便于我们做好舆情分析、用户分析，明确哪些问题是自己也存在的，并提出改进建议。

建行"惠懂你"匹配了小微企业"小、频、急"的资金需求特点，采取"线上 + 线下"的联合运营模式，提高了融资效率。

从这个案例分析可见，我们要加强用户运营，从获客、活客等方面着手，转向数字化运营：通过线上触达用户，减少中间操作过程；通过智能贷款路由，减少用户选择贷款产品的时间。

用模块化来拆解产品案例，可辅助金融产品经理更好地设计产品。拆解产品时，我们要明确三个方面：一是明确利益关联人，确定满足哪些人在特定场景的需求；二是明确问题的触发节点，找出当前面临的问题的解决办法；三是明确需求迫切程度，通过判断、验证来倒推需求是否有效。只有这样，我们才能在持续拆解中打磨出一款好产品。

8.6　本章小结

本章主要阐述金融企业的平台经营策略。数字经济下半场中，数字化经营的 3 个痛点、3 个打法、5 个关键是小微企业在数字化经营过程中需要思考的问题。金融小数据提供场景、服务、数据的聚合服务，金融 SaaS 提供业务组件插线板、产品服务驾驶舱、经营数据仪表盘，以便实现金融企业的降本增效和协同管理。与此同时，企业要结合自身的经营情况选择合适的还款方式，以便谋求长远发展。

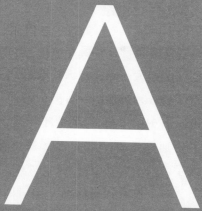

金融产品经理怎么写求职简历

　　作为一名有多年金融行业经验的产品总监，我面试过百位求职者，下面从一个面试官的角度谈谈产品经理怎么写好求职简历。

　　求职简历的阅读对象主要是 HR、产品负责人、产品总监或 CEO，所以求职者要学会用"用户思维"写简历。

1. 突出个人标签

简历命名要显眼。

比如大厂 HR 一天可能会接收到 1000 份产品经理的简历，需筛选 50 份符合产品岗位的简历，再从中选择 5 个候选人面试。若 HR 每份简历都打开看，根本无法完成招聘任务。为了快速筛选到一些自己想要的简历，他们通常会从简历命名入手。

对于没有提供任何有用信息的简历命名，HR 可能 3 秒就将其淘汰了，比如"游善朱哥的简历"这种命名。

简历命名只需要一句话来体现岗位、职级、行业、工作年限等信息，让 HR 一眼就能知道求职岗位，比如"高级产品经理 – 游善朱哥 – B 端金融 – 6 年"。

基本描述要让 HR 有往下阅读的欲望。

比如产品部门给了 HR 关于产品经理的岗位职责和任职要求，不熟悉相关工作内容的 HR 估计会从关键词去筛选简历。比如 HR 从招聘职位描述中获得的关键信息是：招聘一个 3 ～ 5 年 B 端金融行业的数据产品经理。HR 停留在简历的时间约 10 秒，若没有获取到求职意向和期望年薪等关键信息，可能往下阅读的欲望都没有。

能吸引 HR 往下阅读的关键是：匹配。

1）与经验能力匹配：求职者与现有工作岗位的匹配度，确保求职者可以快速胜任产品工作。

2）与岗位薪资匹配：求职者期望薪资与公司提供薪资的匹配度，避免落差太大、浪费面试时间。

2. 匹配目标岗位

工作经历可以帮助 HR 在快速筛选简历阶段判断产品经理与目标岗位的匹配度。下面从工作经历方面进行讲述。

1）**落地方案**：以往工作经历展示不要过于冗余，最近一份工作一定要有可落地或可量化的方案。

2）**公司背书**：要有大厂工作背景，即公司是否是特定领域的行业标杆。

3）**跳槽频次**：不建议填多次跳槽，因为 HR 会从你在某一公司工作的时间长短初步判断稳定性及忠诚度。

4）**职场规划**：即个人呈现出的职业趋向，职位或薪资是否呈上升趋势，以便 HR 来衡量你的职场规划。

现实情况是有些工作经验丰富的产品经理硬是把工作经历写成了跳槽清单，示例如下。

2020.9 ～ 2021.6 华创微课网络科技有限公司　　产品经理

负责 XX 工作内容……

负责 XX 工作内容……

……

2019.9 ～ 2020.8 华创终端人工智能有限公司　　产品经理

负责 XX 工作内容……

负责 XX 工作内容……

……

2018.9 ～ 2019.8 华创创投金融服务有限公司　　产品专员

负责 XX 工作内容……

负责 XX 工作内容……

……

工作经历更多是在回顾过去的基础上阐述对所属公司、行业领域、岗位职级、参与项目、担任角色、工作内容、业绩产出的理解，且有数据体现。即工作经历要以"用户画像"的形式打标签，并有"关键指标"输出，面试官只需根据你的工作标签进行岗位匹配，示例如下。

2020.4 ～ 2021.8 华创微课网络科技有限公司　高级产品经理

解决方案：完成 ×× 商业分析，推进产品解决方案的落地……

项目管理：产品生命周期管理、资源协调、进度跟踪……

业绩结果：用户增长率 30%，订单转化率 26%……

2017.9 ～ 2020.3 华创终端人工智能有限公司　B 端产品经理

产品规划：根据产品目标，撰写产品路线图、迭代计划……

产品设计：完成原型设计、UML 建模、业务流程设计……

业绩结果：平台访问用户的 DAU100 万，MAU500 万……

2015.9 ～ 2017.8 华创创投金融服务有限公司　产品经理

需求分析：挖掘用户需求，收集用户反馈，优化需求……

竞品分析：了解竞品形态和市场趋势，输出调研报告……

业绩结果：年总成交额 100 万元，页面点击量 1000 万……

3. 可用数据量化

项目经验的重点是强化个人核心价值，一般从项目背景、工作职责、业绩结果等方面去撰写。

❑ **项目背景**：描述做项目的背景，如解决什么问题，如何实现商业变现。

❑ **工作职责**：围绕目标描述工作内容，如产品需求分析、功能和流程优化。

❏ **业绩结果**：描述里程碑式的产出结果，如具体提升转化率、降低运营成本数据。

错误示例如下。

（1）描述工作内容但没有效果产出

项目描述纯主观陈述，没有一个可以量化的客观参考标准，示例如下。

项目背景：AIRobot是给金融企业提供催收服务的平台。

工作职责：完成竞品分析、问题收集、需求分析、原型设计，撰写PRD文档。

业绩结果：及时处理客户反馈的问题，跟进项目进度，确保项目正常上线，获得客户好评。

（2）描述工作体量但没有数据量化

项目描述了过多的工作，但看不出你的突出贡献，示例如下。

项目背景：AIRobot是给金融企业提供智能催收服务的平台，帮助客户收回逾期不良资产，解决逾期体量较大，回款率偏低的问题。

工作职责：完成8个竞品分析，收集30个催收问题，分析80个需求，设计15个原型页面，撰写PRD文档。

业绩结果：利用"AI+大数据"构建自动化催收流程，以取代人工催收，解放催收人力，并提升催收效率；制定回款率最大化的策略，通过不断优化逼近最优决策，从而完善催收服务体系；降低坏账率、催收成本。

正确的写法如下。

项目描述要根据具体案例，以结果为导向，用数据说话且遵循 STAR 法则，示例如下。

项目背景：应监管要求不良资产率不应高于 4%，设计 AIRobot 来帮助金融企业收回逾期不良资产，并提升催收效率。

工作职责：通过 8 个竞品分析，发现 3 个结论；结合用户反馈的 20 个催收问题，将业务细分成 80 个需求点，并按 4 个阶段完成功能优化；设计 15 个功能模块的原型，并撰写 PRD 文档。

业绩结果：利用"AI+ 大数据"构建自动化催收流程，以取代人工催收，解放 70% 的催收人力，并提高催收效率 85%；制定回款率最大化的策略，解决 90% 以上催收问题，从而完善催收服务体系；降低坏账率到 2.8%，降低催收成本 350 万元。

4. 体现职级水平

在展示自己能力的时候，求职者要让 HR 认为你具备了走向更高岗位的潜力，并能胜任目标岗位，示例如下。

1）具备 B 端产品经验，良好的产品分析、行业研究、驱动业务指标的能力；

2）能借助 Axure、墨刀、Xmind 等产品工具，完成商业分析和产品规划；

3）可使用 Python、SQL 对线上产品进行数据分析、卖点挖掘、功能优化；

4）可整合客户需求与内部产品方案，设计切合用户需求的解决方案。

若没有实际头衔或大公司背书，求职者就要突出体现自己具有高职级水平的项目经验和产品技能。

5. 体现个人优势

自我评价一定要体现自己的核心竞争力，且是不可复制或无法替代的能力，以此来和其他产品经理形成差异。切忌千篇一律地写一些无关痛痒的内容，让 HR 觉得是在凑数或堆砌关键词。错误示例如下。

1）积极乐观，有较好的同理心，沟通能力强，擅长竞品分析；

2）有优秀的学习能力，思路清晰，有条理，逻辑思维能力强；

3）良好的产品素养，追求优异的用户体验，具备优秀执行力。

对于产品经理而言，核心竞争力可以是突破产品技能或边界的能力，比如定义产品形态，推动方案落地，构建知识体系，打造个人 IP 等。正确示例如下。

1）五年 B 端金融行业的产品设计经验，能够独立承担产品规划工作；

2）熟悉 B 端产品架构，具备从 0 到 1 产品设计、项目管理及产品创新能力；

3）有较高数据敏感性，可通过数据分析为运营提供数据支持和决策依据。

简历不是判断产品经理能力的最终标准，却是职场的一块敲门砖。包装好简历这块"敲门砖"，才能在众多的简历中脱颖而出。简历可以适度包装，但切忌造假或过度包装。

金融产品经理怎么回答面试问题

对于金融行业常见的产品经理面试问题，求职者在回答时一定要遵循 STAR 法则，即确保回答细节经得起逻辑推敲，从而更好地体现自身的产品能力和岗位要求相匹配。

1. 产品思维类问题

（1）你觉得金融产品经理要具备哪些能力？

考核要素：主要考核求职者的产品能力和逻辑思维，其实就是做金融产品，你需要具备什么能力，以及你通过做什么来提升这些能力。

参考回答如下。①发现商机能力：找到产品的商业合作机会，从中挖掘可产生盈利的切入点，比如商业闭环、业务形态、产品变现等。②需求分析能力：持续挖掘用户需求，能够让需求快速落地为产品，并有一个明确的产品规划方向，关键是在需求落地过程中让需求来源、需求收集、需求分类、序曲排序、需求分析与需求评审形成闭环。③项目复盘能力：组织产品团队进行阶段性的项目复盘，在尊重客观事实的基础上，对过去某一阶段进行整体回顾，避免下一阶段重复犯错，进而更好地做需求管理、项目管理与产品规划。④业务沟通能力：金融产品经理需要和市场、运营、设计、技术、安全、财务、领导等人员沟通，所以需要有较强的沟通能力，并且要懂业务形态、业务流程和业务逻辑，在沟通中推动业务落地为具体的产品方案。⑤持续学习能力：从传统金融、互联网金融到数字金融，金融产品经理需要不断地丰富金融行业的专业知识，还要了解心理学、经济学、社会学等理论知识，以充实自己并提升产品边界能力。

（2）你认为一名优秀的产品经理应该具备哪些特质？

考核要素：主要考核求职者的业务理解、产品思维、协调沟通能力。

参考回答如下。①业务能力强：具备专业知识，清楚产品逻辑，对业务细节敏感，能够快速梳理业务形态、业务架构、业务流程、业务逻辑、业务规则等。②具备同理心：从用户角度看问题，洞察用户需求，要换位思考，把自己当成用户，突破惯性思维。③有思维框架：能将产品经验沉淀，形成自己的方法论，并将经验复用到工作中，能够系统地思考或解决问题，提高工作效率。④沟通能力强：善于沟通，能合理表达想法、判断、思考等，达成产品共识。

（3）你认为什么样的产品是优秀的产品？

考核要素：主要考核求职者对商业目标、用户需求、用户体验的理解。

参考回答如下。①具备商业价值：贯通商业模式，产品定位清晰，可持续变现、沉淀用户、降本增效等。②满足用户需求：解决用户的痛点，持续不断地满足目标用户的需求，提供足够的用户价值或服务。③平衡用户体验：在满足既定商业目标和用户需求的前提下，有良好的用户体验，即上手简单，功能操作方便，用户体验超出预期。

（4）如何让产品需求快速落地？

考核要素：主要考核求职者的需求分析、产品技能的专业性。任何产品需求，分析到最后都是洞察人性。求职者可从业务的角度切入，挖掘用户需求，分析用户行为，验证需求假设，快速迭代产品。

参考回答如下。需求落地最重要的一点就是让需求来源、需求收集、需求分类、需求排序、需求分析、需求评审、需求变更等需求管理流程闭环。我们可从发现需求、描述需求、分析需求三个方面着手，借助头脑风暴、用户访谈、问卷调查、评审会议、满意度调查、用户行为分析、可用性测试等手段，验证目标用户的真实需求；也可通过构建场景化故事与用户画像等，对需求进行定性和定量分析，产出合理的需求解决方案，并对需求文档进行跟踪，以便实时了解需求进度。

（5）你认为好的产品文案的标准是什么？

考核要素：主要考核求职者的产品体验、产品逻辑的理解能力。优质的产品文案可以清楚地表达产品价值，让用户更容易接受产品。求职者可对产品文案进行反复推敲，用同理心去挖掘用户需求，清晰地表达用户想法，从而让用户与产品产生联系。

参考回答如下。①突出重点信息：文案的品牌诉求与企业的品牌形象契合，多方位展现品牌，从而塑造品牌价值。②准确表达信息：文案要有逻辑，把事情讲清楚，展现产品及服务的差异性，从而提高产品价值。③指向目标人群：文案要面向目标人群，且被目标人群认同或喜欢，从而实现消费价值。④使用通用术语：文案描述贴近生活，或用行业通用语，或契合产品所处的阶段，从而实现传播价值。

（6）如何做好金融产品项目复盘？

考核要素：主要考核求职者的项目管理和团队协调能力。求职者可以借助 GRAI 分析法去回答。

参考回答如下。①回顾目标：重新回顾最初的目标，把项目计划设定为里程碑。②评估结果：评估需对照原来设定的目标，找出项目实施过程中的亮点和不足，忠实地还原事实，看目标是否可以实现。③分析原因：以组的形式进行产品、设计、开发和测试自查，剖析当前存在的突出问题，问题带来的主要影响，以及对应的解决方案。④总结规律：复盘后对心得体会和项目行动进行总结，并明确哪些要开始做，哪些要继续做，哪些要停止做。

（7）在深圳有几个做金融的女士可能会成为你的女朋友？

考核要素：主要考核求职者的逻辑思维能力和数据分析能力。这是典型的费米问题，即将大问题通过不断细分，分解成若干个你能回答的小问题。在这里，金融行业有多少女士无法回答，深圳有多少做金融的女士不好回答，我认识多少做金融的女士可以回答。

参考回答如下。第一步确定人数：当前产品团队中，做金融的女士合计 10 人，因业务而跨部门认识做金融的女士合计 45 人，以往任职过 3 家金融公司，做金融的女士估计 165 人；和我有产品交流或业务合作的估计 1500 人，但符合"在深圳""做金融""性别为女"这三个条件的估计 110 人；故人数总计 275 人。第二步确定概率：确定已婚、离异、未婚的比例，符合单身条件的占 30%；确定其中处于适婚年龄段的人数占比为 15%；综合家庭、学历、性格等因素，有交往意愿的占比 10%；故概率总计 0.45%。第三步计算人数：275 × 0.45%=1.23，故在深圳有 1 位做金融的女士可能会成为我的女朋友。

2. 专业技能类问题

（1）你平时的工作流程是怎样的？

考核要素：主要考核求职者的逻辑思维能力、对费米问题的理解能力、宏观分析能力。

　　参考回答如下。基于战略地图、商业画布和产品规划挖掘业务需求；通过用户反馈、数据分析和竞品调研收集产品需求，并形成需求池；通过需求分析、流程设计和 UML 建模形成需求文档，并进行需求澄清；输出产品原型设计，并进行 UI 交互评审；实施阶段主要进行问题沟通并跟进进度；完成上线前的验收测试，跟进上线后的问题反馈；对客服进行产品培训，并监控运营数据。

　　（2）现在要推广一个"贷款测额"金融小工具，你会怎么做活动方案？

　　考核要素：主要考核求职者的产品方案设计和运营策略能力。

　　参考回答如下。首先，设定一个明确且可量化的目标，可以是达成公司品牌曝光，可以是找到核心客户群体，可以是完成拉新、促活与转化，可以是拉动客户贡献价值，可以是增加平台与客户的黏性等。其次，基于活动目标制定运营策略，确认目标客户定位、描述目标客户特征、构建客户角色卡片、分析客户使用场景等。然后，制定活动方案，如新手福利（首次完成测额送券）、邀请好友（邀请好友注册并完成测额送 SaaS 工具）、每日任务（分享贷款测额链接送积分）、抽奖游戏（测额完成后可获得抽奖机会）。最后，进行一次有目的的客户拉新、留存与转化等运营效果分析。整个流程关键在于构思活动中的每一个环节，并让活动形成闭环。

　　（3）如何去做业务复杂且功能庞大的金融风控系统的权限设计？

　　考核要素：主要考核求职者的产品设计和业务逻辑能力。

　　参考回答如下。①权限设计的首要问题是明确需求，这可通过相关业务部门的反馈和当前权限系统的调研完成。②根据部门需求列一份权限清单。③明确需求后，选择合适的权限设计模型，最常见的权限设计模型是 RBAC。④基于具体的业务角色和使用场景去验证权限设计的合理性，并不断优化权限功能。

（4）你会怎么做小微企业金融贷款申请的数据分析？

考核要素：主要考核求职者的数据分析、产品指标设定能力。贷款申请是一个低频操作，过度地设定每日数据指标是不可取的，建议按 OKR 去做数据分析。

参考回答如下。以月为维度设定贷款申请的指标，比如点击率、月活跃度、月留存率、贷款 GMV、贷款客单价等；在数据分析平台搭建页面分析、热力图分析和漏斗分析模块；在后台系统导出近半年的用户申请数据、用户行为数据，并分析数据波动规律，看数据呈现的趋势；对比数据的目标值和关键结果，并进行 OKR 分析，得出关键结果，以便更好地优化产品指标和采取下一步运营措施。

（5）如何实现金融企业的数字化运营？

考核要素：主要考核求职者的数字化能力。

参考回答如下。①模式转化，从传统的 B2C 转向 C2B，基于企业画像、客户画像、客群细分、行为数据、交易记录等，精准识别客户需求，实现数据驱动业务。②数据整合，通过开放超级 API 或 H5 进行数据方、场景方、平台方的全端数据交换、资源交互、流程链接，以此打通企业数据流与业务流，让数据价值最大化。③统一门户，通过统一账户体系、统一数据模型、统一数据资产、统一数据服务来构建数据引擎，实现客户资产和数据管理智能化。④搭建中台，让融资申请、查询、建额提款、还款等业务数字化，就需要一个强大的业务中台。通过数字化模型，我们可实现从业务、管理到运营的数字化。

（6）从产品想法到产品推向市场再到成为一个成功的产品（如有），需经历哪些环节？

考核要素：主要考核求职者对产品生命周期及关键业务内容的熟悉程度。

参考回答如下。主要环节有战略提出、商业分析、市场分析、竞品分析、产品立项、用户调研、需求收集、产品规划、需求分析、PRD 撰写、原型设计、需求澄清、UE 设计、UI 设计、软件开发、系统测试、验收测试、灰度验收、投产上线、项目复盘、运营推广、效果监控、风险应对、用户反馈、数据分析、策略调整、产品迭代等。部分环节可根据公司迭代节奏做调整或简化。

3. 职场定位类问题

（1）你为什么要从上家公司离职？

考核要素：主要考核求职者的求职动机和稳定因素。离职理由一定要合乎情理。

参考回答如下。受金融大环境的影响，前公司不景气，只能继续求职，找一个环境更稳定的公司。另外，自己在前公司做金融产品经理多年，学习了很多金融业务，但公司没有提供更好的发展空间，所以想寻求更大的业务突破和能力进阶。

（2）近五年内，你的职业规划是什么？

考核要素：主要考核求职者的职业设想和规划能力。一是了解你的个人规划和公司的战略规划是否一致；二是看你做事是否有规划，定位是否清晰。

参考回答如下。当前金融大环境整体不稳定，我就从时间和业务两个维度回答一下近五年的规划。时间维度：3 年内，深耕金融业务，达到高级产品经理水平，能够独立负责某个金融产品项目；5 年内，成为产品管理人员，向管理方向发展，在金融产品领域达到一定的成就。当然，在完成职场进阶的同时，也会为公司创造价值和产品变现。业务维度：在金融项目中，逐步沉淀自己的产品经验，并形成产品方法论，纵向去研究产品形态和商业模式，为产品的商业化变现提供金融创新的解决方案；横向深入企业融资业务，了解理财、票据、保险、基金等金融业务，提升自己的产品能力。

（3）我的问题问完了，你还有什么要问的吗？

考核要素：主要考核求职者的个性需求和创新能力。通过你问的问题，HR 会评估你的态度和专业性，千万不要说我没有要问的。可以是问题讨教或规划建议。

参考回答如下。关于刚才提到的 ×× 问题，不知道你是怎么理解的？根据我今天的面试表现，你觉得我在哪些方面还需要提升？关于产品经理的职业规划，你有没有好的建议？贵公司对新员工有没有相关培训或晋升机制？

金融行业必会的专业术语

在金融企业或银行做产品经理，我们每天都会接触融资、票据、理财、跨境、支付等业务。因此，金融产品经理不仅要懂金融业务，也要对金融行业的一些专业术语有所了解。

1. 企业融资类术语

抵押贷款：是指借款者以一定的抵押品作为物品保证来向银行取得贷款。

质押贷款：是指贷款人按《担保法》规定的质押方式以借款人或第三人的动产或权利为质押物发放的贷款。

多头贷款：是指借款人同时向多家银行或民间机构借款，以达到资金缺口的有效填补。

逾期贷款：是指借款合同约定到期（含展期后到期）时未归还的贷款（不含呆滞贷款和呆账贷款）。

呆滞贷款：是指按财政部有关规定，逾期（含展期后到期）并超过规定年限仍未归还的贷款，或虽未逾期或逾期不满规定年限，但生产经营已终止、项目已停建的贷款（不含呆账贷款）。

呆账贷款：是指逾期贷款两年（含两年）仍未归还的贷款，以及贷款虽未逾期或逾期不满两年，但生产经营已终止、项目已停建的贷款。

核销贷款：是指强制银行将已有的贷款账务消除，并给予一定补偿（额度视情况而定）的办法。

贷款担保：是指担保机构与银行业金融机构（含小额贷款公司或信托公司）约定，当被担保人不履行对银行业金融机构的贷款债务时，由担保机构依法承担合同约定的担保责任。

履约担保：是指受保企业履行了其所应履行的合同义务之后，保证人将保证购销合同中有关货款支付、货物供应等结算条款或违约金支付条款得到执行。

循环授信：是指银行完成对客户资质的审核后，向其批复一定的授信额度。在既定期限与授信额度内，客户无须再向该行提交贷款申请，可以享受随借随还、循环使用的便利。

不良资产：是指不能参与企业正常资金周转的资产，如债务单位长期拖欠的应收款项，企业购进或生产的呆滞积压物资以及不良投资等。

盘活存量：是指采取各种方式整合资产，利用好现有的资产，防止资产闲置浪费。

先息后本：是指贷款下款之后，先支付利息，然后按还款约定支付本金。

等额本息：是指在还款期内，每月偿还同等数额的贷款（包括本金和利息）。

等额本金：是指在还款期内把贷款数总额等分，每月偿还同等数额的本金和剩余贷款在该月所产生的利息。

利随本清：是指以单利计息，到期还本时一次支付所有应付利息。

套现：是指利用不同市场中同一种产品或是接近等同的产品的价格之间的细微差别获利。

免息：是指在国家扶持的某些工商企业的政策影响下，产生的免收利息。

贴息：是指用于从事微利项目的小额担保贷款由市财政据实全额贴息，借款人本人在贷款期内不支付利息，贴息最长不超过两年，展期不贴。

月管理费率：是指以最初借款金额为依据计算利息，月利率则是以每月的剩余本金为依据计息收费。

代偿回收额：是指填写本期实际回收的担保代偿金额。

担保代偿额：是指担保机构发生代偿的金额，报表中担保代偿额的"本期增加值"指本年新增的担保代偿额，不扣除追偿额。

担保损失额：是指有诉讼判决书或仲裁书和强制执行书，或者其他足以证明损失已形成的证据来证明担保代偿已无法收回的部分。

存入保证金：是指担保机构按照担保合同约定向受保企业收取的一定数量的保证金，构成担保机构的一项流动负债。

2. 票据融资类术语

出票：是指出票人签发票据并将其交付给收款人的票据行为。

贴现：是指银行承兑汇票的持票人在汇票到期日前，为了取得资金，贴付一定利息将票据权利转让给银行的票据行为，是银行向持票人融通资金的一种方式。

背书：是指在票据背面或者粘单上记载有关事项并签章的票据行为。提示承兑是指持票人向付款人出示汇票，并要求付款人承诺付款的行为。

承兑：是指汇票付款人承诺在汇票到期日支付汇票金额的票据行为。承兑是汇票中所特有的。

保证：是指由债务人以外的第三人作为保证人，来担保特定的债务人履行其债务的一种制度。

付款：是指票据付款人在持票人提示付款时按票据上的记载事项向持票人支付票据金额的行为。

追索：是指票据持票人在依照《票据法》的规定请求付款

人承兑或者付款而被拒绝后向他的前手（出票人、背书人、保证人、承兑人以及其他票据债务人）要求偿还票据金额、利息和相关费用的行为。

对价：是指应当给付票据双方当事人都认可的相对应的代价。

出票人：是指开立票据并将其交付给他人的法人、其他组织或者个人。

付款人：是指出票人命令支付票据款项的人。付款人只有在票据上签章，确认付款责任（如承兑）以后，他才成为票据的债务人。

承兑人：是指承诺在汇票到期日向持票人支付汇票金额的法人、其他组织或者个人。

保证人：是指具有代为清偿票据债务能力的法人、其他组织或者个人。

收款人：是指收取票据款项的人。收款人是票据的主债权人。

背书人：是指收款人或者持票人在接受票据后，经过背书，再将票据转让给他人的法人、其他组织或者个人。

持票人：是指除出票人以外的持有票据的人，也就是票据的收款人。只有持票人才能向付款人或其他关系人要求履行票据责任。

挂失止付：是指失票人将丧失票据的情况通知付款人并由接受通知的付款人暂停支付的一种方法。

银行汇票：是指出票银行签发的，由出票行在见票时按照实际结算金额无条件支付给收款人或者持票人的票据。

银行本票：是指银行签发的，承诺自己在见票时无条件支付确定金额给付款人或者持票人的票据。

承兑汇票：是指由出票人签发的，由银行承兑的，委托付款人在指定日期无条件支付确定的金额给收款人或者持票人的票据。

贴现凭证：是指持票人持未到期的银行承兑汇票到银行申请贴现时，应根据汇票填制一式五联的贴现凭证。

3. 投资理财类术语

专用存款账户：是指存款人按照法律、行政法规和规章，对其特定用途资金进行专项管理和使用而开立的银行结算账户。

投资标的：是指资金具体投资的项目，如房地产、银行票据、贵金属等。

投资风控方式：是指抵押、担保、连带责任、保险、风险警戒线等。每个理财产品具体的风控方式都是不一样的，我们需要根据具体理财产品的实际情况进行说明。

投资门槛：是指购买理财产品的最低额度。

投资期限：是指理财产品的运作时间是多久，从成立到最终清算的时间周期。

预期收益：是指收益具有不确定性。对于理财产品，一般会用"预期收益"，因为收益具有浮动性。

浮动收益：是指收益不固定，收益和本金均可能因市场情况而产生损失，可分为保本浮动收益和非保本浮动收益。

固定收益：是指收益是有保障的，在理财合同中有相关条款来保障收益。

年化收益：是指收益率一般按照一年为周期来计算，所以收益又叫年化收益。收益的多少一定要参考收益的计算周期。

净收益：是指扣除相关费用、税收之后客户实际获得的收益。

结算方式：是指现金结算、实物结算、股份结算等。

结算周期：是指客户在多长时间内可以取得收益。收益结算周期越短，产品越有优势。

结算周期：是指收益计算周期与投资周期。

风险评级：是指根据产品投资方向、风控方式不同，风险分为低、中、高等不同级别。

赎回条款：是指个别的理财产品可能会给客户以赎回的权利。赎回就是可以在某一指定的时段，提出终止此理财合同，把自己的钱要回来。

违约条款：是指违约责任具体说明。违约不等于提前赎回。

提前终止风险：是指提前结束一种结构性存款风险。

4.跨境融资类术语

结汇：是指外汇收入所有者将其外汇收入出售给外汇指定银行，外汇指定银行按一定汇率付给等值的本币的行为。外汇结算分为个人结汇与公司结汇两种情况，可到银行办理，也可以在网上银行办理。

结汇方式：是指出口货物发货人或其代理通过银行收结外汇的方式。

意愿结汇：是指外汇收入可以卖给外汇指定银行，也可以开立外汇账户保留。结汇与否由外汇收入所有者自己决定。

限额结汇：是指外汇收入在国家核定的数额内可不结汇，超过限额的必须卖给外汇指定银行。

定期结汇：是指我国银行根据向国外银行索偿所需时间预先确定一个固定的结汇期限，到期不管是否收妥票款，主动将应收款项结算成人民币记入外贸企业账户。

退汇：是指在银行汇出的汇款收款人没有收到，到银行办理手续将汇出的款项退回。

付款交单：是指卖方托收时指示托收行，只有在买方付清货款时才交出单据。

承兑交单：是指买方承兑汇票后即可取得单据，提取货物，待汇票到期时才付货款。

可用预付款：是指客户净存入资金总额扣除客户买卖账户发生的全部手续费、库存费、易用预付款，并加上浮动盈亏后的资金余额。

合约总价值：是指买卖产品的总价值，即外汇或黄金单价 × 手数（数量）。

汇率制度：是指一国货币当局对本国汇率变动的基本方式所做的一系列安排或规定。

汇率：是指各国货币相互交换时换算的比率，即一国货币单位用另一国货币单位所表示的价格。

价格幅度：是指一个给定的交易时段中期货最高和最低价格的差距。

信用证：是指银行在买卖双方之间保证付款的凭证。

双向交易：是指可以或许买价格下落也可以或许买价格下跌。

货币期权：是指合约购买方所获得的在未来约定日期或一定时间内，按照规定汇率买进或者卖出一定数量外汇资产的选择权。

杠杆交易：是指利用小额的资金进行数倍于原始金额的投资，以期望获取相对投资标的物波动的数倍收益率，抑或亏损。

5. 支付行业类术语

发卡行：是指发行银行卡，维护与卡关联的账户，并与持卡人在这两方面具有协议关系的机构。

收单行：是指跨行交易中兑付现金或与商户签约进行跨行交易资金结算，并且直接或间接地使交易达成转接的银行。

收单机构：是指从事银行卡收单业务的银行业金融机构，获得银行卡收单业务许可、为实体特约商户提供银行卡受理并完成资金结算服务的支付机构。

特约商户：是指和收单银行签署协议，受理银行卡业务，为持卡人提供购物、消费服务的商业经营机构、机关团体、企事业单位。

中国银联：是指中国的银行卡联合组织，通过银联跨行交易清算系统，实现商业银行系统间的互联互通和资源共享，保证银行卡跨行、跨地区和跨境使用。

网联：是指非银行支付机构网联支付清算平台。

支付公司：是指拥有央行认可资质的，提供支付结算的交易平台的独立第三方机构。

支付牌照：是指中国人民银行根据法律法规授权从事支付业务的非金融机构的一种业务许可证。

一类卡：是指Ⅰ类借记卡，通过传统银行柜面开立的、满足实名制所有严格要求的账户，可以办理转账、消费、缴费、理财、存款等业务。

二类卡：是指Ⅱ类借记卡，不能存取现金，也不能向非绑定账户转账，在消费上有限额，一般单日支付限额为1万元，年限额20万元。

三类卡：是指Ⅲ类借记卡，主要用于快捷支付，只能进行一些小额消费，一般账户限额2000元，年限额5万元。

MCC码：即商户类别码，是指由收单机构为特约商户设置，用于标明银联卡交易环境、所在商户的主营业务范围和行业归属。

CVV2码：即信用卡安全码，是指信用卡交易时的一个安全代码，通常是印刷在银行卡背面签名条处的斜体字的后3位数字。

联行号：是指一个地区银行的唯一识别标志，用于人民银行所组织的大额和额支付系统、城市商业银行汇票系统、全国支票影像系统（含一些城市的同城票据自动清分系统）等跨区域支付结算业务。

鉴权：是指验证用户是否拥有访问系统的权利。鉴权包括两个方面：用户鉴权，网络对用户进行鉴权，防止非法用户占用网络资源；网络鉴权，用户对网络进行鉴权，防止用户接入非法网络，被骗取关键信息。

预授权：是指特约商户通过 POS 机或其他方式，就持卡人预计支付金额向发卡行索取付款承诺的过程。

备付金：即支付准备金，是指广义的支付准备金，包括库存现金和在中央银行的存款，前者叫现金准备，后者叫存款准备。

收单业务：是指中国银行作为银行卡收单银行为特约商户提供人民币资金垫付、业务培训以及风险防范，并从发卡机构取得资金偿付的过程。

电子签名：是指根据消费订单自动生成电子小票并提供签名的功能。

网络支付：是指依靠网络完成的、非现金方式结算货币的交易，包括货币汇兑、互联网支付、移动电话支付、固定电话支付、数字电视支付等。

聚合支付：是指将一个以上的银行、非银机构或清算组织的支付服务整合到一起，提高商户支付结算系统运行效率，并收取增值收益的支付服务。

三方支付：是指具备一定实力和信誉保障的独立机构，通过与网联对接而促成双方交易的网络支付模式。

结算类型：分为对公结算和对私结算两种。对公结算是指支付机构将结算的款项支付到商户的对公账户；对私结算是指个人与第三方支付机构签约并提供个人账户，第三方支付机构直接将收款结算到个人账户。

D+0 结算、D+1 结算、T+0 结算、T+1 结算：是指结算周期，D+0 为当天到账，D+1 为第二天到账，T+0 为当天工作日到账，T+1 为第二个工作日到账。

代付：是指各商业银行利用自身的结算便利，接受客户的委托，代为办理指定款项的收付事宜的业务。

代扣：是指用户和商户签订过一些代为扣款的协议后，系统会根据协议按时从客户签订协议的账户中扣除协定的金额，明细备注中显示"代扣"。

清分：是指对交易日志中记录的成功交易，逐笔计算交易本金及交易费用（手续费、分润等），然后按清算对象汇总轧差形成应收或应付金额。

一清：是指一次结算，结算资金直接由银行或者有支付牌照的第三方支付机构直接结算到商户的银行卡。

二清：是指二次结算，结算资金不是通过银行或者持牌三方直接结算的，而是由中间没有清算和结算资质的聚合支付平台结算给商户的。

结算：是指把某一时期内的所有上游渠道和下游商户的资金进出情况进行总结、核算。

差错：是指由机具、通信线路、系统处理、终端操作等引起，需要进行相应的账务调整的交易。

垫付：是指若商户出现清算资金为付差时，付差资金清算对象应为收单机构，商户的付差资金由收单机构垫付，即称"收单垫付"。

追扣：是指银联提供的一种资金风险管理服务。

分单：是指同一张银联卡在同一家商户、同一个终端购买同一个商品（或服务）而发生连续两次（含）以上交易的支付行为。

短款：是指结账时现金的数额少于账面的数额。

调单：是指交易过程中调取交易凭证和订单信息，以确认交易真实性。

　　掉单：是指受网络、系统等外部因素的影响，支付信息参数未能及时返给订单发起方而导致发生信息延迟等情况。

　　补单：是指发生掉单时，下单发起方通过其他补救机制获得正确支付结果信息，将订单的支付状态修正为与支付服务提供方一致的操作。